LE PETIT TOVT

DANS LEQVEL L'HOMME AVRA LA

CONNOISSANCE DE SOY-MESME PAR

L'INTELLIGENCE DE SES PROPRES CAVSES

SCAVOIR,

DE DIEV, COMME CAVSE EFFICIENTE.
DV CORPS, COMME CAVSE MATERIELLE.
DE L'AME, COMME CAVSE FORMELLE.
DE LA BEATITVDE, COMME CAVSE FINALE.

Enſemble les moyens d'y arriuer.

DIVISE' EN III. PARTIES ET EN IV. TOMES.

PAR M. FRANCOIS CHEVILLARD,
Preſtre Curé de S. Germain d'Orleans.

PREMIERE PARTIE.

A PARIS,
Chez MICHEL VAVGON, au Mont Saint Hilaire prés le Puits-
Certain, & en ſa boutique ſous l'Horloge du Palais,
à l'Image S. Michel.
____
M. DC. LXIV.
AVEC APPROBATION.

FORMAVIT DEVS HOMINEM. Gen. 2.

DE LIMO TERRÆ. Ibi.

INSPIRAVIT SPIRACVLVM VITÆ. Ibi.

PROPTER SE OPERATVS EST. Parab. 16.

AV PERE
ETERNEL
DIXAINS
DEDICATOIRES
DV PETIT TOVT.

STRE Infini qui tout enferre,
Inconceuable Majefté,
Adorable Diuinité,
Autheur du Ciel & de la Terre,
Souuerain de nos Potentats,
Monarque de tous leurs Eftats,
A qui tous doiuent les homages;
Permetez grand Original
Que la moindre de vos Images
Vienne baifer le pied de voftre Tribunal.

ã ij

Au Pere Eternel.

Ie passerois pour temeraire
Sans esperance de pardon,
Si ie n'apportois quelque Don,
Approchant vostre Sanctuaire,
Puis que vos Equitables Loix,
Deffendent mesme aux plus grands Roys
De s'y presenter sans offrande;
Grand Dieu, souffrez qu'à deux genoux
Auec mes respects ie vous rende,
Un effect des faueurs que ie reçois de Vous.

Partisans de Cajolleries,
Qui pour le lucre & les faueurs
Offrez aux Hommes vos Labeurs
Remplis de mille flatteries;
Reconnoissez foibles Esprits,
Combien souvent dans vos escrits,
Vous prophanez d'Illustres Titres,
Et portez iusques dans les Cieux,
Sur le fatras de vos Epistres,
Les testes des plus Fols & des plus Vicieux.

Méprisez ces Nobles Fantosmes,
Reconnoissez la verité,
Que la Diuine Maiesté
L'emporte dessus ces Atosmes;
Cessez d'estre les Enchanteurs,
Et les lasches Adorateurs,
De ces Diuinitez friuoles,
Faites vn serment Solemnel,
De renoncer à vos Idoles,
Et prenez auec moy le sujet Eternel.

Au Pere Eternel.

Ce n'est pas pourtant que ie blâme
Ceux qui sçauent bien faire choix,
Puis que ie l'ay fait autre-fois
Produisant ma premiere flâme ;
Mais comme il n'est point de Portraits
Où le brillant des plus beaux Traits
Ne contienne quelque Nuage :
Attacher ses Vœux à l'entour
C'est mettre à l'ombre son Ouurage
Au lieu de l'exposer à la clarté du Iour.

Que dit-on pour loüer les Hommes ?
Qu'ils ont grand nombre de Vassaux,
Qu'ils sçauent donner des assauts,
Qu'ils possedent de grandes sommes,
Qu'ils sont d'vn corps bien temperé,
Qu'ils ont le sens fort éclairé,
L'esprit subtil comme des Anges ?
Mais que ces Titres sont chetifs
Pour meriter tant de loüanges,
Cherchons-en donc ailleurs de plus puissans motifs.

Dieu seul est la belle matiere
Où chacun se doit exciter,
L'esprit ne sçauroit hesiter
Dans vne si vaste carriere ;
Chez luy seul est la Verité,
Ailleurs ce n'est que vanité,
Pour loüer il faut tousiours feindre,
Mais formant en Dieu son projet
On n'a iamais raison de craindre
Sinon de dire moins que ne veut le sujet.

Au Pere Eternel.

Disons, mais qu'esperons-nous faire
Sur vn sujet si meruelleux?
C'est vn Ocean perilleux,
Il seroit meilleur de s'en taire
Qui pourroit former le dessein
D'entrer dans vn si vaste sein,
Que cet Abysme nous expose?
Mais quoy, nous serons dans le tort
Si nous ne disons quelque chose;
Mettons nous à couvert en faisant vn effort.

Disons donc que les Diadémes,
Ornent ses liberales mains,
Que c'est luy qui donne aux Humains,
Toutes les dignitez suprémes,
Que son inépuisable fond
Fournit les Tiltres qu'ils se font,
De Seigneuries, d'Excellences,
D'Altesses & de Majestez,
De Hautesses & d'Eminences,
Mesme sans espargner celuy des Saintetez.

Disons que sa riche Nature,
Qu'il est impossible de voir,
Ne peut mesme se conceuoir,
Sinon par simple coniecture;
Que tout ce qui brille au Soleil,
N'est pas vn des traits de son œil,
N'y l'ombre mesme de sa gloire,
Et que tant d'Illustres Rayons,
Qu'vn corps si rempli de lumiere,
N'en sçauroit exprimer que des rudes crayons.

Au Pere Eternel.

Disons que les plus grands Genies
Auec tous leurs riches Talents,
Que les Esprits plus excellents,
Et toutes leurs forces vnies,
Les Aristotes, les Platons,
Les Seneques & les Catons,
Les Cicerons, les Demostenes,
Et tout ce qu'on vit de plus beau,
Dans les Romes & les Athenes,
Ne sont que des lueurs de ce diuin flambeau.

Disons que les creux des Montagnes
Sont les lieux de son armement,
Qu'il en tire ordinairement
Les Vents, pieces de ses Campagnes,
Que l'Air par vne expression,
Dans la moyenne Region,
Forme sa grosse Artillerie,
Ces Foudres & ces Tourbillons,
Dont la puissante Batterie,
Renuerse de nos Roys les plus forts Bataillons.

Disons encore que les Nuès,
Sont les Coffres de ses Tresors,
Et que dans ces fragiles Corps,
Ses Richesses sont contenuès;
Que lors qu'il luy plaist commander,
On voit son bel Arc debender,
Cedant à la main qui le plie,
Et de ces riches Magasins,
Nous amener auec la pluye,
La graisse des Epys & l'humeur des Raisins.

Au Pere Eternel.

Enfin, ce Dieu si fauorable,
Ayant à faire à des Ingrats
Qui luy font estendre le bras,
En est dautant plus redoutable ;
Il peut, fussent-ils des Demons,
Les ietter du plus haut des Mons,
Dans le plus profond de la Terre ;
Luy qui d'vn regard de trauers,
Et d'vn simple coup de Tonnerre
Peut en moins d'on instant abismer l'Vniuers.

C'est donc à luy que Ie dedie,
Et que Ie consacre à iamais
Les foibles Labeurs que ie fais
Et feray pendant cette vie.
Ouy, mon Dieu, vous estes Ialoux,
Aucun ny pretendra que vous,
Ie les mets sous vostre deffence,
Ils y seront en seureté,
Et n'en veux point de Recompence,
Que vous mesme icy bas & dans l'Eternité.

Receuez ce petit Volume,
Et ce meslange de discours,
Dont vous auez tracé le cours,
Et voulez honorer ma Plume ;
Cet Ouurage vous appartient ;
L'Autheur & tout ce qu'il contient,
Vous en passe reconnoissance,
Car si je l'ay peu mettre à bout,
C'est l'effet de vostre puissance,
Qui du Petit Neant tire le Petit Tout.

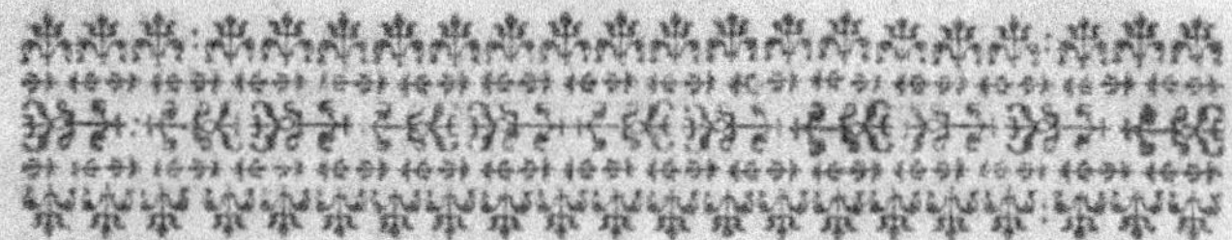

AV LECTEVR,

LE CONTENV DE CET OVVRAGE
en abregé.

ON cher Lecteur, il faut avoüer qu'il y a peu de personnes dans le monde qui se connoissent parfaitement, & mesme il y en a peu qui le desirent & qui s'en mettent en peine, par vn aueuglement inconceuable, & vne stupidité qui ne sçauroit s'imaginer.

Les Furieux qui se perdent & se precipitent ne se connoissent point du tout, & sont excusables, en ce que la violence d'vne Fievre Frenetique les pousse à cette extremité.

Les Vains & Presomptueux font tout à l'opposite, ne s'estimant que trop & s'aueuglant souuent dans la connoissance d'eux-mesmes.

Les Curieux & les Subtils font estat de connoistre toutes choses, excepté ce qui les regarde.

Les Ignorans & les Grossiers, qui viuent sans reflection, sont en quelque façon semblables aux Mulets de nos Princes, qui charient leurs Tresors, sans sçauoir ce qu'ils portent, & sans se mettre en peine de l'apprendre.

Enfin les Sensuels & les Charnels peuuent estre comparez à l'Animal immonde, duquel parle le Sage, qui porte vn Anneau d'or pendu au nez & ne cesse de le soüiller dans la *Prov. 11.* fange & l'ordure.

L'homme Sage, *mon cher Lecteur*, agit bien d'vne autre maniere, il estudie à la connoissance de soy-mesme, il contemple son estre & sa nature, il admire son excellence, il fait grand cas de ces prerogatiues & n'en abuse pas, se conrenant tousiours dans ses limites; en vn mot, il tasche à se connoistre parfaitement, & en cela il paroist veritablement homme.

C'est le conseil que luy donne l'Antiquité, tant sacrée que profane, laquelle n'a iamais rien iugé de si recommandable & de si necessaire à l'homme que cette connoissance; témoins la Sentence des Philosophes, si frequente dans leurs Escrits, gravée au frontispice du Temple d'Apollon, en Delphe; enseignée par Socrate à tous ses Escoliers (*O homme connois-toy*) témoins les élans & souspirs du grand Saint Augustin, qui souvent demandoit à Dieu dans ses plus ferventes prieres, *Que ie vous connoisse, ô mon Dieu, & que ie me connoisse*; Témoins le pieux Saint Bernard, lequel commençant ses Meditations tient ce discours, *Plusieurs*, dit-il, *sçavent beaucoup de choses & s'ignorent eux-mesme, ils s'amusent à considerer autruy & se negligent entierement.* Témoins, enfin le sçavant Bellarmin, lequel appuyant cette verité, en fait le premier degré de l'Eschelle qu'il a dressée à l'ame pour l'eslever à Dieu.

Or tous tombent d'accord, *mon cher Lecteur*, que pour bien connoistre vne chose, il en faut connoistre les causes, qui sont principalement quatre, sçavoir *l'Efficiente, la Materielle, la Formelle & la Finale*; d'où ie tire cette consequence, que pour te bien connoistre, il faut que tu connoisses Dieu, lequel est ta cause Efficiente, comme il l'est de toutes autres choses, & ta cause Finale par preciput aux autres Creatures d'icy bas, qui ne sont pas faites pour en iouïr, comme toy, dans l'Eternité: il faut que tu connoisses ton Corps & ton Ame, qui sont ta Matiere & ta Forme, & par lesquels tu es Animal raisonnable & Homme.

Connois dont Dieu, *amy Lecteur*, connois ton Corps, connois ton Ame, connois ta Beatitude eternelle, & tu te connoistras parfaitement.

I'ay tasché de t'en donner les moyens dans cet Ouvrage; tu le peus lire en asseurance; ie ne d'y presque rien de Moy, ayant puisé toutes ces Matieres dans les meilleurs Autheurs qui en ont traité, dont tu liras les Authoritez à la Marge. Ce que ie te donne en cecy, est l'Ordre & la Disposition, où Dieu m'a fait la grace de le reduire, ayant travaillé autant pour moy que pour toy en ce rencontre.

Le Style en est succint & Laconique, en partie Scholastique & en partie Positif. S'il y a quelques termes rudes & qui semblent Barbares, ie suppose que tu sois Philosophe, ou naturellement, ou par Estude, ainsi tu les sçauras bien digerer.

Ie te l'expose en Idiome Vulgaire, afin de le rendre plus facile, l'offrant à ceux de ma Nation. Il est en forme de Dialogue entre vn Theologien & vn Philosophe, sous les noms Grecs, *Adelphe & Engiston*, qui signifient *Frere & Prochain*, afin qu'il soit moins ennuyeux à ceux qui le liront, par cette varieté.

Tu trouveras les Tables & la substance des Traitez & des Chapitres au commencement, & celles des Matieres à la fin de chasque Partie, avec les Erreurs qui se sont glissées dans l'Impression.

Et afin d'entrer par la porte dans les matieres qui regardent la Theologie, ie t'en donne la Clef dans le premier Traité de tous, lequel est de la Foy; elle t'y conduira en asseurance; par son moyen tu parviendras à la connoissance de Dieu, & par celle de Dieu à celle de toy mesme. Ainsi tu accompliras mon dessein, qui est, aprés t'avoir procuré cette connoissance, d'estre à iamais.

Mon cher Lecteur,

Ton Frere, Ton prochain, & Ton
Tres-humble Serviteur,
F. Chevillard, Prestre d'Orleans.

A L'AVTHEVR SVR SON PETIT TOVT,
par ses Amis

Tv crois avoir TOVT fait, CHEVILLARD, tu t'abuses :
Il est vray que cet Oeuvre est des plus glorieux,
Et qu'il peut satisfaire à tous les Curieux,
Puis que c'est le Concert de la trouppe des Muses.
Mais aprés tout cela, confesses en effet,
Que nous pouvons tous deux le rendre plus parfait :
Car si le bel Amour, les douces Sympathies
Reduisent LE GRAND TOVT en sa perfection,
TON PETIT manqueroit de deux de ses parties,
Si les Seings y manquoient de nostre affection.

THVILLEAV.   DENISON.

AV MESME.

SONNET.

Porter son vol au Ciel d'vne Aisle infatigable,
D'vn Air Majestueux s'élever dans les Airs,
   Assujettir aux Sens ce qui n'est point palpable,
   Et pour monter plus haut s'abysmer sous les Mers,
Pour s'immortaliser se rendre miserable
   En descendant tout vif au centre des Enfers,
   Sçavoir ce que la Terre a produit d'admirable,
   Les Tresors de son sein, l'horreur de ses Deserts.
De l'vn & l'autre Monde estaller les merveilles.
   C'est l'effet de tes soins, c'est le fruict de tes veilles
   Dont tout autre que toy n'eust pû venir à bout.
Ainsi de l'Vnivers l'Eternel est le Pere,
   De ta plume feconde il en a fait la Mere,
   Et comme il fit vn GRAND, tu fais vn PETIT TOVT.

P. BOVRG, de Nevers.

✳✳✳✳✳✳✳✳✳✳✳✳✳✳✳✳✳✳✳✳✳✳✳

TABLE
DE LA PREMIERE PARTIE. CONTENANT
XII TRAITEZ ET XCVII. CHAPITRES.

I. TRAITE'.
DE LA FOY EN IX CHAPITRES.

II. TRAITE'.
DE DIEV. EN XV CHAPITRES.

III. TRAITE'.
DE LA TRINITE'. EN X CHAP.

*

IV TRAITE'.
DE LA DVRE'E. EN VII CHAP.

V. TRAITE'.
DE L'OVVRAGE DE DIEV HORS DE SOY
EN IX CHAPITRES.

VI. TRAITE'.
DV MONDE MATERIEL· EN VII CHAP.

VII. TRAITÉ.

DE L'ASTROLOGIE NATVRELLE
ET IVDICIAIRE. EN VI CHAPITRES.

VIII. TRAITÉ.

DE LA MVSIQVE EN XIV CHAP.

LE PETIT TOVT,

OV LA CONNOISSANCE
DE L'HOMME PAR SES CAVSES.

Composé en forme de Dialogue, entre ADELPHE
Theologien, & ENGISTON Philosophe.

PREMIERE PARTIE.
CONTENANT LA PREMIERE CAVSE
de l'Homme, sçauoir l'efficiente qui est DIEV, auec les
œuures que sa Toute-puissance a produit tant au
dedans qu'au dehors de soy, iusques à l'homme
exclusiuement.

PREMIER TRAITE.
Du moyen de connoistre Dieu, qui est la Foy.

CHAPITRE PREMIER.
De la définition & diuision de la Foy.

ADEL-
PHE. OVT ainsi que celuy qui bastit sur
le sable & au riuage de la mer, mon
cher Engiston, est en danger de voir
bien tost crousler son edifice, d'autant qu'il n'a pas de solide fondement; de mesme celuy qui pretend
parler des choses diuines, ne sçauroit euiter vne chute

A

funeste, s'il n'appuye son discours sur la fermeté de la Foy.

Basil in Psal. 115. Ser. 75. in Cant,

La Foy, dit Saint Basile, est le flambeau de la Theologie: & selon Saint Bernard, c'est la Foy qui atteint iusques aux choses inaccessibles ; elle découure les inconnuës , comprend celles qui sont sans bornes , apprehende les plus éloignées, & enclost dans son sein mesme l'eternité.

Cat. Rom. par. 1. c. 1.

Mais , à proprement parler , *la Foy est vne vertu par laquelle nous tenons pour tout asseuré ce que l'authorité de l'Eglise appronue.*

12. q. 4. ar. 2.

On la nomme habituelle ; car c'est en effet vne habitude surnaturelle , infuse de Dieu dans l'entendement & la volonté de l'homme : dans l'entendement , dit Saint Thomas, comme dans son sujet , afin de l'illuminer , & de luy faire connoistre la verité de son objet ; & dans la volonté , afin qu'elle puisse émouuoir le mesme entendement à y consentir librement , & s'y assujettir de mesme.

Croire Dieu. Croire à Dieu. Croire en Dieu.

On l'appelle actuelle , lors qu'elle nous porte actuellement vers son objet : par exemple , lors que nous croyons Dieu , c'est à dire, que Dieu est, car c'est l'objet materiel de la Foy : quand nous croyons à Dieu, c'est à dire , que tout ce qu'il a plû à sa bonté nous reueler est tres-asseuré , & c'est là son objet formel : & enfin, quand nous croyons en Dieu, c'est à dire , quand nous le considerons comme nostre derniere fin , & c'est là le but & le terme de la Foy ,

Ser. 181. de verb. dom.

qui est , à proprement parler , selon S. Augustin, la Charité.

La Foy est interne , lors qu'elle est seulement conceuë dans l'esprit, sans se faire paroistre par paroles ou par signes. Elle est externe , lors qu'elle paroist au déhors , comme ie viens de dire.

Elle est implicite, lors que l'on croit en gros tout ce qui est de son objet : elle est explicite quand on en croit quelques articles en particulier.

Enfin la Foy est viue & formée, lors qu'elle est jointe auec la Charité , comme elle se rencontre dans les personnes iustes ; autrement elle est morte & inutile à salut, à quoy pourtant la foy est absolument necessaire.

ENGISTON. Vous dites beaucoup en peu de paro-

les, Seigneur Adelphe, & me donnez sujet de vous faire
beaucoup de questions, lesquelles ie vous prie d'agreer.
AD. Vous pouuez dire librement.

CHAPITRE II.

De l'objet de la Foy.

ENGIS-
TON.  OVS me dites, Seigneur Adelphe,
que Dieu entant qu'il est, c'est l'objet
materiel de la Foy ; vous me dites que
son objet formel, est aussi Dieu, en-
tant qu'il reuele les choses qu'il faut croire ; mais ie ne voy
pas que cet objet pris de l'vne & l'autre façon, soit clair &
manifeste ; ce qui est pourtant necessaire à tout objet, autrement il ne sçauroit émouuoir la puissance. Iamais l'œil
ne verra, pour sain & illuminé qu'il puisse estre, s'il n'a l'objet visible deuant soy.

AD. Il faut distinguer, Engiston, vous parlez bien en
Philosophe, & non pas en Theologien, car c'est le propre
de la Foy de considerer les choses obscures, autrement ce
ne seroit pas foy, mais science, car la difference qu'il y a entre l'vne & l'autre, est que celle-cy s'acquiert par des causes
euidentes & manifestes, & celle-là par la seule reuelation,
& neantmoins cette derniere a beaucoup plus de certitude
auec son obscurité, que l'autre auec son euidence.

Et pour vous faire voir plus clairement ces choses, ie veux
apporter vn exemple ; Vn homme clair-voyant, croit qu'il
est iour ayant veu leuer le Soleil, la connoissance qu'il en a
est plustost experience ou science, que croyance, d'autant
qu'il connoist l'effet par sa cause. Vn aueugle qui ne voit ny
iour ny Soleil, croit qu'il est iour quand on luy dit, & cette
connoissance qu'il a par le rapport d'autruy se peut appeller
foy, mais foy humaine qui est fautiue & defectueuse, &
non pas foy, à la façon que nous la prenons icy, d'autant
que cet aueugle ne croit pas tellement à l'homme qui luy

A ij

parle, qu'il ne sçache bien qu'il le peut tromper, & s'abuser soy-mesme. Mais celuy-là qui ne voit pas les choses qu'on luy dit, ny mesme celuy qui luy parle, & croit neantmoins l'vn & l'autre fermement, quoy que par l'organe d'vn tiers, estant d'ailleurs persuadé que celuy qui luy parle ne se sçauroit, ny ne le veut tromper : c'est celuy-là, Engiston, qui croit veritablement par la foy. Et c'est là la façon de croire des fidelles Chrestiens.

Exemple.　　Dieu se reuele à son Eglise, il luy dit qu'il est vn en trois personnes, qu'il est le Createur du Ciel & de la Terre, le Remunerateur du bien & du mal, que son Fils a pris chair humaine, qu'il est reellement compris au Saint Sacrement de l'Autel, qu'il y a vn Paradis, vn Purgatoire, & vn Enfer, que tout ce que nous deuons croire est contenu dans sa parole écrite & non écrite, c'est à dire, dans l'Ecriture & dans les Traditions Apostoliques ; mais nous ne voyons rien de tout cela bien clairement.

Nous voyons bien qu'il n'y a qu'vn Soleil dans la nature ; nous connoissons la parelie, d'autant que les causes nous en sont manifestes, qui sont certaines nuées polies & pleines de rosée, lesquelles regardées diuersement par le Soleil, semblent nous le multiplier, & n'estant qu'vn effectiuement, nous en font quelquefois paroistre trois.

Il n'en va pas de mesme aux choses de la foy ; on nous dit qu'il y a vn seul Dieu, & qu'en ce Dieu il y a trois personnes distinctes réellement entr' elles, lesquelles neantmoins sont vne mesme chose, & c'est ce que nous ne pouuons connoistre par la force de nostre esprit.

Nous voyons bien que l'interposition du corps opaque de la Lune entre nos yeux & le Soleil, nous fait éclipser ce bel astre ; mais nous ne sçaurions voir comment vn Dieu se puisse aneantir, s'il faut ainsi parler, & se couurir d'vne substance corporelle dans son Incarnation, & dans l'Eucharistie de simples accidens.

Enfin, nous sçauons par experience que le feu hors de sa sphere ne sçauroit subsister sans aliment, & qu'il faut que cet aliment soit proportionné à sa nature ; i'entens vne matiere corporelle & corruptible comme est le bois, &c. mais, helas! nous ne connoissons pas par quel moyen ce mesme feu peut agir en Enfer auec si grande violence contre de purs esprits, qui naturellement sont hors de l'estenduë de son actiuité. S. Augustin l'admire comme nous, & dit que ce moyen est admirable, mais qu'il n'est pas moins veritable. Non, non certainement, Engiston, il se faut raporter à ce qu'en dit vn pere de l'Eglise, que *la Foy n'a point de merite, où la raison humaine trouue de l'experience.* Les Manichéens vouloient connoistre afin de croire, mais le Chrestien croit afin de connoistre.

Vous pourriez m'objecter deux choses, Engiston, si vous estiez plus auancé en la Theologie : la premiere est de l'Euangile, où la Verité dit à son Apostre, *par ce que tu m'as veu, Thomas, tu as creu :* d'où l'on peut inferer, ce semble, qu'il faut voir auant que de croire; mais la difficulté n'est pas fort épineuse, S. Gregoire y répond, & dit que Saint Thomas vit seulement l'humanité de Iesus-Christ, & qu'il confessa la Diuinité : mais voicy la suite, *bien-heureux sont ceux qui croiront sans m'auoir veu.*

L'autre, que les miracles en ont, ce semble, conduit plusieurs à la foy, & non pas la reuelation diuine : à quoy ie répond en vn mot, que les miracles ne sont que des moyens pour euincer l'esprit humain, & l'obliger à croire quelque chose auec grande apparence & probabilité, mais non pas infailliblement; cela appartient seulement à la reuelation diuine; neantmoins Dieu se sert de tous moyens pour nous disposer à nostre salut par la foy, & la connoissance de soy-mesme, si nous voulons nous en raporter à l'Eglise, à laquelle il s'est reuelé, & laquelle ne peut iamais manquer.

CHAPITRE III.

De l'infaillibilité de l'Eglise.

ENGI-STON. MAIS, de grace, Seigneur Adelphe, quelle asseurance puis-ie auoir de l'in-faillibilité de l'Eglise, & comment pourray-ie sçauoir que c'est à celle des Chrestiens que Dieu s'est seulement reuelé?

A. L'Escriture sainte nous en sera caution, qui la nomme la colomne de verité; elle nous asseure que les puissances de l'Enfer ne preuaudront point à l'encontre d'elle; elle nous oblige à l'entendre, sur peine d'estre reputé pour vn Ethnique & Publiquain : Et d'autre part, si vous me deman-dez d'où l'Escriture prend son authorité, Saint Augustin vous dira que c'est l'Eglise qui luy donne : *L'Eglise, dit-il, est la Maistresse de toute la science & sagesse des Chrestiens; &* ailleurs, *Ie ne croirois pas à l'Euangile, si l'authorité de l'Eglise Catholique ne m'en aduertissoit.* Saint Cyrille de Hier. *Si vous apprenez, dit-il, la foy, vous aurez ce qu'elle vous promet, & prenez garde que c'est l'Eglise seule qui la donne, munie de toute l'Escriture.* Dieu mesme nous le dit dans Ieremie en ces termes; *Ie vous donneray des Pasteurs selon mon cœur, qui vous repaistront de science & de doctrine.* Et en malachie : *Ce sont les leures du Prestre qui gardent la science, & on la recherchera de sa bouche. Iesus-Christ,* dit l'Apostre, *a donné des Pasteurs & des Docteurs pour la consommation des Saints, &c. afin que nous ne fassions pas semblables aux enfans inconstans, nous laissans em-porter au vent de toute sorte de doctrine.*

Vous voyez par là, cher Engiston, que reciproquement l'Eglise & l'Escriture, l'Escriture & l'Eglise (sans faire pour cela le cercle vicieux, & proceder à l'infiny) se prestent la main l'vne à l'autre, & se confirment mutuellement.

Que si vous voulez voir des marques bien sensibles, & des motifs tres-éuidens de credibilité pour la preuue de la Foy

Marginal notes:

1. Tim. 1.
Matth. 16.
Matth. 18.

Lib. 1. de
mor. Eccle.
Cath. c. 1;
Cont. epist.
fundame. 5.
Cathe. 5.

Cap. 1.

Cap. 2.

Eph. 4.

Catholique, voyez combien de Propheties & d'Escritures l'ont predite : voyez par qui elle a esté plantée : considerez auec combien de sang & de sueurs elle a esté arrosée, iusqu'où elle estend ses rameaux : en combien de miracles elle a fleury : combien de fruict elle a porté : & sur tout la bonté & l'integrité de ses mœurs & de sa doctrine, laquelle est si iuste & si raisonnable, ny ayant rien en elle qui ne soit conforme à la verité, à la iustice, à la raison, à la pieté, & à toutes les autres vertus ; à la difference de toutes les autres Sectes & fausses Religions, qui non seulement enueloppent quantité d'erreurs & d'absurditez, mais aussi vne infinité de crimes, de vanitez, d'impietez & de corruptions, comme il resulte des écrits mesmes des Payens.

Voyez, enfin, la dignité de son Instituteur Iesus-Christ, Dieu & homme, dont la sacrée personne conuersant parmy les hommes, estoit si puissante en miracles, si grande en sainteté & innocence, si bonne & charitable, si affable & si humble, mesme enuers ses plus fiers ennemis : toutes lesquelles choses, Engiston, nous doiuent obliger à croire fermement tout ce qui est de la foy Catholique, & tout ce que l'Eglise nous propose de croire, comme l'ayant receu par reuelation diuine.

CHAPITRE IV.
Ce que c'est que l'Eglise.

ENGI-STON. DITES moy s'il vous plaist ce que c'est proprement que l'Eglise, en quoy elle consiste, & quand est-ce que Dieu s'est reuelé à elle ?

A D. Ie ne m'arresteray pas à vous expliquer l'etimologie du mot d'Eglise, vous sçauez qu'il est deriué du Grec, vous l'entendez, c'est à dire, Assemblée ou Congregation de peuple en general ; mais en particulier, l'Eglise Catholique signifie Assemblée ou Congregation vniuerselle des Fidelles sous vn mesme chef.

L'Apostre S.Pierre se sert d'vne belle metaphore en parlãt de cette Eglise; il dit que c'est vn edifice, en la composition duquel doiuent entrer tous les fidelles comme des pierres viues : & en effet, Engiston, pour suiure cette metaphore, c'est vn bel edifice que l'Eglise, elle a esté bastie à deux diuerses fois, dés le commencement du monde, & dans la plenitude des temps, de la main d'vn mesme Architecte, qui est Dieu : on y voit vn ouurage antique, & l'autre à la moderne, ce sont les deux Testamens ; la Loy, les Propheties, & l'Euangile, seruent de fondement, & Iesus-Christ est la pierre angulaire, qui en fait l'vnion. Mais laissons cette metaphore, & reprenons nostre propre discours.

La vraye Eglise a tousiours esté la Congregation des Fidelles, & reciproquement la Congregation des Fidelles a tousiours composé l'Eglise Catholique. Dieu en a tousiours esté le Chef ; au commencement de la Loy de la Nature, tous les hommes en estoient les membres, sur lesquels Dieu auoit imprimé la lumiere de son visage, c'est à dire sa connoissance, que nous appellons auiourd'huy la Foy. Mais le peché ayant beaucoup obscurcy son éclat, & presque effacé ses beaux traits du fond de l'ame des mortels, Dieu conserua cette Congregation dans la Synagogue du peuple Iuif, qu'il choisit pour cela entre tous les autres, & auquel il daigna reiterer sa Loy & ses Commandemens sur des Tables de pierre, qu'il écriuit luy-mesme de sa main, luy faisant expliquer par l'organe des Patriarches & Propheres.

Enfin, ce peuple Iuif, en ayant aussi abusé, la Synagogue fut changée en Eglise Catholique, qui est maintenant la Congregation des fidelles Chrestiens, Dieu ayant enuoyé son propre Fils, pour reueler aux hommes ses mysteres, & annoncer la foy publiquement par tout le monde. *Dieu,* dit l'Apostre, *parloit autrefois à nos Péres en plusieurs manieres, mais enfin il nous a parlé en son propre fils ; car l'Euangile que ie vous annonce n'est pas selon l'homme, & ce n'est pas d'vn homme que ie la tiens & que ie l'ay aprise, mais par la reuelation de Iesus-Christ. Tu es bienheureux Simon fils de Iona, (* dit la Verité mesme à sõ Apostre) *car ce n'est ny la chair ny le sang qui te l'a*

1. Epist. 2.

Psal 4.

Hebr. 1.

Galat. 1.

Matth. 16.

te l'a reuelé, mais mon pere celeste. Voilà, Engiston, ce que
c'est que l'Eglise, voilà en quoy elle consiste, & voilà comme quoy Dieu luy a tousiours reuelé les veritez de nostre
foy.

ENG. Si pour auoir la foy, il faut qu'elle soit reuelée,
ie n'ay pas la foy, car ie n'ay iamais eu aucune reuelation en
particulier.

A D. Il n'est pas necessaire, Engiston, que vous en ayez
en particulier, car il suffit que la reuelation diuine, qui est
proprement l'objet de la foy, ait esté faite en general à toute
l'Eglise. Quand vn Prince fait vn Edict, il ne l'enuoye pas
signifier par les maisons à vn chacun de ses sujets, mais il le
fait publier en chàque Ville de son Royaume, afin qu'estant
vne chose publique, personne n'en pretende cause d'ignorance ; Dieu reuela aux Patriarches & aux Prophetes sa
connoissance, pour estre publiée à toute l'Eglise de l'ancien
Testament ; & dans le nouueau, *Allez*, dit Iesus-Christ à Marc. c.
dernier.
ses Apostres, *par tout le monde, préchez mon Euangile, quicon-*
que croira sera sauué, quiconque ne croira sera condamné. Et cette condition est tellement necessaire à l'objet de la foy, que
les reuelations faites aux particuliers nous doiuent estre
fort suspectes, & à peine y doit-on adiouster foy, contre
l'erreur des Caluinistes, qui dans leur Confession de Foy, Act. 4.
asseurent temerairement qu'ils sçauent distinguer les Liures Canoniques d'auec les autres, *non pas tant par le com-*
mun sentiment de l'Eglise, que par le témoignage interieur & l'in-
fusion du Saint Esprit.

Ce n'est pas qu'on ne puisse adiouster foy quelques fois
aux reuelations diuines faites aux particuliers : Abraham
estoit vne personne priuée, Dieu luy dit qu'il auroit vn fils,
il le creut, & nous le croyons aussi ; mais il faut bien considerer les personnes priuées qui se diroient auoir eu telles reuelations. Premierement, si elles sont saines en la foy : Manés
& Montanus Heresiarques, Maximille, & Quintille fem-
mes leurs sectatrices, en donnoient à garder aux simples Euseb. l.
hist Eccl.
cap. 17.
gens. Il faut encore voir si elles sont de bonnes mœurs,
d'autant qu'on connoist l'arbre par son fruict ; si elles sont

B

saines d'esprit & de corps, si elles sont trop vieilles ou trop
ieunes, si ces reuelatiõs sont conformes à la doctrine vniuerselle de l'Eglise, & à la regle commune de la foy, si elles
sont frequentes, ou mauuaises sous pretexte de quelque
bien.

CHAPITRE V.

La Foy a tousiours subsisté.

ENGIS-
TON.   ET quoy, Seigneur Adelphe, si la Foy a
esté communiquée aux hômes de cette
sorte, il ne se peut qu'il ne se soit glissé
beaucoup d'erreurs & de faussetez, tant
de la part de ceux qui l'ont communiquée, que de ceux qui
l'ont receuë depuis vn si long temps. L'experience nous fait
voir iournellement que toutes les choses qui nous sont ra-
contées, ne sont pas tousiours veritables, & quand elles le
seroient, ceux qui les reçoiuent ordinairement y adioustent, en retranchent, ou bien en changent la substance,
principalement lors qu'il s'agit de l'antiquité : vous confes-
sez vous-mesme qu'en la Loy de Nature la foy fut presque
esteinte, & qu'il l'a fallut r'allumer par vne Loy écrite, que
mesme la Loy écrite, bien que du propre doigt de Dieu,
ne fut pas suffisante pour en conseruer les caracteres, de
sorte que la Loy de grace a suppleé à son defaut, & luy a
donné la perfection : qui sçait que depuis seize siecles &
demy, la foy se soit bien maintenuë, & n'ait point eu besoin
de correctif.

ADELP. Pour répondre par ordre à tous les poincts
de vostre doute, ie vous diray que la foy a tousiours esté
saine & entiere dés le commencement, & le sera iusques à
la fin du monde dans l'Eglise Catholique : qu'elle n'a iamais
contenu d'erreur ny de fausseté, tant de la part de ceux qui
l'ont communiquée, que de ceux qui l'ont receuë, ny par le
laps du temps.

Premierement, de la part de ceux qui l'ont communi- Num. 23.
quée : *Dieu*, de qui les hommes la tiennent, *n'est pas com-* Psal. 144.
me vn homme, pour pouuoir nous en imposer. Il est fidelle
en toutes ses paroles, & d'abondant, voulant faire voir l'im-
mobilité de son dessein à ceux ausquels il promet recom- Genes. 23.
pense, il a interposé son serment, afin que nous eussions &c.
plaine satisfaction de deux costez, voyant qu'il est impossible que Dieu puisse mentir. Mais à quoy bon tant de preuues ? il ne faut que le simple raisonnement, Engiston : admettre vn Dieu & ne l'admettre pas sincere & veritable,
c'est n'en admettre aucun.

Secondement, les Patriarches & Prophetes qui ont pres-
ché la foy dans l'ancien Testament, ont esté les organes du
Saint Esprit qui a parlé par eux, aussi bien que dans le nouueau, par Iesus-Christ & ses Apostres. Voilà comment la foy
est vne chose veritable, qui ne contient erreur ny fausseté
de la part de ceux qui l'ont reuelée : voyons maintenant de
la part de ceux qui l'ont receuë.

Il est vray que le monde n'a guere esté sans infidelles, &
que la foy y a presque tousiours esté persecutée, mais neantmoins elle s'est tousiours maintenuë entiere, comme i'ay
dit, dans l'Eglise de Dieu. Adam qui l'auoit obscurcie par
son peché, la r'alluma par sa penitence, & la communiqua
à ses enfans telle qu'il l'auoit receuë de Dieu : Abel la fit
voir par son Sacrifice ; Enoc, par son rauissement : Noé,
malgré la corruption de son siecle, la conserua dans son Ar-
che, quoy que flotante sur les eaux : Abraham, dans l'épreuue & la tentation : Isaac, dans son obeïssance : Iacob, dans
la persecution & dans l'exil : Ioseph, dans sa pudicité : Moyse, au milieu des persecutions Egyptiennes ; Iosué, Gedeon,
& les autres Iuges, au milieu des combats : Dauid dans sa
douceur & debonnaireté : Helie & les autres Prophetes,
dans la ferueur de leur zele : les Machabeans enfin, dans la
valeur de leur courage : il ne faut que lire l'Apostre dans
l'Epistre aux Hebreux ; voyla pour ce qui est de l'ancien Hebr. 11.
Testament.

Dans le nouueau, Iesus-Christ auec ses Apostres ne l'ont

il pas preschée & séellée de leur propre sang ? des millions
de Martyrs ne l'ont-il pas illustrée de leurs souffrances ? les
Docteurs & les Confesseurs, ne l'ont-ils, pas appuyée de
leurs Predications & de leurs Escrits ? iusques aux tendres
Vierges, qui n'ont point abhorré les tourmens & la mort
pour sa querelle ? Voylà comment la foy a tousiours subsisté
sans faussceté & sans erreur de la part de ceux qui l'ont receuë.

Pour ce qui est du laps des temps, il est vray que toutes
les choses de ce monde sont sujettes au changement, mais
non celles de Dieu ; *le Ciel & la Terre passeront, & mes paroles*, dit-il, *demeureront. Tout don parfait*, comme est la foy,
*vient de Dieu, le pere des lumieres, en qui il n'y a point de chan-
gement, ny aucune ombrage de vicißitude.*

De plus les Symboles qui ont esté faits de temps en temps
par les Apostres, les Conciles, & par les Peres de l'Eglise,
comme celuy de Saint Athanase, estans les regles de foy,
ont obuié à cet inconuenient, & nonobstant toutes les Here-
sies qui ont attaqué nostre foy de toutes parts, elle est
tousiours demeurée ferme & inébranlable, par le moyen
des assemblées generales, par la doctrine des Peres de l'E-
glise, lesquels non seulement nous la font voir dans leurs
écrits telle qu'elle a tousiours esté, mais aussi la defendent
contre ses ennemis ; & enfin par la continuation, iamais interrompuë de l'exercice qui s'en fait encor auiourd'huy par
tout le monde de la mesme façon, sans aucune alteration,
ny contradiction.

E N. I'ay neantmoins entendu dire en certaines Confe-
rences où ie me suis trouué autre fois par rencontre, que
l'Escriture sainte enueloppoit quelques contradictions.

A D. Ces gens là, Engiston, ne l'entendoient pas ; il le
semble à la verité, mais c'est aux simples Philosophes, &
non pas aux Theologiens, lesquels vous asseureront tous
auec Saint Augustin, que lors qu'il se rencontre quelques
passages dans l'Escriture qui semblent affirmatifs d'vne
part, & negatifs de l'autre, cela se doit entendre en diuers
sens & sous diuers respects : par exemple, Iesus-Christ dit

Luc. 11.
Iac. 1.

Conciles
œcumen.

S. Aug. de
consensu
Euangel.

en vn endroit, *moy & mon pere sommes vne mesme chose*, & peu apres, *mon pere est plus grand que moy*; ce qui semble d'abord se contredire, mais la difficulté sera leuée quand on sçaura qu'au premier lieu, Iesus-Christ parle comme Dieu, & au second comme homme. Ces gens là pourroient aussi bien m'objecter, comment ce peut faire que les Prophetes ayant predit beaucoup de choses, comme si elles eussent deu arriuer, elles ne sont neantmoins iamais aduenuës ? Et qu'il semble que Dieu, en diuers lieux de l'Escriture, enseigne à tromper son prochain, & à mentir, disant qu'il enuoyera l'esprit de mensonge & d'erreur en celuy-cy, en celle-là, afin qu'ils puissent deceuoir & estre deceus.

Ie répond au premier auec Saint Thomas, que telles Propheties estoient seulement ou comminatoires, ou conditionnées, & qu'il n'estoit pas necessaire absolument que les choses predites par telles Propheties arriuassent. Et au second auec Saint Damascene, que tels passages se doiuent entendre seulement de la simple permission de Dieu, encote bien qu'il semble commander absolument, & en estre la cause. *C'est la façon de l'Escriture*, dit ce Pere, *d'appeller la permission de Dieu, l'action de Dieu*, ce que Saint Augustin appuye en ces termes, *Quand il est dit que l'homme a esté liuré en la puissance du diable, on ne doit pas entendre que c'est Dieu qui l'a fait, ou fait faire, mais qu'il l'a seulement permis.* Car autrement c'est vn erreur condamné dans Caluin & ses Sectateurs.

Voilà qui va bien, Seigneur Adelphe, mais comment pourrez-vous me persuader que ie ne puisse estre trompé aux choses de la foy surnaturelle, puis qu'effectiuement il y peut auoir de l'erreur : par exemple, il est de foy surnaturelle, me dites-vous, de croire qu'en l'Eucharistie est contenu réellement & de fait le corps de Iesus-Christ, & ce en vertu des paroles, & de l'intention du Ministre : or il peut arriuer que le Ministre manquera d'intention, & neantmoins exposera vne Hostie pour estre adorée, qui ne sera pas consacrée : ie vous demande s'il n'est pas vray que ie me trompe, lors que ie croy par vn acte de foy, qu'en cette Hostie

B iij

Ioan. 10. &
16.

2.2. q.171.
ar.6.ad2.

L. 4. de fi.
de c. 20.

August. l.
13. de Trin.
2.

est contenu le corps de Iesus-Christ, & par consequent, si on ne peut pas dire qu'il y a erreur & fausseté aux choses de la foy surnaturelle?

A D. Vostre instance est fort bonne, il vous y faut respondre auec Saint Thomas, lequel vous dira, qu'il faut icy considerer deux sortes de croyance; l'vne par laquelle on croit en general que le Corps de Iesus-Christ est réellement contenu sous les especes du pain & du vin deuëment consacrez; l'autre, par laquelle on croit que telles ou telles Hosties en particulier sont consacrées, & partant qu'elles contiennent le Corps de Iesus-Christ. La premiere est de foy diuine & surnaturelle, appuyée sur la reuelation de Dieu, & il n'y peut auoir erreur ny fausseté : la derniere n'est pas de mesme, car on ne sçait pas, par reuelation diuine, que cet homme soit Prestre, n'y qu'il ait eu l'intention de consacrer cette Hostie; mais on en a seulement vne asseurance morale, & on doit croire que cela est, si nous n'auons aucun sujet raisonnable d'en douter, auquel cas nous pouuons & deuons adorer cette Hostie purement & simplement comme consacrée, & non sous condition; car il suffit dans les vertus morales, que celuy qui les exerce, le fasse selon la Iustice & la droite raison, & auec vn meur iugement.

(marginal note: 2. 2 q 1. 2. 7.)

CHAPITRE VI.

La Foy est necessaire à salut.

ENGIS-
TON. **S** I la Foy, comme vous dites, est vne habitude surnaturelle, elle ne dépend donc pas de nous?

A D. Nullement. *Vous estes sauuez,* dit l'Apostre, *gratuitement par la foy, & cela ne dépend pas de vous, car c'est vn don de Dieu.*

(marginal note: Ephes. 2.)

E N. Est-il donc necessaire absolument d'auoir la foy pour estre sauué?

A D. Ouy, car c'est le seul moyen pour arriuer à cette

(marginal note: Necess. de moyen.)

fin, encore bien que ce moyen ne soit pas en nostre puis-sance, en quoy tous les autres Preceptes qui nous sont don-nez sont differens, desquels l'inobseruance ne nous est ia-mais imputée, lors qu'ils sont hors de nostre pouuoir : par exemple, vn Enfant ne sera iamais puny de Dieu pour ne l'auoir pas adoré ; ny vn Frenetique pour s'estre luy-mesme precipité, d'autant que tous deux sont dans l'impuissance, l'vn de le faire, & l'autre de s'en abstenir ; mais s'ils n'ont pas la Foy, au moins habituelle, qui ne se donne que par le Baptesme, encore qu'ils soient dans l'impossibilité de le re-ceuoir, ils ne laisseront pas d'estre exclus du salut.

Necess. de
precepte.

Or que la Foy soit le fondement du salut, la Verité mesme l'asseure, *Celuy qui croira & sera baptisé, sera sauué ; mais celuy qui ne croira sera condamné. Sans la Foy,* dit l'Apostre, *il est im-possible de plaire à Dieu.* La raison en est claire : pour plaire, il faut aimer & connoistre, & pour connoistre, il faut auoir la Foy, donc pour estre sauué, il faut necessairemét auoir la Foy.

Marc. 16.
Hebr 6.

Vous me direz, Engiston, qu'aucun n'est obligé à l'im-possible : que l'Enfant & le Frenetique, que i'ay apporté pour exemple, estant dans l'impuissance de paruenir à leur salut, aussi bien que tant de pauures Barbares qui sont dans l'ignorance, deuroient, ce semble, estre excusez.

Et moy pour vous répondre, ie vous diray, touchant ces derniers Ignorans, qu'il y a trois sortes d'ignorance; l'affe-ctée, l'inuincible, & la crasse. Vn Artisan trauaille au iour de Feste, ne sçachant qu'il est Feste, dautant qu'il ne l'a pas voulu sçauoir, & n'a pas fait ce qu'il a peu pour s'en in-struire, afin de pouuoir trauailler sans scrupule, cette igno-rance est affectée, & l'Artisan n'est pas excusé pour cela : mais s'il a fait ce qu'il a pû & deu pour sçauoir s'il est Feste, & neantmoins ne l'a pas sceu, son ignorance est inuincible, & le peché de son trauail ne luy sera point imputé. Enfin, si l'Artisan ignore ce que sçauent tous ceux de son ordre, cette ignorance est crasse, & n'est excusée qu'en partie, & non pas totalement.

Ignorance
affectée,
inuincible,
& crasse.

Cela posé, Engiston, ie dis que l'ignorance des Barbares, dont vous auez parlé, est de cette derniere façon, & non

B iiij

tout à fait inuincible, d'autant que telles gens sont suffisamment aydez de la grace de Dieu par le flambeau de la raison, pour l'accomplissement de la Loy de Nature, à quoy, s'ils vouloient correspondre, & n'apporter aucun obstacle, Dieu qui desire ardemment le salut de tous les hommes, & deuant qui le Scithe & le Barbare sont autant que le Iuif & le Chrestien, ne manqueroit de leur preparer des moyens & leur fournir des secours exterieurs, qui les rendroient à la fin disposez à receuoir la Foy, *Dieu*, dit l'Euangeliste, *est vne lumiere qui illumine tout homme venant en ce monde :* Mais, helas! les hommes sont assez malheureux pour aimer mieux les tenebres que la lumiere : que s'ils faisoient tout ce qui est en eux, Dieu ne leur dénieroit point sa grace : c'est le sentiment des Saints, Chrysostome, Basile, & Thomas, que si ce Barbare viuoit selon l'ordre de la Nature & la Raison, Dieu luy reueleroit plustost par inspiration interieure, les choses qu'il faut croire, ou luy enuoyeroit quelque Predicateur, comme il fit S. Pierre à Cornelius. Voylà pour les derniers.

Pour ce qui regarde les premiers qui n'ont aucun vsage de raison, ie vous diray premierement, que Dieu qui est l'autheur de la Nature, laisse agir ordinairement les Causes Secondes dans l'ordre accoustumé, sans les violenter aucunement, & qu'ainsi il peut arriuer par mille conjonctures, qu'vn enfant sera étouffé, & vn Barbare adulte tombera en frenesie, & l'vn & l'autre perira sans l'vsage de la raison, sans Baptesme, sans Foy, & sans salut : autrement il faudroit que Dieu fist souuent des Miracles, à quoy il n'est pas obligé, & qui ne sont pas necessaires.

I'ay dit, ordinairement; car quand il plaist à Dieu il vse de son droict, & preuient les effets de la Nature, les change, & les conduit par vn secours particulier, & vne Prouidence extraordinaire; mais c'est quand il luy plaist, extraordinairement, miraculeusement, & rarement.

Secondement, ie dis qu'il suffit, pour prouuer que Dieu veut sauuer cet Enfant, & tous les hommes, qu'il ait institué des moyens generaux & faciles pour cet effet, comme est
le Baptes-

le Baptesme, & qu'il fournisse son concours ordinaire en la producti n de toutes choses. Ainsi, Engiston : il se faut contenter de ce raisonnemět ; car si vous continuez à demander pourquoy Dieu ne preuient pas aussi-tost le mauvais effet d'vne cause en celuy-cy qu'en celuy-là ; ie pourrois bien encore repartir, dans le sentiment de S. Augustin, que Dieu ne deuant à aucun cette faueur, il est tousiours bon & misericordieux quand il la fait à quelques-vns ; & n'est ny cruel, ny iniuste, la deniant aux autres : mais il vaut mieux se taire, & admirer en s'écriant auec l'Apostre, *O profondeur des richesses de la sagesse & science de Dieu, combien ses iugemens sont incomprehensibles & ses routes inconnuës.* Rom. 11.

EN. Ie suis pleinement satisfait sur ce poinct , lequel comme ie croy est des plus difficiles ; mais passons à vn autre.

CHAPITRE VII.

Que la profession de Foy est necessaire à salut.

ENGI-STON. **L**A Foy que vous appelez habituelle ne suffit-elle pas à salut ?

AD. Ouy, pour les Enfans seulement, & pour ceux qui n'ont pas l'vsage de raison ; c'est pourquoy on leur donne le Baptesme, auec lequel, & par lequel entr'autres dons, cette sainte habitude leur est infuse ; mais non pas aux Adultes raisonnables, lesquels doiuent estre catechisez & disposez auant que de le receuoir, & aprés l'auoir receu sont obligez de former des actes de Foy par l'entendement & la volonté, & de croire actuellement, & faire profession de tout ce qui est proposé par l'Eglise.

EN. N'est-ce-pas assez de croire de cœur, sans estre obligé de faire voir sa Foy au dehors ?

AD. Nullement aux Adultes, *quiconque me niera deuant les hommes*, dit Iesus-Christ, *ie le nieray deuant mon Pere qui est au Ciel.* Il faut croire de cœur, selon l'Apostre, pour Matth 10.

Rom. 10.

estre iustifié, mais il faut confesser de bouche afin d'estre sauué. Saint Augustin dit que la Foy demande de nous deux deuoirs, l'vn du cœur, l'autre de la langue, & que nous ne sçaurions estre sauuez, si nous ne professons de bouche la Foy que nous portons dedans le cœur. L'exemple des Martyrs de la primitiue Eglise, nous en est vne grande preuve, lesquels aymoient mieux endurer les plus rudes supplices, que de nier la Foy pour vn moment; & si quelqu'vn, vaincu par la violence des tourmens, se laissoit emporter à nier ou dissimuler, on le chassoit hors de l'Eglise comme coupable d'vn tres-grand crime, à laquelle il n'estoit point reconcilié, qu'aprés auoir expié son peché par vne penitence publique, & bien souvent par vn second combat, qui luy faisoit remporter la victoire d'autant plus genereusement, qu'il l'auoit lâchement manquée par le premier. Voyez Saint Cyprian & Saint Ambroise.

I. de fide & symb.

Cypr. de lapf

Ambr. l. de pœnit.

Ie dis bien dauantage, c'est que de croire le contraire, on seroit heretique, comme furent autrefois les Elcesaites & Priscilianistes, dont les premiers furent condamnez d'heresie au Concile tenu à Rome sous le Pape Cornelius, au rapport de Baronius. Leur heresie estoit, qu'ils soutenoient que durant la persecution, on pouuoit nier exterieurement la Foy, mesme auec serment, & qu'il suffisoit pour lors d'auoir la Foy interne; c'est Eusebe qui le rapporte dans son histoire Ecclesiastique. Et les Priscilianistes, au rapport de Saint Augustin, auoient le mesme erreur.

Elcesaites &Priscilianistes heretiques.

Au. Christ. 250.

Euf. l. 7. c. 28.

Vous sçaurez neantmoins que le precepte de professer sa Foy est affirmatif, comme l'asseure Saint Thomas, & partant n'oblige pas en tout temps, comme s'il estoit negatif; mais seulement en certains rencontres; par exemple, lors qu'il s'agit de la gloire de Dieu, & de l'vtilité du prochain. Ainsi Eleazar Machabeen, refusa de manger la chair de Porc defenduë par la Loy; De mesme, les Apostres defendoient aux Chrestiens de manger de la viande immolée aux Idoles; de mesme aussi faut-il entendre Tertullian, quand il dit que le vestement d'vn Payen, c'est à dire le vestement Ceremonial, ou Sacerdotal, ne doit point paroistre sur le corps

Aug. l de hær. 70. a 1. q. a. 2.

Mach 6. Act 11.

I. de Idol. 16, 18.

d'vn Chreſtien, *d'autant*, dit-il, *qu'il porte la marque de ſa prophanation, & qu'aucun ne peut eſtre net, qui ſe reueſt d'vne robe ſoüillée.*

Mais ſi l'honneur de Dieu, & le bien du prochain n'y ſont point intereſſez, on peut bien ſe cacher & diſſimuler, & quelque fois il le faut, au temps de la perſecution : le Fils de Dieu nous l'a permis, le conſeillant à ſes Apoſtres, *quand vous ſerez*, dit-il, *perſecutez en vne Ville, fuyez en l'autre :* pouruey que ces fuites & diſſimulations ne puiſſent porter aucun preiudice, & qu'on ne faſſe croire aux autres que nous abandonnons la foy.

Or quoy qu'il en ſoit, il n'eſt pas neantmoins permis au-iourd'huy aux Prelats de l'Egliſe de diſſimuler & ſe cacher dans la perſecution, comme remarque bien le Pape Nico- Nicol. p. las par ces paroles, *ſi le Maiſtre Pilote ne doit abandonner le* ch. ſcilic. *gouuernail pendant le calme, bien moins au temps de la tempeſte :* 7. Cette fuite & diſſimulation n'eſt donc permiſe maintenant qu'aux particuliers & inferieurs Miniſtres : *Saint Sebaſtien,* dit Saint Thomas, *portoit la cazaque de l'Empereur Diocletian* 2. 2. q. 10. *dans ſon Palais, & en couuroit ſa foy, afin de pouuoir ſubuenir* a. 2. ad 2. *plus commodement aux neceſſitez des Chreſtiens, & les renforcer au martyre.* Voilà, Engiſton, quand & comment on eſt obli-gé de profeſſer ſa foy publiquement : voilà quand & com-ment on la peut cacher & diſſimuler. Vous reſte-t'il encore quelque difficulté ?

EN. Non pas ſur ce ſujet, mais ie voudrois ſçauoir ſi ce n'eſt pas aſſez de croire en general & comme en gros, ce qui eſt de la foy, ſans eſtre obligé de particulariſer tant d'ar-ticles par le menu ?

CHAPITRE VIII.

De la Foy implicite & explicite.

ADEL-PHE. **L**ES adultes sont obligez de croire tout en general, & quelques articles explicitement & en particulier. *Celuy*, dit l'Apostre, *qui s'approche de Dieu, est obligé de croire que Dieu est, & qu'il est le remunerateur de ceux qui le cherchent.* Voicy la recompense, quiconque fera bien aura la vie eternelle; mais les reprouuez qui feront mal, iront au supplice eternel. Item, selon S. Athanase, il est de la foy Catholique d'adorer vn seul Dieu en trois personnes, & trois personnes en vn seul Dieu : car comme adiouste Saint Cyrille, la connoissance d'vn seul Dieu ne suffit pas sans la connoissance du Pere, du Fils, & du Saint Esprit. C'est aussi la pratique de l'Eglise, qui n'admet aucun au Baptesme sans l'interroger distinctement de ces mysteres. Item l'Euangeliste nous apprend que Iesus-Christ a donné le moyen de deuenir enfans de Dieu à ceux qui croiront en son nom, *Celuy*, dit-il, *qui ne croit pas est desia iugé, d'autant qu'il ne croit pas au nom du Fils de Dieu :* & en effet, c'est en cecy que gist le bonheur eternel, c'est à sçauoir, *qu'on vous connoisse, ô mon Dieu ! & Iesus-Christ que vous auez enuoyé.* L'Eunuque d'Ethiopie reconnut cette verité, quand sur le point d'estre baptisé par le Diacre Philippe, il s'écria, *ie croy que Iesus-Christ est Fils de Dieu.* Il est necessaire à salut de croire aussi, dit S. Athanase, *l'Incarnation de nostre Seigneur Iesus-Christ.*

C'est donc vne necessité, Engiston, de sçauoir explicitement & en détail, qu'il y a vn seul Dieu, qu'il y a trois personnes en Dieu, que le Verbe s'est incarné; que Dieu est le Createur de toutes choses, & le Remunerateur du bien & du mal.

Il faut neantmoins faire icy vne distinction de temps;

Hebr. 11.

Math. 25.

In Symb.

Lib. 1. in Ioan. 16.

Ioan. c. 1.

c. 3.

c. 17.

Act. 8.

In Symb.

dans l'ancien Testament sous la Loy naturelle & écrite, les hommes n'estoient pas obligez, par aucune necessité, de sçauoir explicitement le mystere de la Trinite ; il leur suffisoit pour estre saunés, qu'ils reconnussent & adorassent vn seul Dieu, Createur du Ciel & de la Terre, Remunerateur du bien & du mal : & pour ce qui est du mystere de l'Incarnation, plusieurs Autheurs tiennent qu'ils n'estoient obligez de croire que generalement & explicitement la venuë du Messie & Redempteur futur. Voyez pourtant Saint Augustin en la Cité de Dieu parlant des anciens Patriarches, & des plus éclairez. *Le seul Mediateur*, dit-il, *entre Dieu & les hommes, l'homme Iesus-Christ qui deuoit venir, reuestu de nostre chair, estoit reuelé aux Saints de l'ancien Testament, de la mesme façon que nous sçauons qu'il est venu, afin que les predestinez fussent saunez par la foy que tous doiuent auoir en luy.* Mais quand a présent, cela ne suffit pas, il faut que tous sçachent explicitement les Articles susdits, & le Symbole des Apostres, l'Oraison Dominicale, & les Commandemens de Dieu ; *Si tu veux entrer en la vie*, dit Iesus-Christ, *garde les Commandemens* : Or comment les garder, si nous ne les sçauons. Enfin, il faut aussi croire & sçauoir rendre raison des Sacremens de l'Eglise, au moins de ceux que nous receuons, afin de nous y disposer, & d'en tirer le fruict ; car la foy, comme ie vous ay dit cy deuant, est morte & inutile à salut sans les bonnes œuures.

E N. Il semble, Seigneur Adelphe, que c'est trop exiger de l'homme, & que l'assujetissement qu'il fait de son esprit à tant de choses obscures & repugnantes, deuroient suffire pour luy meriter le salut, sans autre obligation de pratiquer des œuures qu'il ne sçauroit iamais mettre en execution?

CHAPITRE IX.

De la Foy viue.

ADEL-
PHE. CE sentiment est heretique, & condam-
né comme tel; mais d'autant que cette question touche plustost le traité des merites & des œuures que celuy de la Foy, nous en parlerons en son lieu: suffise maintenant que ie vous fasse voir precisément, que la foy sans les œuures est morte, & partant inutile à salut. *Que seruira la Foy*, dit Saint Iacques, *à celuy qui n'a pas les œuures, quoy, le pourra-t'elle sauuer? Abraham nostre pere n'a-t'il pas esté iustifié par les œuures, offrant son fils Isaac: vous voyez* donc, dit cet Apostre, *que l'homme est iustifié par les œuures, & non par la foy seulement? Venez les benists de mon Pere, posseder le Royaume, car i'ay eu faim, & vous m'auez repeu:* où il faut remarquer la particule, *car,* qui signifie la cause du salut; comme si on disoit, *Venez les benits de mon pere, posseder le Royaume que vous n'auriez pas maintenant, si vous ne m'eussiez donné à manger en la personne de mes membres les pauures.* Or donner à manger, &c. aux pauures, c'est faire vne bonne œuure; partant pour auoir le salut, il faut auoir la foy, & en faire les œuures. Or le commencement des bonnes œuures c'est le desaueu des mauuaises: *Repentez-vous,* disoit S. Pierre, à ceux qui venoient à la Foy, *& puis vous serez baptisez:* Voilà bien des authoritez.

Mais raisonnons vn peu, mon cher Engiston, n'est-il pas vray qu'vne puissance, pour estre vraye puissance, doit s'occuper autour de son objet: la faculté visue n'est iamais mieux connuë, que lors qu'elle se porte actuellement vers les couleurs: or l'objet materiel de la foy, sont toutes les choses qui nous sont proposées à croire par l'Eglise, la plus part desquelles consistent en la pratique: car que sert de croire que Dieu est adorable, si nous ne l'adorons? que sert

de croire qu'il est Maistre, si nous ne luy obeïssons ? qu'il est
nostre Pere, si nous ne l'aimons ? C'est ce dont il se plaint
dans son Prophete ; & c'est en quoy l'Apostre condamne les
Gentils, *qui ayant connu Dieu, ne l'ont pas adoré comme tel.* Rom. 1.
Et en effet, Engiston, c'est se mocquer, & abuser de la raison : & ie diray bien plus ; il vaudroit mieux n'auoir iamais
eu la foy, qu'aprés l'auoir receuë, la laisser mourir en nous-
mesme à faute de la cultiuer par le moyen des bonnes œuures : nous n'en serions pas si coupables au Iugement de
Dieu.

Ie croy maintenant auoir satisfait à tous vos doutes,
cher Engiston, touchant le traité de la Foy : car ie vous ay
monstré ce que c'est que la Foy ; comme quoy elle regarde
les choses obscures ; ce que c'est que l'Eglise, son infaillibi-
lité ; qu'il n'y a que l'Eglise des Chrestiens qui a la foy ; que
Dieu l'a reuelée à son Eglise en general ; qu'elle ne peut contenir aucun erreur ou faussté ; qu'elle ne dépend pas de
nous, mais que c'est vn don de Dieu ; qu'elle est neantmoins necessaire à salut de necessité de moyen ; qu'elle se
diuise en habituelle & actuelle ; en interne & externe ; en
implicite & explicite ; en viue & morte ; qui est tout ce qui
se peut dire de la foy en abregé : partant, puis que nous
auons nostre fondement establ"y, nous pouuons commencer
à éleuer nostre edifice par le traité de Dieu, auec sa conduite
& son assistance.

SECOND TRAITÉ,
DE DIEV.

CHAPITRE PREMIER.

De l'Existence de DIEV.

ADEL-
PHE. ENCORE qu'il semble tout à fait inutile, & mesme contraire à la pieté, de s'estudier à prouuer l'existence de Dieu, c'est à dire que Dieu est; & qu'il repugne à la pensée, d'en conceuoir le moindre doute; neantmoins, par ce qu'il y a des hommes assez fols pour dire en leur cœur qu'il n'y a point de Dieu, & que d'ailleurs les gens de bien sont quelquefois importunez de ses pensées; il ne sera pas hors de propos, cher Engiston, de nous entretenir vn moment de cette matiere.

Il faut donc croire que Dieu est, puis qu'il n'est rien de plus certain : on connoist cette verité par deux moyens : le premier est la foy, dont l'objet materiel, comme i'ay dit, est l'existence de Dieu : l'autre moyen est la Nature soûtenuë du raisonnement, & appuyée des authoritez : *Tous les hommes voyent Dieu*, dit Iob, *& le considerent de loin;* c'est à dire, par l'inspection des Creatures : le Sage est de ce sentiment, lors qu'il asseure, *qu'on peut voir & connoistre le Createur par la grandeur & la beauté de la Creature :* l'Apostre nous le confirme le confirme , difant que *les chofes inuifibles de Dieu fe voyent depuis la creation du monde par le moyen de celles qui font faites & qui nous paroiffent* , d'où mefme il prend fujet de blafmer ces anciens Philofophes Payens , de ce qu'ayant connu Dieu par la force de la raifon , ils ne l'ont pas glorifié comme Dieu. Et en effet , ne connoiffoient-ils pas qu'il eft tout a fait impoffible qu'vne mefme chofe foit tout enfemble, en puiffance & en acte felon le mefme ; & ne voyoient-il pas que toutes chofes dans la nature peuuent eftre meuës, puis qu'effectiuement & actuellement elles font meuës, & partant ils deuoient conclure qu'autre chofe eft ce qui eft meu, & autre chofe ce qui meut : voyez en vn exemple , voilà vn Caroffe arrefté , bien fabriqué & bien attelé , fans doute il eft dans la puiffance de rouler , mais il ne roule pas , & ne roulera iamais de foy , fi les cheuaux ne tirent : les Cieux roulent toufiours , mais ce n'eft pas d'eux-mefme , ils ont bien en eux la puiffance de rouler , mais leur actuel mouuement n'auroit iamais fuiuy fans la main d'vne Intelligence que Dieu a prepofée a fes grandes machines, de forte que leur mouuement dépend de cette Intelligence , & l'intelligence de Dieu , lequel ne dépend d'aucun autre que de luy-mefme , eftant abfolu , independant , & le feul eftre neceffaire ; car vous fçauez, Engifton , que la Philofophie a toufiours rejetté le cercle vicieux , & le procedé , qu'on appelle , à l'infiny ; d'autant que c'eft vne chofe impoffible & qui ne fe peut conceuoir.

Ie dis de plus , qu'vne chofe ne peut eftre la caufe d'elle mefme , autrement elle feroit auant elle-mefme , puis que toute caufe eft auant fon effet ; partant il faut neceffairement qu'il y ait vne premiere caufe qui precede tous les effets, & de qui dépendent toutes les autres caufes , qu'on nomme , à fon refpect , caufes fecondes. La lumiere qui fait le iour , n'eft pas le Soleil, mais l'effet du Soleil qui en eft la caufe feconde, Dieu eftant la caufe premiere de la lumiere & du Soleil.

Toutes les chofes qui manquent de connoiffance ne peuuent tendre à leur fin , fi elles n'y font conduites par quel-

D

Raifons de
S. Thom.

qu'vn connoiſſant & intelligent : or nous voyons tous les
corps naturels tendre à leur fin touſiours d'vne meſme façon, & non par cas fortuit, encore que la pluſpart d'iceux
manquent de connoiſſance ; la terre & l'eau & tous les corps
peſans, tendent touſiours naturellement en bas, & au contraire, l'air & le feu touſiours en haut ; partant il faut qu'il y
ait vne certaine main, tres-connoiſſante & tres-intelligente
qui les y conduiſe, & c'eſt proprement Dieu.

Y a-t'il pas auſſi diuers degrez aux choſes naturelles, le
poſitif, comme, le bon, le vray, le parfait, &c ? Ce poſitif
ne ſe rapporte-t'il pas au comparatif, qui eſt, meilleur, plus
vray, & plus parfait ? & l'vn & l'autre ne dépendent-ils pas
du ſuperlatif, tres-bon, tres-vray, & tres-parfait ? or ce ſuperlatif ne peut eſtre que Dieu. Vn homme de bien ſera
appellé bon ; vn plus homme de bien ſera nommé meilleur,
mais il n'y a point d'homme, ny d'eſtre en la nature qui puiſſe porter le titre de tres-bon, cela eſt reſerué au ſouuerain
bien, qui eſt Dieu, & de qui tout ce qui eſt bon procede
par participation, comme de ſa ſource & de ſon origine.

Le conflit eternel qui eſt entre les Elemens, nous marque
encore bien l'exiſtance d'vn Dieu, car il eſt impoſſible qu'ils
puiſſent ſubſiſter dans vne guerre ſi cruelle qu'ils ont entre
eux, à cauſe de leurs contraires qualitez, ſi quelque puiſſant
Moderateur ne les conſilioit par vn certain temperament,
& ce moderateur ne peut eſtre que Dieu.

Enfin, ie tire ma derniere preuue, du bel ordre, de la ſi-
tuation, diſpoſition, beauté, proportion, & varieté de
l'Vniuers ; ce qui a fait dire à l'Orateur Romain, quoy que
Payen, les paroles ſuiuantes. *Y a-t'il rien au monde de ſi clair,
que d'auouer, quand nous conſiderons les Cieux, qu'il y a vne
Diuinité, dont la toute-puiſſance & l'excellence gouuerne toutes
choſes ; ouy-dà, dit-il ailleurs, Il faut qu'il y ait quelque Nature puiſſante & eternelle, laquelle doit eſtre admirée & adorée des
hommes, puis que la beauté de ce monde & l'ordre des choſes celeſtes, nous oblige à le confeſſer.* En vn mot, tous les hommes,
de quelque ſecte, nation, ou condition qu'ils ayent eſté par
le paſſé, ou qui ſoient maintenant, l'ont reconnu, à la

S. Athan.
l. contra
Gentiles.

Gregor.
Naz. orat.

Cicer. l. 2.
de Natura
Deor. & l.
de Diuina-
tione.

referue, comme i'ay dit, de quelques fols qu'on nomme
Athées, s'il y en a pourtant d'effectifs, lefquels fe font violence à eux-mefme, & mettent leur raifon à la torture pour
tafcher de luy faire nier cette verité ; mais ces gens là font fi
fort en horreur à toute la Nature, que s'il leur arriuoit de
publier tout haut leurs fentimens, non feulement les creatures raifonnables, mais auffi les infenfibles s'armeroient de
fureur pour leur faire la guerre : tant il eft vray, Engifton,
que cette verité ne fouffre aucune contradiction, i'en appelle à témoins vos propres fens & voftre raifon.

Eleuez donc les yeux pour contempler le Ciel, & vous
verrez fi vous n'entendrez pas fa voix qui annonce la gloire Pfal. 18.
de Dieu, & qui confeffe hautement qu'il eft l'ouurage de
fes mains ; fi vous les abaiffez pour regarder la terre, & les
diuerfes efpeces de Mineraux, de plantes, & d'animaux
qui l'embelliffent ; fi vous faites reflection fur le bel ordre des
Saifons qui fe fuccedent l'vne à l'autre fi regulierement : fi
vous vous contemplez vous mefme, & venez à confiderer
la belle fymmetrie des membres de voftre corps, la belle
œconomie des fonctions naturelles, les nobles facultez de
l'ame, en vn mot, l'excellence du grand & petit monde,
vous conclurez infailliblement, auec la Bouche d'or, que
toutes les Creatures préchent leur Createur, de telle forte, que ny Chryfoft.
le Scithe, ny le Barbare, ny l'Indien, ny quelque Nation que ce hom. 9. ad
foit, ne fe peut exempter d'entendre cette voix plus éclatante que popul. An-
le fon des trompetes. Voylà ce que i'auois à vous dire touchant tioch.
l'exiftence de Dieu ; fi vous trouuez quelque difficulté ou
quelque doute, c'eft à vous de le propofer.

E N. Vous dites, Seigneur Adelphe, fuiuant le paffage
de Iob, que tous les hommes voyent Dieu ; & il me femble
d'auoir veu en quelque lieu de l'Ecriture, qu'aucun des
hommes n'a veu Dieu, fi cela eft, voilà vn Paradoxe ?

A D. Il eft vray, Engifton, c'eft ce que ie vous ay dit au
traité de la Foy, que lors qu'on trouue des paffages dans
l'Ecriture qui femblent fe contrarier, il les faut entendre
fous diuers refpects, comme ceux-cy. *Tous les hommes voyent* Iob. 36.
Dieu, à la façon que ie vous le viens d'expliquer, & il eft

1. Tim. 6.

vray auſſi *qu'aucun des hommes n'a veu Dieu* ; c'eſt à dire, aucun homme mortel n'a iamais veu l'eſſence de Dieu, cela
eſtant reſerué à l'homme pour l'autre vie ; car bien que nous
liſions dans l'Ecriture, que Dieu s'eſt apparu, & a parlé
pluſieurs fois à nos Peres anciens, ce n'a pourtant iamais
eſté que ſous des figures empruntées, ou de feu, ou de nué,
ou de zephir, ou d'Ange, ou d'homme ; car nos Peres, auſſi
bien que nous, marchoient par foy, & non pas par eſpece,
pendant le temps de leur pelerinage. Voilà l'explication du
Paradoxe.

1. Cor. 5.

   EN. Il me reſte encore deux difficultez, Seigneur Adelphe, la premiere eſt touchant l'exemple que vous apportez
de la lumiere & du Soleil, pour prouuer que la cauſe precede touſiours ſon effet, où vous auez poſé pour aſſeuré que la
lumiere eſt l'effet du Soleil ; & neantmoins, il conſte que
dans la creation des choſes, la lumiere precede le Soleil de
quelques iours ; cela ne conuient pas : ie ne demáde pas maintenant ce que c'eſt que cette lumiere, ny comment elle ſubſi-
ſtoit auant le Soleil, ny beaucoup d'autres choſes qui ſe
peuuent traiter ſur ce ſujet ; mais ie demande ſeulement le
moyen d'accorder ce que vous dites, auec ce qui eſt écrit?

Geneſ. 1.

   L'autre difficulté conſiſte à ſçauoir pourquoy vous faites
vn ſi grand fort des choſes de ce monde, pour prouuer l'exiſtence de Dieu, & faire voir qu'il y a vne premiere cauſe
neceſſaire & independante, de laquelle vous faites dépendre toutes les autres, veu que ſelon le ſentiment de diuers
Philoſophes, & principalement du Maiſtre de la Philoſophie Ariſtote, le monde n'a iamais eu de commencement,
ny par conſequent de premiere cauſe ; d'où l'on peut inferer
que le monde eſt vn eſtre de ſoy-meſme, independant &
neceſſaire ? la preuue en eſt trop euidente, car ſi ces deux
propoſitions ſont veritables, le monde eſt eternel, & toute
cauſe doit preceder ſon effet, n'y pouuant rien auoir deuant

L. Phyſ. 8.
c. z. & l. de
Cælo c. 11.

l'eternité, le monde n'aura point de cauſe ; or eſt-il qu'aucune choſe ne peut eſtre ſans cauſe, partant le monde ſera
la propre cauſe de ſoy-meſme. Au reſte, les preuues d'Ariſtote ſemblent fort conuaincantes, ie ne les rapporte pas icy

pour n'estre trop long, & d'ailleurs, ie suis asseuré que vous
ne les ignorez pas.

A D. Vos remarques sont subtilles, Engiston, & pleines de
iugement, il est vray qu'Aristote a esté de ce sentiment,
au moins il y a de l'apparance; mais il s'est lourdement
trompé, & a esté presque le seul de cette opinion, de tous
les Philosophes, qui l'ont precedé & qui l'ont suiuy;
Trismegiste, Musæus, Linus, &c. qui estoient deuant luy,
ont tenu le contraire, & tous ceux d'aprés luy vniuersellement. Mais quand cela seroit, & qu'il le prouueroit, comme
vous supposez, ce qui est impossible; on ne pourroit pas
pour cela inferer que le monde fust par soy-mesme; car il
faudroit tousiours admettre vne premiere cause, eternelle,
increée, & independante, qui seroit première que le monde, sinon de priorité de temps, comme parle l'Eschole, au
moins de priorité de nature, de laquelle le mõde, quoy qu'e-
ternel supposé, tiendroit son estre, & seroit dependant comme l'effet de sa cause & de son principe. Mais l'Ecriture
sainte doit auoir au moins autant d'authorité que la prophane, & les Liures de Moyse que ceux d'vn Aristote. Or vous
pouuez voir la Genese, comme vous auez fait sans doute,
au commencement de laquelle se voit la creation du monde
depuis seulement six mille ans, & successiuement tout ce
qui a suiuy depuis; mais vous remarquerez qu'il ne se trouue
aucun Autheur, ny aucune histoire d'auparauant: ce qui est
vn fort argument pour prouuer que le monde n'est pas de
toute eternité; voilà pour vn. Quand à l'autre difficulté, ie
vous diray, que lors que i'ay voulu prouuer par l'exemple
du Soleil & de la lumiere, que la cause precedoit tousiours
son effet, ie n'ay entendu parler du Soleil, qu'aprés que la
lumiere a esté réünie, & comme concentrée en luy, de sorte
que depuis ce temps là, il en est veritablement sa cause, &
elle son effet. Ie ne vous diray pas que la lumiere est vne sim.
ple qualité, répanduë sur les corps celestes & sublunaires,
mesmes sur les corps glorieux, & qu'auant que le corps du
Soleil fust fabriqué, depuis le premier iusques au quatrième
iour, elle estoit, ou diffuse, ou vague par tout l'Vniuers, ou

bien elle estoit attachée à quelque nuë, car comme ces questions regardent le traité du Ciel, nous en parlerons en son
lieu.

Auoüez donc, Engiston, auec tout le reste des creatures,
l'existence de Dieu, & ne fermez iamais les yeux à sa lumiere, ny l'oreille à sa voix.

E N. Il n'y a rien à repartir à tant d'authoritez & de raisonnemens, ie suis conuaincu de la verité d'vne premiere
cause, & de l'existence de Dieu; dites-moy, s'il vous plaist,
s'il n'y a qu'vn Dieu seul, ou s'il y en a plusieurs?

A D. Ce sera pour le Chapitre suiuant, disposez-vous
à l'écouter.

CHAPITRE II.

De l'Vnité de Dieu, & de son Nom.

ADEL-
PHE.

L n'y a qu'vn seul Dieu, Engiston, &
n'y en peut auoir plusieurs; car s'il y en
a plus d'vn, dit Tertullien, il n'y en a
point. Saint Athanase dit que celuy qui
admet la pluralité en Dieu, en professe la nullité. Entendez
Boëce là dessus, *Tout le monde*, dit-il, *aduoüe que si Dieu est,
il faut qu'il soit bon & parfait par excellence, & au souuerain
degré, de sorte qu'il n'y puisse auoir rien de meilleur ny de plus
parfait :* or ce degré ne conuient qu'à vn seul; partant il n'y a
qu'vn seul Dieu : de plus, comme remarque derechef Saint
Athanase, s'ils estoient plusieurs à regir & gouuerner le
monde, il seroit impossible que le bel ordre qu'on y voit s'y
consetuast, mais tout tomberoit en confusion, chacun voulant gouuerner à sa mode, & ne s'accordant pas?

E N. Ie suis persuadé de cette verité, Seigneur Adelphe;
mais ie voudrois sçauoir, ce que c'est proprement que Dieu,
quelle definition, & quel nom on luy donne?

A D. Il faut distinguer, Engiston, si vous me demandez
vn nom de Dieu, qui nous exprime distinctement & parfai-

tement son essence comme elle est ; vous demandez vne
chose impossible ; car vous sçauez que le nom est le signe &
l'expression de la pensée que nous auons de quelque chose,
& que nous ne sçaurions exprimer vne chose par le nom,
qu'autant & à la façon que la chose nous est connuë ; or nous
ne sçaurions conceuoir ny connoistre parfaitement l'essence de Dieu, pendant le temps de cette vie, & par consequent il nous est impossible de l'exprimer parfaitement par
aucun nom ou signe que ce soit.

Que si vous me demādez les termes dont on se sert ordinairement en Theologie pour l'expression de l'essence diuine,
autant que les hommes le peuuent, ie vous diray auec Saint
Augustin, qu'on peut dire toutes choses de Dieu, mais rien
digne de Dieu : *Il n'est rien de si estendu*, dit ce Saint Pere,
*que cette indigence ; cherche-tu les termes propres & significatifs
pour l'exprimer congruement ? tu n'en trouueras point ; veux-tu
l'exprimer de quelque façon que ce soit ? tu trouueras toutes choses.* En effet, car de tous les noms que vous donnez à Dieu,
les vns sont relatifs, les autres absolus, les autres negatifs,
& les autres sont affirmatifs. Les relatifs sont ceux de Createur, Redempteur, Seigneur, &c. qui se rapportent aux
creatures, mais ces noms là ne sont aucunement essentiels
à Dieu, puis qu'il ne les porteroit pas s'il n'auoit fait & re-
paré le monde. Les absolus sont ceux de bon, iuste, sage,
&c. lesquels encore qu'ils soient propres à Dieu par excellence, ne laissent pas de conuenir aussi en quelque chose
aux creatures. Immense, infini, immortel, sont des noms
qui sont propres à Dieu seulement, mais ils sont negatifs ;
or ce n'est pas proprement définir vne chose, que de dire ce
qu'elle n'est pas. *C'est vn effet de nostre insuffisance*, dit Saint
Augustin, *de dire plus facilement de Dieu ce qu'il n'est pas, que
ce qu'il est.* Enfin, les noms de Dieu que nous appellons affirmatifs, sont ceux qui semblent luy conuenir plus particulierement, comme quand nous le disons eternel, & tout-
puissant, &c. car ils ne peuuent conuenir à aucune creature.
Le Trismegiste le nomme ἀπάτωρ, & ἀμήτωρ, sans pere & sans
mere ; les autres l'ont dit anonime, c'est à dire sans nom : &

Tract. 3. in
Ioan.

In Psal. 85.

ἀπάτωρ,
ἀμήτωρ.

en effet, ie croy que c'est le plus beau nom de Dieu.

E N. Il me souuient que lors que i'apprenois les elemens de la langue Hebraique, le Rabbin nous disoit que le mot, *Iehoua*, estoit le propre nom de Dieu, il le nommoit par excellence Tetragramme, nom de quatre Lettres; & adioustoit qu'on ne le pouuoit prononcer pour sa reuerence, qu'aucun n'osoit le proferer sinon les Sacrificateurs, & seulement lors qu'ils sacrifioient dans le Sanctuaire de Hierusalem, & non ailleurs, ne l'escriuant pas mesme hors le texte de la Bible.

A D. Il est vray que ce nom est fort frequent dans l'Hebreu de l'ancienne écriture, & que iamais personne ne l'a sceu comprendre ny prononcer, tant il est mysterieux, Dieu mesme dit qu'il en a dénié l'intelligence à ses meilleurs amis, Abraham, Isaac & Iacob : & Saint Hierosme exposant ce passage, a esté contraint d'exprimer le mot, *Iehoua*, par celuy d'*Adonai*, comme font aussi les Rabins & tous les Interpretes. Origene l'a fait, & mesme les Septantes l'ont exprimé par le mot, κύριος, qui signifie en Grec, comme vous sçauez, ce qu'*Adonai* fait en Hebreu, c'est à dire, Seigneur. Les Massorets, autheurs des poincts de la Langue Hebraique, pour donner quelque son aux quatre lettres qui composent le mot, *Iehoua*, y ont souscrit les mesmes poincts qui sont sous le mot *Adonai*, & neantmoins prononcent par tout *Adonai* pour *Iehoua*. Passons, & disons que le mot, *Iehoua*, deriue du verbe Hebreu, *hajah*, qui signifie, il a esté, ce qui est le propre de Dieu, puis que luy seul est eternel & a tousiours esté; & il se l'impose luy-mesme parlant à Moyse, *Tu diras*, dit-il, *aux Enfans d'Israël, celuy qui est, m'enuoye vers vous*, &c.

Il faut neantmoins obseruer que ce nom, *Dieu*, est le plus expressif de l'essence diuine, de tous ceux qu'on luy peut donner, car bien qu'il deriue d'vne operation de Dieu, qui est la contemplation, comme porte le Grec, toutefois on le prend communément pour signifier sa nature, d'où vient que Tertullien asseure, que côme le mot, Seigneur, attribué à Dieu, signifie sa Toute-puissance, de mesme le mot de

Dieu

Dieu ſignifie ſa propre ſubſtance.

EN. Il me ſemble qu'il y a quelques paſſages dans l'Eſcriture où les hommes ſont appellez Dieux?

AD. Il eſt vray, Dieu meſme leur donne cette qualité, parlant en la perſonne du Prophete, mais c'eſt improprement & ſelon quelque conparaiſon, non pas ſelon ſa propre & formelle ſignification; car Dieu eſt ſi jaloux de ce nom que tous ceux qui ſe ſont laiſſé flatter au point de ſouffrir cette qualité, ont reſſenty ſur eux tout auſſi toſt l'effet de ſa main vengereſſe, Pſal 81.

AD. Voyla Engiſton, briéuement ce que i'auois a vous dire touchant l'vnité & le nom de Dieu, ſi vous en deſirez ſçauoir dauantage, vous pourrez voir le Traité *de Diuinis Nominibus* de Saint Denis l'Areopagite, où il eſt traitté amplement des noms qu'on donne à la Diuinité. S. Denys Areop. des Noms Diuins.

EN. Ie vous ay grande obligation, Seigneur Adelp. & vous rends graces de bon cœur, ie ſuis content de ce que vous en auez dit; car i'ay appris que cet Autheur eſt fort obſcur & difficile, meſme en ſa langue originale : ie voudrois ſçauoir maintenant pourquoy les Theologiens donnent à la Diuinité tant de noms, puis que celuy de Dieu luy eſt ſeulement propre?

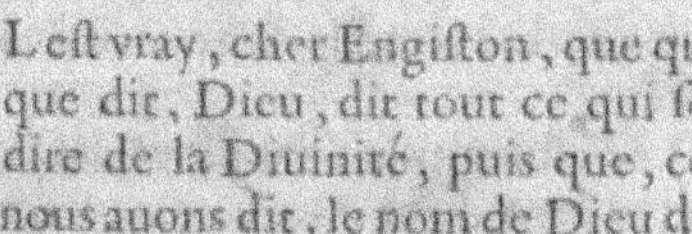

CHAPITRE III.

Des perfections Diuines en general.

ADEL-PHE. IL eſt vray, cher Engiſton, que quiconque dit, Dieu, dit tout ce qui ſe peut dire de la Diuinité, puis que, comme nous auons dit, le nom de Dieu deſigne ſa nature: neantmoins l'eſprit humain ne pouuant conceuoir tant de perfections en gros dans vn ſeul eſtre ſimple, comme eſt celuy de Dieu, eſt obligé de les diſtinguer par diuerſes conceptions, de la meſme façon dont il ſe ſert pour diſtinguer celles des creatures; & c'eſt, comme vous ſçauez,

E

ce qu'on appelle proprement distinguer par pensée, ou par raison.

E N. Quoy donc ? toutes ces perfections ne sont-elles pas distinctes réellement de la Nature diuine, puis qu'elles sont en diuers predicaments ; car la nature, ou l'essence de Dieu semble estre au predicament de substance, & toutes ses perfections en celuy de qualité ? or vous sçauez trop mieux, Seigneur Adelphe, que les choses qui sont en diuers predicaments, sont distinctes entr'elles réellement & d'effet ?

A D. C'est l'opinion & le raisonnement de quelques-vns, au témoignage de Saint Bernard ; mais cette opinion est erronée, & condamnée au Concile de Rheims par le Pape Eugene, d'autant que Dieu n'est point compris dans les Categories directement, ny indirectement, mais seulement par reduction, entant qu'il est la mesure ; l'Auteur & le principe de toutes choses, suiuant l'opinion d'Aristote, qui veut que la mesure des choses ait du rapport aux mesmes Categories ; car encore que Dieu conuienne auec toutes choses, en tant qu'il a l'estre comme elles, & qu'il differe d'elles par son infinité, il ne peut pas estre dit pour cela côposé de genre & de difference, d'autant qu'il ne conuient auec les choses, que par la pensée de l'esprit humain, & non pas réellement & d'effet, n'y ayant point de proportion du Createur auec la creature, ny de conuenance réelle de l'infini auec le fini.

E N. Voylà qui va fort bien, Seigneur Adelphe : mais du moins ces perfections seront distinctes entr'elles formellement, puis que la bonté comme bonté, est distincte de la sagesse comme sagesse ; & en effet la bonté n'est pas la sagesse, puis que la formelle definition de l'vne n'est pas celle de l'autre ?

A D. C'est l'opinion des plus subtils, Engiston, mais quoy qu'ils puissent dire, voycy ce que nous en deuons croire. Premierement, que l'essence ou la nature de Dieu est tres-simple & ne reçoit aucune composition de genre & difference, de matiere & de forme, de parties integrantes, d'essance & d'existance, de nature & de substance, de subjet & d'accident, *ie suis celuy qui est*, dit Dieu parlant à

Moyse, lesquelles parolles marquent que Dieu est vn estre tres simple. Voyez là dessus le Concile de Latran sous Innocent troisiéme, voyez S. Augustin dans la Cité de Dieu, S. Gregoire en ses Morales, & S. Epiphane contre les Antropomorphites qui soûtenoient que Dieu estoit vn certain corps.

   En second lieu, nous deuons croire, qu'en Dieu sont contenuës touttes les perfections des creatures, nonobstant la simplicité de sa nature; *ie te feray voir tout le bien*, dit Dieu à Moyse, & S. Denis l'Areopagite au traicté qu'il a fait des noms diuins, dit que Dieu contient touttes choses selon son infinité simple qui s'estend par tout; S. Augustin aussi, au Traicté de la Trinité; le Docteur Agelique en raporte la raison, & dit que tout ce qui est de perfection dans l'effet se rencontre dans la cause efficiante, car aucune chose ne donne ce qu'elle n'a pas, or c'est Dieu qui est la cause efficiante de toutes choses, donc tout ce qui est de beau, de bon, & de parfait en touttes choses, est contenu en Dieu, ou formellement, ou eminemment. Formellement, comme la Sagesse, la Iustice, &c. qui sont perfections simplement simples, selon Saint Anselme, qui ne reçoiuent aucune imperfection, & qui sont en Dieu selon qu'elles sont en elles-mesmes, infinies & incrées. Eminemment, comme sont les perfections creées & finies des creatures : par exemple, l'esprit, le corps, le raisonnable, l'irraisonnable, le petit, le grand, le froid, le chaut, le repos, le mouuement, le blanc, le noir, & autres qualitez, lesquelles n'estant point dans les creatures sans quelque imperfection, incompatibilité, ou repugnance, ne sont point en Dieu de cette façon, puis qu'il y auroit de l'imperfection en Dieu, mais elles y sont de la façon la plus excellente qu'elles peuuent estre, & c'est ce qu'on appelle eminemment.

   La troisiéme chose que nous auons à croire sur ce sujet, est que toutes les perfections diuines ne sont point distinctes de l'essence de Dieu, ny entr'elles-mesmes réellement, c'est à dire, comme vne chose est distincte d'vne autre : par

E ij

exemple, comme l'ame raisonnable dans l'homme est distincte de l'ame sensitiue du cheual, & de l'ame vegetatiue
de la plante; d'autant que si cela estoit, l'essence diuine ne
seroit pas simple; ce que nous auons neantmoins prouué cy-
dessus; elles sont donc seulement distinctes virtuellement,
ou éminemment, & par la pensée de l'esprit humain : virtuellement, à la façon que l'ame raisonnable, la sensitiue &
la vegetatiue le sont dans vn seul homme, & par la pensée
de l'esprit humain, selon ce que i'ay dit au commencement
de ce discours.

En vn mot, Engiston, l'essence ou la nature de Dieu n'est
autre chose que son Entendement, sa Volonté, sa Sagesse,
sa Iustice, sa Misericorde, sa Prudence, sa Science, sa
Toute-puissance, & tout ce qu'on se peut imaginer, & infiniment par delà, de beau, de bon, & de parfait; toutes lesquelles perfections ne sont en Dieu, ny qualitez, ny habitudes, mais de purs actes, qu'on appelle en Theologie, des
attributs, à la difference des creatures, lesquelles n'ont ces
perfections que par participation ou écoulement de cette
diuine source, c'est pourquoy telles perfections ne sont aux
creatures que des simples habitudes & qualitez, distinctes
réellement de l'essence des creatures, & entr'elles mesmes :
car, par exemple, vous sçauez que l'essence ou nature de
l'homme est d'estre seulement animal raisonnable, & non
pas sagesse, iustice, misericorde, &c. Que si l'homme a de
la sagesse, de la iustice, & de la misericorde, cela luy est
accidentel, & peut estre ou n'estre pas en luy sans interesser
sa nature : il n'en est pas de mesme au regard de Dieu, car si
vous ostez seulement vne de ses perfections, vous destrui-
sez entierement sa nature : ostez-vous, par exemple, la Iustice de Dieu? il n'y a plus de Dieu; tant il est vray que ces
pesfections sont sa nature & reciproquement : c'est pour
cela que Dieu est appellé Sagesse, Iustice, misericorde, &c.
ce qui ne peut pas estre dit de l'homme, ny des autres creatures, qu'on nomme seulement, sages, iustes, misericor-
dieuses, bonnes, belles, &c.

Voilà comment en Dieu ces perfections ne sont point di-

stinctes réellement de sa nature, & le sont de celle des creatures; voyons maintenant comme quoy en Dieu, ces mesmes perfections ne sont non plus distinctes réellement entr'elles, & comme quoy elles le sont dans les creatures.

Ie dis qu'en Dieu, la sagesse, la iustice, la misericorde,
&c. ne sont point distinctes entr'elles réellement. Voyez
Saint Augustin, *La grandeur de Dieu*, dit ce pere, *est le mes-* L. 6. de
Trin. 7.
me que sa sagesse, & sa bonté est le mesme que sa sagesse & sa gran-
deur, & sa verité est le mesme que tout cela. Car si cela n'estoit,
la nature diuine ne seroit pas simple, mais composée de choses contraires en apparence, comme sont la Iustice & la
Misericorde, & toutes les perfections des creatures; or il a
esté suffisamment prouué que la nature de Dieu est simple,
partant toutes les perfections qui la constituent sont vne
mesme chose entr'elles & auec elle, mais non pas dans les
creatures: par exemple, dans l'homme, la iustice n'est pas
la misericorde, & l'homme n'est pas sage par l'habitude de
generosité, &c. partant il faut conclure que les perfections
des creatures n'estant que des simples habitudes & qualitez,
sont distinctes réellement & d'effet, non seulement de la
nature des creatures, mais aussi sont distinctes & differentes
entr'elles mesme.

E N. I'ay icy quelques questions à vous faire, Seigneur
Adelphe; premierement, s'il ne sera pas vray de dire que
les creatures sont Dieu, puis que toutes leurs perfections
sont contenuës en Dieu?

A D. Ie répond negatiuement; la proposition seroit veritable, si elle estoit réciproque, & que comme nous disons
que toutes les perfections des creatures sont en Dieu, nous
disions aussi que toutes les perfections de Dieu sont dans les
creatures, mais nous ne parlons pas de la sorte, c'est l'erreur
de deux Heretiques, Vuiclef & Seruet, comme remarque Vuiclef.
Vald. l. 1.
doctri.fidei
c. 1.
Seruet. e-
pist. 6.
Sagess. 13.
du premier Thomas Valdense; car le second a esté si imper-
tinent de dire, écriuant à Caluin, que Dieu dans la pierre
estoit vne pierre, dans vn tronc estoit vn tronc, & semblables sottises, ne se souuenent pas qu'il est marqué dans la
Sagesse, combien l'Autheur de toutes ces choses est plus

beau & plus excellent. N'auez-vous pas autre chose ?

EN. Pardonnez-moy , Seigneur Adelphe. Si l'entendement , la volonté , & les autres perfections sont en Dieu vne mesme chose, ne pourra-t'on pas dire que Dieu entend par la volonté & veut par l'entendement , qu'il est clement par la seuerité de sa Iustice , & rigoureux par sa clemence, ce qui semble vne absurdité ?

AD. Ie vous asseure , Engiston , qu'il n'est question que des termes pour s'expliquer & parler congruëment en cette matiere : ne dites pas si vous voulez , Dieu entend par la volonté , ou Dieu veut par l'entendement , car nostre façon de conceuoir ne peut admettre ces termes ; mais dires, Dieu entend par la mesme chose qu'est sa volonté , & veut par la mesme chose qu'est son entendement , & ainsi du reste , & vous direz fort bien.

EN. Iusques icy , Seigneur Adelphe, vous auez discouru comme en general des perfections diuines , maintenant ie vous voudrois prier de nous entretenir de quelques-vnes en particulier , comme , de la bonté de Dieu , de son infinité , comme quoy Dieu est par tout , de son eternité ?

A. Ie le feray tres-volontiers.

❖✦❖✦❖✦❖✦❖✦❖

CHAPITRE IV.

Dequelques perfections de Dieu en particulier; sçauoir , de sa
Bonté , de son Infinité , de sa presence en tout lieu ,
& de son Eternité.

Luc.18.

ADEL-
PHE.
DIEV est tellement bon , Engiston , qu'aucun n'est bon que luy seul , dit l'Ecriture , c'est à dire , essentiellement & souuerainement , tout le reste des choses ne l'estant que par dependance & participation : car comme le bien est communicatif de sa nature, Dieu est non seulement bon en soy-mesme , mais il communique aussi sa bonté en

deux manieres ; sçauoir au dedans & au dehors de soy ; par
la premiere, qui luy est naturelle & necessaire, Dieu le Pere
communique essentiellement toute sa bonté à son Fils & à
son Saint Esprit : par la seconde qui luy est libre, il communique de sa bonté aux Creatures par participation seulement, & ce par diuers moyens, comme celuy de la Creation,
l'Incarnation du Verbe, la grace d'adoption, la gloire, l'a-
mour & le desir qu'il a pour nous.

Il est infiny, *car le Seigneur est grand,* dit le Psalmiste, *&
digne de toute loüange, & sa grandeur n'a point de fin. Il est haut
& immense,* dit le Prophete ; cela ne se pouuant entendre
de la grandeur du corps ny de la quantité, puis que Dieu
n'en a point, il le faut entendre de sa puissance, de sa vertu
& de sa perfection.

E N. I'ay quelque chose à dire là dessus, Seigneur Adelphe. Il me semble auoir veu en quelque lieu de l'Ecriture,
que les Anges & les Bienheureux voyent la face de Dieu le
Pere, ie prend l'essence pour la face, si cela est, l'essence de
Dieu n'est pas infinie, puis qu'elle peut estre veuë & connuë
par vne chose finie, comme est l'Ange & l'esprit humain :
De plus, si Dieu estoit infini, luy qui est bon, auroit vne
bonté infinie, laquelle par consequent excluroit toute sorte
de mal, puis que de deux choses contraires, quand l'vne est
infinie, elle destruit l'autre entierement ?

A D. Ie répond à vos obiections, & dis qu'encore bien
que les Anges & les Bienheureux, qui sont creatures finies,
voyent la face, c'est à dire l'essence de Dieu, comme vous
auez fort bien remarqué, il ne s'ensuit pas pour cela que
l'essence de Dieu ne soit pas infinie ; car ce n'est pas par la
force de leur nature qu'ils iouïssent de cette faueur, c'est
par vn aide surnaturel de Dieu qui esleue la puissance de leur
entendement iusques à ce poinct. Mais quand à la question,
sçauoir si les Bienheureux voyant & connoissant Dieu, le
comprennent totalement, elle se traitera dans la derniere
partie de cet ouurage, où il s'agira de la derniere cause de
l'homme qui est son bonheur eternel : voilà pour la premiere : quand à la seconde objection, ie dis qu'encore qu'il y ait

beaucoup de maux dans la Nature, Dieu ne laiſſe pas pour cela d'eſtre infiniment bon, & il ſuffit pour cela qu'il ne puiſſe auoir en Dieu aucun mal, car il n'importe qu'il y en ait au dehors de luy, puis que c'eſt hors de Dieu que finit tout le bien.

E N. Mais Dieu ne peut-il pas deſtruire tout le mal qui eſt dans la nature?

A D. Il faut diſtinguer, Engiſton, Dieu peut deſtruire tout le mal de coulpe ou de peché, mais non pas le mal de nature, c'eſt à dire, tout defaut de bonté & de perfection, car Dieu ne peut, par vne excellente impuiſſance, donner aux creatures ſa bonté infinie; ainſi reſte-t'il touſiours dans les creatures quelque imperfection, ou du moins quelque manque de perfection.

Il eſt partout par ſa puiſſance; car *il opere tout en toutes choſes;* par ſa connoiſſance, car *toutes choſes ſont nuës & déconuertes à ſes yeux;* par ſon eſſence, *Ie remplis,* dit-il, *le Ciel & la Terre.* De là Saint Cyprian dit que tout le monde eſt le Temple de Dieu, & qu'il eſt épanché par tout: & en effet, adiouſte Saint Hieroſme, *Comment eſt-ce que celuy qui remplit tout, pourroit eſtre compris dans aucun lieu?* & S. Auguſtin encore plus clairement, *Dieu,* dit-il, *eſt par tout eſtendu ſubſtantiellement.*

Diſons donc, que la ſubſtance Diuine qui eſt par tout, eſt en noſtre Seigneur Ieſus-Chriſt par vnion hypoſtatique, elle eſt dans les Saints par connoiſſance & par amour, dans l'Egliſe par aſſiſtance, au Ciel par Majeſté, & en Enfer par Iuſtice; mais ce n'eſt pas tout, il ne faut pas s'imaginer que l'eſſence ou la ſubſtance de Dieu ſoit bornée par le Ciel & la Terre, puis qu'il eſt dit que *les Cieux des Cieux ne le contiennent pas, & qu'il eſt plus haut que le Ciel & plus bas que l'Enfer;* c'eſt en ce ſens que le Triſmegiſte a bien dit, que Dieu eſt comme vn cercle, le centre duquel eſt par tout, & la circonference n'eſt en aucun lieu.

E N. Mais ie vous prie, Seigneur Adelphe, s'il n'y a rien de réel par delà le monde, comment eſt-ce que Dieu y peut eſtre réellement?

ADEL.

1. Cor. 12.
Hebr. 4.
Ierem. 23.

Cypr. l. de
vanit. Idol.
Hieron. in
cap. 66. Iſa.
Aug. Epiſt.
57. ad Dardanum.

3. Reg. 8.
Iob 11.

A D. Il y est réellement en soy-mesme, selon qu'il estoit auant que le monde fust monde; d'où vient que Tertullien remarque fort à propos, *qu'auant que toutes choses fussent, Dieu estoit seul, il estoit à soy-mesme & monde, & lieu, & toutes choses; Il n'est pas besoin que vous demandiez ou Dieu estoit pour lors,* dit Saint Bernard, *puis qu'il n'y auoit rien hors de luy.* Il est tres-asseuré, Engiston, Dieu estoit où il est, & où il sera à iamais, c'est à dire, en soy-mesme, d'autant qu'il se suffit à soy-mesme.

E N. Ie voudrois bien sçauoir si vne creature peut bien estre en tout lieu?

A D. Cela se peut de trois façons. Dieu peut creer vn Ange de telle vertu & puissance qu'il sera present réellement à tout le monde, & à chacune de ses parties pour la regir. Il peut creer vn corps penetrable dans l'espace du monde, qui égalera la grandeur du monde. Il peut faire qu'vn mesme corps soit icy, là, & en tout lieu du monde; mais c'est assez touchant cet attribut, voyons maintenant si Dieu est eternel?

Ouy, Engiston, Dieu est eternel, car la definition de l'eternité contient seulement à luy seul. On definit l'eternité, *vne durée sans terme, indiuisible & independante:* Or il n'y a que Dieu seul qui soit infini, indiuisible, & independant, partant Dieu seul non seulement est eternel, mais l'essence de Dieu, au sentiment de Saint Augustin, est l'eternité mesme qui n'a rien de muable, les ans de Dieu n'estant autre chose que Dieu mesme. *Dieu est tout ce qu'il a,* dit Saint Gregoire, *or il a l'Eternité, partant il est l'Eternité.* Le passé & l'auenir ne sont point en Dieu, il n'y a que le present; *Celuy qui est m'enuoye vers vous,* & ailleurs parlant à son Fils, *Ie t'ay engendré auiourd'huy; Et mille ans deuant Dieu sont comme le iour d'hier qui est desia passé,* à nostre égard.

E N. Mais pourtant il est dit dans l'Ecriture que Dieu est, qu'il estoit & qu'il doit venir, qu'il est l'ancien des iours, le premier & le dernier, & beaucoup d'autres choses qui semblent marquer quelque succession dans l'Eternité de Dieu?

A D. Il faut sçauoir, Engiston, vne bonne fois pour tout,

F

Tert. l. contra Praxeam.

Bern. l. 5. de confiderat.

L'Eternité.

August. in Psal. 101.

Gre. l. 16 Moral.

Exod. 3. Psal. 109. Psal. 89.

Apoc. 1. Daniel. 7.

que l'Ecriture sainte s'accommode souuent à nos façons de
faire, de dire, & de conceuoir, comme elle fait en ce rencontre, afin de nous faire connoistre, à nostre guise, les choses surnaturelles par celles qui nous sont communes & fami-
lieres.

 EN. Dites-moy, s'il vous plaist, Seigneur Adelphe, ce
que c'est que la Science en Dieu, & comme Dieu connoist
les choses ?

CHAPITRE V.

De la Science de Dieu.

ADEL-
PHE. Il ne faut pas vous imaginer, Engiston,
que la science en Dieu soit vne habitude comme dans les hommes, accidentelle, variable, finie & imparfaite. Les
hommes ne peuuent auoir la science que par trois moyens;
par la creation, comme Adam, auec lequel la science qu'il
eut fut creée : par infusion, comme les Apostres de Iesus-
Christ, lesquels au iour de la Pentecoste furent remplis
de science & de sagesse ; & par acquisition, comme tous les
hommes ordinaires, lesquels à force d'estudier, d'escouter,
& d'enseigner, deuiennent plus ou moins sçauans & con-
noissans ; mais leur science, comme i'ay dit, est imparfaite,
d'autant qu'ils ignorent beaucoup plus qu'il ne sçauent, &
mesme ne sçauent que confusément, & auec vne infinité
d'erreurs & de doutes ; elle est labile, dautant qu'vne petite
maladie, ou vne goutte de pituite par vne fluxion d'humeurs, tombant fortuitement dans le reseruoir de la science, c'est à dire sur la partie qui fait le siege de la memoire,
cause vne telle confusion, qu'elle efface tous les images qui
s'y rencontrent, & que la fantaisie y auoit mis comme en
depost : de sorte qu'on a veu des hommes tres-sçauants,
apres vn accident de cette sorte, ne sçauoir rien du tout, &
auoir oublié iusques à leur propre nom.

La science en Dieu n'est pas de cette sorte ; Dieu n'a rien de creé, mais il a creé toutes choses ; il n'a rien d'infus, n'y d'acquis, car c'est luy qui donne tout, & de qui tous reçoiuent, sans receuoir d'aucun. Il est donc sçauant par nature, & la science en Dieu est vn pur acte de sa substance ; c'est sa substance mesme, dit Saint Denis, laquelle comme nous auons dit cy-dessus, est vnique & tres-simple.

Neantmoins, dautant que cette science qui est tres-simple en Dieu, se termine à diuers objets au dehors, il est besoin, pour soulager nostre foiblesse, que nous la considerions en plusieurs manieres, selon la diuersité des choses où elle s'estend.

E N. A quelles choses se peut estendre la connoissance de Dieu, Seigneur Adelphe ?

A D. A toutes vniuersellement ; à celles du passé, du present & de l'aduenir, libres & non libres.

E N. Que Dieu connoisse toutes les choses passées, presentes, & mesme quelques-vnes de l'aduenir, ie l'auoüeray fort librement, mais que sa connoissance s'estende à toutes les choses futures, c'est ce qui est difficile à conceuoir. Ie sçay que de toutes les choses qui sont, les vnes sont sans liberté, & les autres sont libres ; les premieres dépendent des causes necessaires, & agissent tousiours necessairement & absolument, comme le cours des Cieux & des Planettes, qui dépend du premier Mobile & de l'Intelligence, l'action des brutes, qui dépend de l'instinct & de la nature, &c. Ie ne fais aucun doute que Dieu ne connoisse les euenemens futurs de ces choses, puis que les hommes mesme en ont la connoissance : mais touchant les euenemens futurs des choses libres, comme est l'homme, i'en doute fort.

A D. Il faut que vous sçachiez, Engiston, que Dieu de toute eternité sçait & connoist naturellement toutes choses possibles, c'est à dire, combien de choses ont pû estre creées, en combien de façons, quand & comment : par exemple, Dieu sçait que l'homme a pû estre produit en l'estat de pure nature, en estat de nature entiere, & en estat de Iustice originelle, auquel effectiuement il a estè produit. *Dieu*, dit le

Pfal. 118.
Rom 8.

Science cô-
ditionnée.

Sap. 4.

Matth. 11.

Science li-
bre, ou de
vision.

Daniel. 13.
Ecclesiast.
42.

In Eze-
chiel. & fur
ces paroles,
Si forte vel
ipsi audiat.
Chrysost.
homil. 60.
in Matth.
fur ces pa-
roles, Ne-
cesse est vt
eueniant
scandala.

Pfalmiste, *a fait les chofes qu'il a voulu,* & l'Apoftre, *Dieu appelle les chofes qui ne font pas, auffi bien que celles qui font.* De plus, Dieu fçait ce qu'il fuft arriué aux chofes, fi elles euffent efté creées autrement qu'elles le font : par exemple, ce qu'il fuft arriué à l'homme s'il euft efté produit en l'eftat de pure nature, ou de nature entiere, encore que cela ne foit pas arriué. *Il a efté rauy, de peur que la malice ne changeaft fon efprit,* &c. *Si des chofes qui ont efté faites en toy,* dit Iefus-Chrift, *euffent efté faites en Sodome, peut-eftre que Sodome fub-fifteroit encore auiourd'huy.* Enfin, Dieu fçait & connoift ce qui arriuera aux chofes, apres auoir arrefté volontairement qu'elles feront creées de telle ou de telle maniere : par exem-ple, Dieu connoiffoit abfolument ce qui arriueroit à l'hom-me, encore qu'il fuft libre en fes actions, dans l'eftat d'in-nocence auquel il a efté creé ; en celuy de nature corrom-puë, où il eft tombé ; & en celuy de la nature reparée, où il eft maintenant : *Dieu eternel,* dit l'Ecriture, *qui connois tou-tes chofes auant qu'elles aduiennent.*

E N. Comment eft-il poffible, Seigneur Adelphe, d'ac-corder la liberté de l'homme auec la certitude de la fcience de Dieu ; car fi la fcience de Dieu eft Dieu mefme, il faut que tout ce que Dieu fçait & connoift deuoir arriuer, arriue abfolument ; partant que l'homme foit, tant qu'il vous plai-ra libre, il ne fera iamais finon ce que Dieu fçait luy deuoir arriuer ?

A D. Ie répond auec Saint Hierofme & S. Chryfoftome, & dis que l'homme n'eft pas neceffité de faire ce qu'il fait à caufe que Dieu fçait & connoift qu'il le fera, c'eft à dire, que la fcience & connoiffance de Dieu ne force poit la vo-lonté de l'homme : mais d'autant que l'homme fera infailli-blement quelque chofe, quoy que librement, Dieu le con-noift de toute eternité. Vn homme, par exemple, eft libre à marcher ou ne pas marcher, il ne fçauroit faire l'vn & l'autre tout enfemble, il faut donc neceffairement qu'il fe determine à l'vn ou à l'autre ; or Dieu connoift de toute eternité auquel des deux l'homme fe determinera, & lequel des deux il fera. S. Pierre eftoit libre de nier ou ne pas nier, au

temps de la Passion de Iesus-Christ, S. Pierre s'est determiné à nier, & d'autant que Saint Pierre libre deuoit nier,
comme il a fait, Dieu le sçauoit aussi asseurément de toute
eternité, c'est pourquoy il luy predit, *Pierre tu me nieras
trois fois.*

E N. Et apres ces paroles, Saint Pierre estoit-il pas encore libre à nier ou ne pas nier ?

A D. Ouy, Saint Pierre estoit libre, & pouuoit bien ne
pas nier, s'il eust voulu, mais pourtant il deuoit nier, puis
qu'effectiuement il a nié, & c'est pour cela que Dieu le sçauoit & luy predisoit.

E N. Il faut auoüer, Seigneur Adelphe, que ces matieres
sont delicates; i'ay neantmeins encore vne difficulté, c'est
que dans le texte par vous allegué cy-dessus, *peut-estre*
Sodome subsisteroit encore, si, &c. ce mot (peut-estre)
marque vne espece d'incertitude de la chose dont est question, & partant il semble que Dieu ne soit pas pleinement
asseuré dans sa connoissance ?

Matth. 11.

A D. Il est vray, Engiston, que ces matieres sont subtiles,
mais il faut confesser que vos remarques ne le sont guere
moins. Escoutez Saint Hierosme là dessus, *Ce mot*, dit-il,
*(peut-estre) estant ambigu, ne sçauroit conuenir à la diuine Ma-
jesté, mais Dieu parle à nostre façon, & afin qu'on connoisse que
le libre arbitre de l'homme est tousiours conserué.* (Peut-estre)
en cet endroit, veut dire, que Sodome eust fait penitence
infailliblement, & pourtant librement, si les mesmes
moyens de salut, qui furent donnez à Hierusalem, luy eus-
sent esté donnez.

S. Hier. sur
Ierem. 26.

E N. Mais ie m'estonne de ce procedé, l'axiome de Philosophie, dit que Dieu & la Nature ne font rien en vain, &
neantmoins il me semble icy le contraire, Dieu donnant
des moyens de salut à certains hommes qu'il sçait bien leur
deuoir estre inutiles, & déniant les mesmes à d'autres ausquels il sçait qu'ils seroient profitables ?

A D. L'axiome de Philosophie est veritable, Engiston,
car Dieu & la Nature ne font rien en vain. Il est vray que
Dieu donne des moyens de salut à certains hommes aus-

F iij

quels il sçait fort bien qu'ils seront inutiles ; mais le dessein
de Dieu n'est pas cela ; il veut que les hommes s'en seruent
pour faire leur salut, d'autant que ces moyens sont suffisans
pour cela ; ainsi, si ces moyens demeurent inutiles & inefficaces, ce n'est pas de la part de Dieu, mais du costé de l'homme qui les neglige, & n'y veut pas cooperer ; que si Dieu
dénie les mesmes moyens à d'autres hommes, ausquels il
sçait asseurément qu'ils seroient efficaces, qu'auez-vous à
dire à cela ? n'est-il pas Maistre de ses graces ? doit-il rien à
personne ? Nous deuons croire neantmoins qu'il donne à
tous des moyens suffisans de se sauuer, & il est tres-certain
que ce qui n'est que suffisant à l'vn, seroit efficace à l'autre.
Mais c'est trop s'auancer, Engiston, il faut differer ces questions au traité de la grace cy-apres.

EN. Ouy-dà, mais cependant vous venez de dire que
Dieu veut que les hommes se seruent des moyens qu'il leur
donne pour les sauuer, & qu'il les donne à tous les hommes,
d'où i'infere par vn Dyleme, ou bien que tous les hommes
sont sauuez, ou bien que Dieu n'est pas tout-puissant en sa
volonté ?

A D. Ie m'en vay vous répondre à cela.

CHAPITRE VI.

De la Volonté de Dieu.

ADEL-
PHE.
VOVS ne doutez donc pas que Dieu
n'ait vne volonté, Engiston, puis
que nous disons tous les iours à Dieu,
vostre volonté soit faite en la terre comme au Ciel ? vous auez raison de n'en
pas douter ; mais vous deuez sçauoir aussi qu'en Dieu la volonté n'est pas comme elle est dans les hommes, à la façon
d'vne puissance distincte des autres qualitez de l'homme ;
elle est en Dieu vn pur acte de son essence, tres-simple, &
son essence mesme, comme nous auons dit de la science

Math. 6.

cy-deffus. Mais encore que cette volonté ne foit qu'vne en
elle-mefme , nous difons neantmoins que Dieu veut les
chofes diuerfement , non en foy , mais felon la varieté des
objets où fa volonté s'exerce au dehors de luy. Dieu peut
vouloir quelque chofe au dedans de foy , fans le faire paroi-
ftre au dehors , comme la production de fon Verbe & du
Saint Efprit , par concomitance. Quelques fois Dieu fait pa-
roiftre fa volonté par des fignes exterieurs , comme lors qu'il
commande , qu'il defend , permet , confeille , & fait luy-
mefme quelque chofe. Dieu veut des chofes abfolument &
efficacement , comme dans la nature , le gouuernement &
le bon ordre des chofes du monde : dans l'ordre de la Morale , la recompenfe des bons & le chaftiment des mauuais.
Il en veut d'autres fous condition , comme le falut de tous
les hommes , pourueu que les hommes y trauaillent , car
Dieu agit neceffairement auec les chofes neceffaires , & librement auec les libres , & eft toufiours tout-puiffant en fa
volonté.

E N. Dites moy s'il vous plaift , Seigneur Adelphe , à
quoy s'eftend la volonté de Dieu ?

A D. La volonté de Dieu s'eftend à tout le bien , c'eft
à dire , que Dieu veut & aime toute forte de bien : premierement foy-mefme naturellement & neceffairement ,
car il eft le fouuerain bien , & partant le premier & principal objet de fa volonté. Secondement il veut & aime librement toutes les creatures : *Vous aimez Seigneur* , dit le
Sage , *touttes les chofes qui font , & ne haiffez rien de ce que
vous auez fait* : & il les veut & aime pour foy-mefme , car
il les a toutes faites pour foy , non qu'il en ait befoin ,
comme l'affeure le Pfalmifte , mais pour faire voir plus
clairement en elles les trefors de fa fageffe , de fa bonté ,
de fa puiffance & de fa gloire.

E N. Vous dites que Dieu fait connoiftre fa volonté
lors qu'il commande quelque chofe , & neantmoins nous
voyons le contraire ; il demande à Abraham le Sacrifice
de fon fils & en mefme temps il en empefche l'execution :
il deffend le peché , & en cela il femble qu'il ne le veuille

Volonté en
Dieu.
De bon
plaifir.

De figne.

Abfoluë &
efficace.

Condition-
née.

Sap. 11.

Prou. 16.
Pfal. 13.

pas; il le permet, & en cecy il semble qu'il le veüille ; il produit la grace dans vn homme par le Baptesme, & par là il semble le vouloir sauuer, neantmois cet homme bapti-sé est bien souuent damné ; voylà, Seigneur Adelphe, qui me fait de la peine.

A D. Il vous faut esclaircir sur ces difficultez ; il faut que vous sçachiez, Engiston, que Dieu, par les signes exterieurs, veut tousjours quelque chose, mais non pas tonsjours celles que nous nous imaginons. Il demandoit plustost l'obeissance d'Abraham que le Sacrifice d'Isaac. Quand il deffend le mal, il veut que nous fassions le bien, mais li-brement & non par force & violence : quand il permet que le peché arriue, c'est qu'il veut faire voir que nous pou-uons vser de nostre libre arbitre, mais il ne voudroit pas que ce fust pour faire le mal ; enfin il veut que tout homme à qui il donne la grace baptismalle, soit son fils adoptif, mais non pas qu'il ait l'heritage de la gloire, s'il ne perse-uere en la grace.

E N. Vous dites aussi que Dieu se veut & s'aime necessai-rement, il n'y a donc point de liberté en Dieu, puis que la liberté & la necessité sont opposées diametralement.

A D. Auant de vous respondre precisément, il vous faut enseigner ce que c'est que liberté, écoutez S. Bernard sur ce sujet ; *On voit*, dit-il, *par l'Escriture & par les Peres qu'il y a trois sortes de liberté, la liberté de gloire des enfans de Dieu qui regarde les Bien-heureux, libres de mors & de toutes incommo-ditez : la liberté de grace, dont il est dit, quand le Fils de Dieu vous aura deliurez, vous serez vrayement libres, & cette liberté regarde les hommes iustes en cette vie, deliurez du peché: & la liberté de nature, qui n'est autre que le libre arbitre, lequel est commun generalement à tous les hommes ; Sous toy,* dit Dieu, *sera l'appetit du peché & tu luy domineras :* Cette liberté natu-relle se peut considerer au regard de trois choses, sçauoir au regard de la contrainte, au regard de l'indifference, & au regard de la necessité.

Il n'y a aucune conuenance de la liberté auec la contrain-te, au contraire il y a de la contradiction, car l'vne chasse

l'autre ;

Ber. l. de grat. & liber. arbit. Diuerses especes de liberté.

Gen. 4.

Liberté de contrainte, d'indiffe-rence, de necessité.

l'autre ; contre l'erreur du Caluiniste qui veut que quelques-vns, en cette vie, soient contraints autant à bien qu'à
mal faire ; mais c'est vn heretique condamné.

La liberté conuient auec l'indifference dans l'homme
voyageur, il se porte indifferemment au bien & au mal , en
cette vie, sans necessité ny contrainte, comme nous ferons
voir plus bas.

Enfin la liberté conuient auec la necessité , en Dieu &
dans les Bien-heureux en gloire, lesquels aiment Dieu librement & necessairement, comme Dieu se veut & s'aime
soy-mesme. Disons donc , Engiston , que Dieu est l'estre le
plus libre de tous les estres, c'est la liberté mesme ; que s'il
s'aime & se veut necessairement, de sorte qu'il ne puisse ne
se pas aimer & vouloir, c'est à cause qu'il est tout bon & tout
bien, & ne sçauroit estre ny mal, ny méchant ; *Or c'est vne* Aug. l. con-
heureuse necessité à Dieu, dit Saint Augustin , *de ne pouuoir* tra iulianu.
estre méchant, & partant de ne pouuoir ne se pas vouloir & aimer.
Mais quand à ce qui est des choses qui sont hors de Dieu,
Dieu les veut & les aime librement, & sans aucune necessité, tout ainsi qu'il les a faites librement & sans necessité,
car le vouloir, l'aimer & le faire en Dieu est vne mesme
chose ; *le Seigneur a fait au Ciel & en la Terre tout ce qu'il a* Psal. 114.
voulu, dit le Psalmiste ; & l'Apostre asseure *qu'il fait tout* Ephes. 1.
selon le conseil de sa volonté,

E N. Mais, Seigneur Adelphe, comment pouuez-vous
admettre en Dieu cet acte libre, par lequel Dieu peut vouloir quelque chose & ne la pas vouloir, sans admettre pareillement en Dieu du changement ?

A D. C'est, cher Engiston , que le vouloir en Dieu n'est
autre chose qu'vn pur acte de sa nature , comme ie vous l'ay
desia dit, par lequel il se veut necessairement ; & quand il
est dit qu'au regard des Creatures, Dieu les veut librement,
cela se doit rapporter au decret terminé librement à la creature, lequel decret Dieu estoit libre de terminer ou ne pas
terminer à la creature ; de sorte qu'auant ce decret on ne
peut pas admettre en Dieu aucun changement , puis que le
changement n'est autre chose que la mutation d'vn acte en

G

vn autre ; ny mesme apres ce decret, dautant que Dieu ne peut pas vouloir n'auoir formé son decret pour la produ-ction de ses Creatures.

Genes. 5.

E N. Il est pourtant marqué en quelqu'endroit de l'Ecri-ture, que Dieu s'est repenti d'auoir fait l'homme, or ce re-pentir d'auoir fait quelque chose, c'est vouloir ne l'auoir pas faite, & partant.

A D. Ie me doutois fort bien que vous m'apporteriez cet exemple, Engiston, mais ie vous renuoye au lieu commun, qui est que Dieu souuent s'accommode à nostre façon de penser, de parler & d'agir : Escoutez Saint Ambroise ; *Dieu,*

Amb. l. de Noe & Ar-cha 4.

dit-il, ne pense pas à la façon des hommes, de sorte qu'il puisse changer d'opinion ; il ne se fasche point, & n'est sujet au change-ment, mais ces choses sont dites pour exprimer la grandeur du peché, qui estoit venu à tel poinct, que Dieu, lequel naturelle-ment ne peut estre agité d'ire, de haine, ou d'aucune autre pas-sion, sembloit pourtant estre en colere.

E N. Quoy donc, Dieu est-il sans affection ? comment peut-il auoir vne volonté sans haine, sans amour, sans iusti-ce & misericorde ? est-il sans desir & sans fuite, sans crainte & sans esperance ?

A D. Ie répondray à tout par ordre, Engiston, vous n'a-uez qu'à me suiure. *Il est dit que Dieu hait le pecheur & son pe-*

Sagesse 14

ché ; partant Dieu a vne espece de haine en soy : que Dieu aime tellement toutes ses Creatures, qu'il leur veut & leur donne tout le bien qu'elles ont, afin de les pouuoir aimer

S. Tho. 1 p. q 20. a. 2.

qui plus, qui moins, selon le plus ou moins de bien qu'il voit & qu'il a mis en elles ; & cet amour est bien different de ce-luy de l'homme, qui suppose tousiours le bien dans le sujet qu'il aime, mais qui ne l'y met pas, comme Dieu fait pour se le rendre aimable.

E N. Comment peut-il aimer toutes les Creatures, s'il en hait quelques vnes, comme vous dites ?

A D. Il y a deux sortes de Creatures, Engiston, les raisonnables les & irraisonnables ; Dieu les aime toutes éga-lement & de mesme façon, eu égard à l'unité & simpli-cité de l'acte par lequel il aime, qui n'est autre que son amour, sa volonté & sa nature; mais inégalement & diuersement, eu égard a la differance & diuersité des creatures.

Dieu ayme les creatures irraisonnables de l'amour de concupiscence, dautant que le bien qu'il leur veut & l'amour qu'il leur porte n'est pas pour leur consideration, mais pour celle des creatures raisonnables qui sont les hommes pour lesquels Dieu a tout fait; & quant aux creatures raisonnables Dieu les aime d'vn amour qu'on apelle de bienveillance, & mesme de l'amour d'amitié, si l'homme aime Dieu reciproquement, dautant que l'homme est fait pour Dieu. Que si neantmoins Dieu hait quelques hommes, comme nous auons dit, ce n'est pas naturellement & en tant qu'hommes, mais c'est moralement & en tant que pecheurs; *Dieu*, dit S. Augustin *ne hait pas Esau homme, mais il hait Esau pecheur.* Ainsy, Engiston, la volonté & l'amour de Dieu est comme vne regle droite, auec laquelle quadrent les choses droites qui luy sont appliquées & qui demeure tousiours vne & droite, nonobstant les choses tortues qu'on en approche, & auec lesquelles elle a de la repugnance.

E N. Vous dites, Seigneur Adelphe, que Dieu aime mieux les choses meilleures que les moins bonnes; si cela est il deuoit aimer mieux son fils & les anges mesme que les hommes, il deuroit plus faire cas d'vn homme innocent que d'vn penitent; d'vn iuste, quoy que réprouué, que d'vn pecheur predestiné; nous voyons pourtant le contraire, puis qu'il a liuré son fils pour les hommes; puis qu'il a pris la nature humaine a l'exclusion de l'angelique; puis qu'on fait plus de feste au Ciel pour vn seul penitent que pour nonante & neuf iustes; puisque Dieu veut plus de bien au pecheur predistiné, luy preparant la gloire, qu'au iuste reprouué luy disposant l'Eenfer?

A D. Toutes ces questions ne souffrent pas grande difficulté, Engiston, ie les tranche en vn mot. Dieu a causé a son fils plus de bien accidentellement que l'homme n'en a receu reellement par la mort de la Croix; l'vnion hypostatique, l'exaltation de son nom par dessus tous les autres

noms, la recommandation de sa profonde obeïssance &
de son excellente charité, la signalée victoire qu'il a rem-
portée de la mort & de l'Enfer, la qualité de Redempteur
& de Sauueur du monde, sont beaucoup plus considerables.

Pour ce qui est de l'Ange, il est vray que l'homme est
moins bon, si on regarde sa nature; mais si on a égard aux
biens surnaturels qu'il a receus apres sa cheute, il est beaucoup plus considerable que l'Ange pour lequel il n'y a point
eu de redemption. Pour ce qui regarde l'innocent & le penitent, celuy-là est le plus aimé de Dieu, lequel a les plus
grands dons de grace & de gloire; que s'ils en auoient tous
deux également, l'innocent d'vne part seroit plus à considerer, & de l'autre le penitent, puis que mesme la parité
des dons de grace est plus considerable au penitent, en qualité de penitent qui merite la mort, qu'à l'innocent, lequel
en cette qualité n'a point démerité. Enfin Dieu aime plus
le iuste reprouué pour le temps qu'il est iuste, & non pas
pour le temps auquel, ayant perdu la iustice, il sera damné.

Ie dis aussi que la iustice se trouue en Dieu: *Vostre Iustice,
Seigneur, sera iustice à iamais;* non pas la iustice commuta-
tiue, par laquelle on est obligé de rendre autant qu'on a receu, car Dieu ne sçauroit rien receuoir de nous qu'il ne
nous l'ait luy mesme donné. *Qui luy a donné le premier,* dit
l'Apostre? ny aussi la iustice distributiue, qui consiste en la
retribution des biens communs selon la proportion des merites d'vn chascun, car Dieu ne doit rien proprement à sa
creature; d'où vient qu'on considere en Dieu la iustice d'v-
ne façon bien plus parfaite & eminente, sequestrée de toutes les conditions qui accōpagnent la iustice des hommes, &
qui ne conuiennent point à Dieu; c'est proprement vne perfection en Dieu, laquelle, selon nostre façon de conceuoir,
dirige la volonté de Dieu à recompenser les bons & punir
les mauuais, supposé le merite de ceux-là par la grace de
Dieu, & le démerite de ceux-cy par la deprauation de leur
propre volonté.

La Misericorde est pareillement en Dieu. *Ie chanteray,* dit
Dauid, *les misericordes du Seigneur à iamais.* Nous en auons

trop d'experience pour en douter, Engiston, puis que *c'est
par la misericorde du Seigneur que nous ne sommes pas absorbés,
& reduits au neant,* châte le pleureux Hieremie. Le desir & la ⟨Tren. 3.⟩
fuite ne sont nullement en Dieu, sinon à nostre égard, car
Dieu ne desire aucun bien, & ne craint aucun mal pour soy,
mais pour nous seulement. L'Esperance & le desespoir ne
s'y trouuent point, car Dieu n'espere rien, puis qu'il a tout.
La crainte & la tristesse, encore moins, car la derniere est à
l'égard du mal present, & la premiere à l'égard du futur, ce
qui ne sçauroit estre en Dieu.

EN. Faites-moy la faueur de m'entretenir vn peu de la
Prouidence, & des questions qui en dependent, comme
sont celles de la grace, de la predestination & la reprobation, desquelles on parle tant, sans iamais rien resoudre.

AD. Tres-volontiers, Engiston, mais il faut réueiller
vostre attention, car ces matieres sont fort delicates. Disposez-vous à les entendre aux Chapitres suiuans.

✽❀✽❀✽❀✽❀✽❀✽❀✽❀✽❀✽❀✽❀✽

CHAPITRE VII.

De la Prouidence Diuine.

 A Prouidence en Dieu n'est autre cho-
ADEL-
PHE. se, Engiston, que *la pensée que Dieu
forme en son entendement des moyens necessaires pour conduire toutes les creatures
à leur fin, auec resolution de leur fournir lesdits moyens pour cet
effet:* d'où vous voyez que cette prouidence dépend partie
de l'entendement, partie de la volonté de Dieu.

Or qu'il y ait vne prouidence en Dieu, il est trop euident,
Dieu atteint fortement, dit le Sage, *de bout à autre, & dispose* ⟨Sap. 8.⟩
le tout suauement. Et ailleurs, *Vostre prouidence, ô Pere celeste,* ⟨Sap. 14.⟩
gouuerne toutes choses. Voyez Saint Cyprien de la vanité des
Idoles, Saint Damascene au premier liure de la Foy, & Tertullien au liure du témoignage de l'ame.

La diuine Prouidence s'estend sur toutes choses, mesme

G iij

les plus petites & plus abjectes ; *car elle a fait le grand & le petit*, dit encore le Sage , *& elle a soin également de tous*, Dieu n'oublie pas mesme le moindre passereau , & sçait le nombre des cheueux de nostre teste. *Ce n'est pas seulement dans le Soleil & dans les Cieux que Dieu est merueilleux , mais c'est dans les fourmis, les moufcherons , & les vermisseaux*, comme dit vn grand Pere, *dont nous admirons l'industrie, & en choses semblables , desquelles on peut dire qu'il sembleroit indigne & indecent à la grandeur de Dieu d'en prendre soin , si luy-mesme ne les auoit faites.*

EN. Comment se peut-il faire, Seigneur Adelphe, non-obstant cette merueilleuse prouidence, que quantité de gens de bien sont si mal traitez de la fortune en cette vie , & au contraire tant de méchans sont comblez de prosperité ?

A D. C'est la pensée de Diagore, le plus Athée des anciens Philosophes, qui luy faisoit croire qu'il n'y auoit aucune Prouidence, comme remarque Ciceron.

A D. Mais, cher Engiston, c'est vn secret que peu de personnes comprennent ; sçauez-vous bien qu'il n'est aucun en cette vie, pour iuste qu'il puisse estre , qui ne soit atteint de quelques pechez, pour lesquels il merite chastiment ? & reciproquement, il n'y a aucun si méchant qui n'ait quelque chose de bien pour laquelle il merite recōpense ; voila pourquoy Dieu qui est iuste , chastie les bons en cette vie pour les recompenser en l'autre, & recompense les méchans pour les punir dans vne eternité.

EN. I'ay vne autre difficulté, Seigneur Adelphe , c'est que vous dites que la diuine Prouidence s'estend sur toutes choses , si cela est , elle s'estendra sur le peché , & par ainsi le peché tombera sous la Prouidence ?

A D. Quelques Docteurs le tiennent, mais il faut distinguer ; le peché, Engiston, tombe sous la Prouidence diuine , non pas comme effet de la Prouidence diuine , car Dieu n'est pas la cause du peché ; mais comme vne matiere dont la Prouidence se sert pour faire quelque bien , & c'est pour cela que Dieu n'empesche pas tousiours que le peché n'arriue, mais il le tolere quelquefois, selon le sentiment du grand

Saint Augustin, qui dit que *Dieu choisit plustost de tirer quelque bien du mal, que d'empescher toutes sortes de maux.* L. Enchirid. 25. & 26.

E N. Mais comment s'accorde cecy? Dieu, dites-vous, est la fin de toutes choses; sa Prouidence leur fournit les moyens pour y arriuer, & neantmoins toutes n'y arriuent pas? Dieu est donc quelquefois frustré dans son dessein?

A D. Ie vous ay desia dit, que Dieu agit & se gouuerne auec les choses selon la nature des choses. De toutes les choses creées les vnes sont naturelles & necessaires, & celles-là employent tousiours les moyens que Dieu leur donne, & par consequent arriuent tousiours à leur fin. Les Cieux roulent tousiours, d'autant qu'ils ne cessent iamais de suiure le premier mobile, & celuy-là l'Intelligence. Les autres sont naturelles à la verité, mais contingentes, & celles-là sont souuent empeschées, à cause des diuerses rencontres & conjonctures qui se font dans la nature. Et, enfin, les autres sont libres, comme les hommes & les Anges, lesquels selon leur volonté se seruent ou ne se seruent pas des moyés necessaires pour arriuer à Dieu comme à leur fin. Or en toutes ces sortes de choses, Dieu ne sçauroit estre iamais frustré dans son dessein; car la Prouidence diuine a pour but principal & pour commune fin de ses desseins la manifestation de sa bonté & de ses autres perfections, à quoy Dieu fait rapporter toutes choses, & cette fin est commune à plusieurs autres fins particulieres, où les choses n'arriuent pas tousiours: par exemple, Dieu a fait les hommes pour la vie eternelle, comme pour leur propre & particuliere fin, plusieurs hommes pourtant, estant damnez, n'y paruiennent pas; mais soit qu'ils soient damnez ou sauuez, ils arriuent tousiours à cette fin commune, puis que si la bonté de Dieu est manifestée dans les vns par la vie bien-heureuse, sa iustice ne l'est pas moins dans les autres par la mort eternelle & les supplices de l'enfer.

E N. Ie suis tres-satisfait de tant de belles diuisions, Seigneur Adelphe, par le moyen desquelles vous éclaircissez tellement ces matieres obscures & embroüillées, que vous les rendez fort faciles à entendre: mais passons, s'il vous plaist, au traité de la Grace & de la Predestination, dont vous auez promis de nous entretenir.

AD. Ie vous feray icy la répôse que fit autre fois le Prophete Helie à son seruiteur Elisée, lors qu'il fut sur le poinct de se separer de luy; car vous me demandez, Engiston, de grandes choses; & neantmoins si vous pouuez me suiure à la piste en ce discours, vous aurez ce que vous desirez, quoy qu'il soit en quelque façon plus expédient de se taire, que de parler de ces mysteres. Commençons neantmoins par celuy de la Grace.

CHAPITRE VIII.

*De la Grace en general & en particulier, auec trois resflections
sur le mesme sujet.*

ADEL-
PHE. 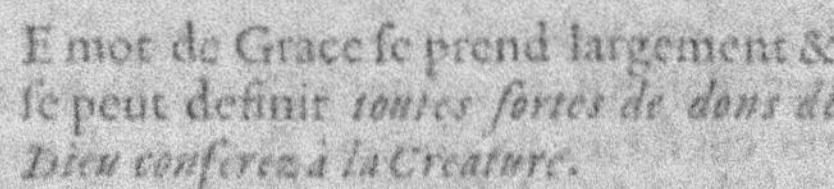E mot de Grace se prend largement & se peut definir *toutes sortes de dons de Dieu conferez à la Creature.*

La grace se diuise en *Grace de Dieu*, comme on dit ordinairement, & en *Grace de Iesus-Christ.*

La premiere est *vn don de Dieu conferé à la Creature, sans auoir égard aux merites ou démerites, mais purement & simplement par la bonté & liberalité du Createur,* comme la creation & la conseruation de toutes choses.

L'autre est aussi *vn don de Dieu conferé à la Creature apres qu'elle s'en est renduë indigne, en consideration & eu égard aux merites de Iesus-Christ,* comme est la Redemption, l'Adoption, &c.

Cette grace de Iesus-Christ se diuise en *Grace gratuite,* & en *Grace iustifiante.*

Les dons gratuits, remarque l'Angelique, sont ceux qui regardent plustost le bien d'autruy, que de celuy qui les possede. L'Apostre en met de neuf especes, qui sont, *les dons de Sagesse, de Sciences, de Foy, de Guerison, de Miracles, de Prophetie, de Discernement des esprits, des Langues, & d'Explication*

s. Th. 1. 2.
q. 111.

1. Cor. 12.

plication de discours. Tous lesquels dons sont bien du Saint Esprit, mais ne rendent pas pour cela celuy qui les possede Saint, puis qu'ils se conferent aussi bien aux pecheurs qu'aux iustes, comme il se voit dans l'Euangile, où les méchants diront à Dieu au dernier iour, Seigneur, n'auons-nous pas prophetisé en vostre nom ? Et Saint Augustin soustient hautement, *que non seulement les pecheurs, mais aussi les Infidelles peuuent prophetiser, faire des Miracles, & chasser les Demons au nom de Iesus-Christ.* *[S. Matth. 7. S. Aug. l. des 81. questions.]*

La grace iustifiante est, *vn don de Dieu, qui de soy rend le sujet où il est, agreable aux yeux de sa diuine Majesté.*

Celle-cy se diuise encore en *grace habituelle,* & en *grace actuelle.* La grace habituelle est dans nous à la façon d'vne habitude ou d'vne qualité residente en nostre ame, encore que nous n'agissions aucunement, *L'esprit du Seigneur reposera sur luy,* dit le Prophete : & Saint Iean, *Nous viendrons à luy, & y ferons nostre demeure.* Saint Augustin nomme cette grace, *la beauté interieure de l'homme.* *[Isaye 11. Iean 14. S. August. Epist. 82.]*

La grace actuelle nous est conferée à la façon d'vn acte, ou d'vne operation passagere, qui consiste en certaines lumieres & pieux mouuemens, dont Dieu excite nostre entendement & nostre volonté, afin de leur faire embrasser le bien & fuir le mal, sans rien oster de nostre liberté.

Ce secours estoit en Adam, dans l'estat d'innocence, comme il est auiourd'huy en nous dans la nature reparée, pour nous maintenir en grace habituelle ; & s'il eust voulu s'en seruir & y répondre, il ne seroit iamais tombé, non plus que nous ne tomberions pas si nous voulions y obeïr & y cooperer ; puis que nous sommes libres, côme estoit Adam, d'y consentir, ou de le rejetter : contre l'erreur du Caluiniste qui veut que nous ayons perdu la liberté par le peché originel. Or cette grace s'appelloit en Adam la grace de santé, & en nous la grace medecinale.

La grace se nomme *preuenante, excitante, operante,* dautant que Dieu par elle nous préuient, il frappe à nostre porte, & opere dans nous.

Elle s'appelle aussi *cooperante, & subsequente,* dautant que

H

Dieu, dit vn Docteur, *acheue en nous ce qu'il y auoit commencé, car s'il n'opere afin que nous veillons, & s'il ne coopere quand mesme nous voulons, nous ne ſçaurions faire le bien.* Iesus-Chriſt, dit le Saint Concile, *influë vne vertu dans ceux qui ſont iuſtifiez, laquelle preuient leurs bonnes actions, les accompagne & les fait.*

Elle ſe nomme encore *ſuffiſante*, en tant que par elle l'homme eſt ſuffiſamment aidé à faire bien, s'il veut, encore qu'effectiuement il ne le faſſe pas, faute de cooperer auec elle, ayant ſa pleine liberté pour cet effet, *Qu'ay-ie deu faire à ma vigne*, dit Dieu par ſon Prophete, *que ie n'aye fait. Et* par la bouche du Sage, *i'ay appellé, & vous n'auez voulu venir. Combien de fois*, dit-il dans l'Euangile, *ay-ie voulu ramaſſer tes enfans, ô ville de Hieruſalem, comme la poulle les pouſſins deſſous ſes aiſles, & tu n'as pas voulu? Vous auez touſiours reſiſté au Saint Eſprit auſſi bien que vos peres. Si vous entendez auiourd'huy la voix du Seigneur, ne vous bouchez point les oreilles.*

EN. Il ſemble, Seigneur Adelphe, que Dieu n'oblige pas fort les pecheurs en leur donnant des graces ſuffiſantes, preuoyant qu'elles n'auront pas leur effet?

AD. Dieu ne donne pas au pecheur des graces ſuffiſantes, pour ce qu'il preuoit qu'elles n'auront pas leur effet, mais par ce qu'elles le peuuent auoir, & l'auront, ſi le pecheur ny met empeſchement par ſa faute.

Elle eſt, enfin, dite *efficace*, entant qu'elle peut, non ſeulement comme ſuffiſante, tirer noſtre conſentement, mais qu'en effet elle le tire infailliblement, nous laiſſant neantmoins touſiours noſtre pleine & entiere liberté. En voicy des preuues autentiques.

Si pluſieurs reiettent la grace, dit S. Proſper, *c'eſt l'effet de leur negligence, s'ils la reçoiuent, c'eſt l'effet de la grace & de la volonté humaine. Il eſt certain*, dit le Maiſtre du precedent, *que nous faiſons quand nous faiſons, mais c'eſt Dieu qui fait que nous operons, donnant à noſtre volonté des graces tres-efficaces.*

C'eſt Dieu, ſelon l'Apoſtre, *lequel opere en nous & le vouloir & le parfaire. Et* ſelon le Prophete, *Ie mettray mon eſprit au milieu de vous, & vous feray marcher dans mes commandemens.*

Or la difficulté est d'accorder le libre arbitre auec l'in-
faillibilité de la grace, *Il n'y a que celuy qui le fait, qui le*
connoisse, dit Saint Augustin, *sçauoir pourquoy celuy-cy estant* S. Aug. l.
excité, est ensuite persuadé, & pourquoy non cet autre là, C'est de spiritu &
où il en faut demeurer, car il n'y a point d'iniquité en Dieu. Il littera 34.
faut donc auoüer que Dieu peut faire quelque chose que nous ne
sçaurions conceuoir.

Cela supposé, Engiston, il faut sçauoir ce que l'homme
peut de soy sans la grace, ce qu'il ne peut sans la grace, &
ce qu'il peut auec la grace.

RESOLVTION PREMIERE.

L'homme, dans l'estat de la nature corrompuë, peut de
soy-mesme, & sans aucune grace habituelle ou actuelle,
connoistre le vray naturel, comme les sciences naturelles,
l'existence de Dieu ; qu'il faut adorer Dieu, qu'il ne faut
pas faire à autruy ce que nous ne voulons pas nous estre
fait. L'Apostre y est formel. *Ils ont,* dit-il, *connu Dieu,* par- Rom. 1.
lant aux Philosophes Payens, *mais ils ne l'ont pas adoré com-*
me tel, Mais l'homme en cet estat ne sçauroit connoistre le
vray surnaturel, comme la Trinité de personnes en vnité
d'essence, & les autres mysteres du Christianisme, ny mesme il ne sçauroit comprendre que l'homme doiue souffrir
pour Iesus-Chr. *C'est à vous,* dit le mesme Apostre, parlant Philip. 1.
aux Fidelles, *à qui la grace a esté faite, non seulement de croire*
en Iesus-Christ, mais aussi de souffrir pour son amour. Voilà
pour ce qui regarde l'entendement & la connoissance de
l'homme en cet estat, voyons ce qu'il peut par sa volonté.

RESOLVTION II.

L'homme, en quelque estat qu'il soit, mesme en grace habituelle, ne sçauroit sans le secours actuel de la
grace de Dieu, ny faire, ny vouloir aucun bien qui puisse
meriter la gloire & nous procurer le salut eternel ; contre
l'erreur des Pelagiens, & Semy-Pelagiens. Car comme

1.Cor.3. dit l'Apostre, *nous ne sommes pas capables d'auoir vne bonne*
pensée de nous-mesme, nostre suffisance venant de Dieu. Sans
Ioan.15. *moy,* dit Iesus-Christ, *vous ne sçauriez rien faire.* Sur quoy
S.Aug.sur S. Augustin, *Soit donc,* dit-il, *que nous fassions beaucoup,*
S.Iean. *soit que nous fassions peu, nous ne sçaurions le faire sans l'aide de*
celuy sans lequel rien ne se peut faire,

Idem serm.   *Tu fais à la verité quelque chose sans Dieu,* adiouste le mes-
11.des pa- me Saint, *mais cette chose est mal;* & ne sert de rien d'alle-
roles du guer l'Apostre aux Romains, qui dit que *les Gentils*
Seig. *n'ayant la loy ne laissoient pas de faire naturellement ce qui est*
Rom.2. *de la loy,* car il entend parler des seuls Gentils qui seruoient Dieu, & faisoient les commandemens sans écri-
tures & auec le Prepuce; comme Melchisedech, Iob, &c.
ainsi l'explique S. Augustin, liure de l'esprit & de la let-
C.16. tre. Prosper, contre le Collateur. Saint Fulgence, de
C.22. l'Incarnation; & l'Angelique sur ce mesme passage.
C.25.

    L'homme donc, sans le secours actuel de la grace, non
seulement ne sçauroit operer aucune bonne action pour
S.Tho.q. la gloire, mais il ne sçauroit de plus éuiter aucun mal, ny
109. demeurer en la grace habituelle. C'est la doctrine de l'An-
C.d'Oran. gelique & le sentiment des Conciles. Où il est dit que *Ie-*
2.c.10. *su-Christ influë dans les hommes iustifiez, comme la teste aux*
C.de Tren. *membres, & le sep dans les branches de la vigne: au moyen de*
ss.6.can.16 *quoy il preuient, il accompagne & suit les bonnes actions.* Et, dit
Chap.6. Saint Augustin au Liure de la grace & du libre arbitre,
l'homme pecheur non seulement dois estre iustisié par la grace de
Dieu, mais estant mesme iustisié, il a besoin que cette grace l'ac-
compagne, & l'enuironne de crainte qu'il ne tombe.

Epist.89.q.   *En effet,* poursuit-il, *l'homme vne fois iustisié, ne sçauroit*
1.fur les pa- *s'abstenir de pecher veniellement, sans vne grace de Dieu spe-*
rol. dimitte *ciale, comme l'auoit la Sainte Vierge; c'est pourquoy il est com-*
nobis. *mandé aux Apostres mesmes de prier de la sorte, Seigneur par-*
donnez nous nos fautes.

RESOLVTION III.

L'homme sans la grace habituelle, actuellement dans le peché, & mesme sans la foy, peut auoir le secours actuel de la grace de Dieu, par le moyen duquel, il peut vouloir & operer moralement bien pour vne bonne fin. Saint Chrysostome est de ce sentiment. Et S. Hierosme, *Vn Payen*, dit-il, *peut donner l'aumosme, honorer ses parens, rendre à chacun ce qui luy appartient, &c.* qui sont des actions morales dont la fin est loüable, & qui meritent recompense. *(S. Tho. 2.2. q. 10. — Hom. de la foy & de la loy natur. S. Hier. sur le c. 1. de l. aux Galat.)*

Ainsi l'entend S. Augustin, lors qu'il dit que *Dieu a recompensé les Romains d'vn florissant Empire, pour les vertus & belles actions qui estoient en eux.* *(L. 5. de la Cité de Dieu c. 15.)*

Les Matrones d'Egypte furent recompensées de la part de Dieu, pour n'auoir pas executé le mauuais dessein qu'auoit Pharaon sur les enfans masles des Hebrieux. Et les aumosnes de Corneille le Centenier monterent deuant Dieu, & luy firent descendre sa misericorde. *(Exode. 1. — Act. 10.)*

Car si l'Apostre repute à peché tout ce qui n'est pas de la foy, la suite de son discours fait voir que par la foy il n'entend pas la vertu Theologale, mais seulement le dictamen de la conscience. *(Rom. 14.)*

C'est l'erreur de Iean Hus condamné au Concile de Constance, de Iean Caluin condamné en celuy de Trente, & de Michel Bayus, de croire que tout ce qui se fait par vn homme en peché, est peché; Iesus-Christ dit aux Pharisiens actuellement dans le peché, que *s'ils donnent l'aumosne tout sera net chez eux.* Voyez le Concile de Trente au lieu sus-allegué, où sont rapportez plusieurs actes de vertu, operez par vn homme en peché mortel, au moyen de la grace actuelle; par exemple, des actes de foy, d'esperance, de iustice, de temperance, lesquels actes disposent l'homme à la sanctification, luy font vaincre les tentations, luy font faire d'autres bonnes actions morales, & luy font obtenir de Dieu des secours merueilleux pour arriuer à vne veritable contrition qui amene auec soy la grace iustifiante. *(C. Const. ss. 15. Tren. ss. 6. Calu. Inst. l. 1. — Luc. 11. — ll. 6. cap. 6.)*

H iij

E N. Que dites vous, Seigneur Adelphe, de certaines propositions qui ont paru de nostre temps touchant la grace, où l'on souftient beaucoup de chofes qui femblent eftre contraires à ce que vous en dites icy?

A D. La chofe merite bien en faire vn Chapitre, nous en parlerons au fuiuant.

CHAPITRE IX.

Touchant cinq Propofitions de la Grace, réueillées par certains Nouateurs de ce temps.

ADEL-
PHE. E S Propofitions, Engifton, réueillées de noftre temps par certains Nouateurs, approchent fort de celles de Bayus, de Luther & de Caluin Heretiques. Ecoutez lés.

La 1. *Quelques Commandemens font impoſſibles aux hommes iuftes, lors mefme qu'ils veulent & tafchent de les garder, felon les forces qu'ils ont prefentes; & la grace leur manque par laquelle ils leur foient rendus poſſibles.*

La 2. *On ne reſiſte iamais à la grace interieure, dans l'eſtat de la nature corrompuë.*

La 3. *Les Semi-Pelagiens eſtoient heretiques, en ce qu'ils vouloient que la volonté puſt reſiſter ou confentir à la grace interieure preuenante, laquelle ils admettoient neceſſaire pour chacun acte, mefme pour le commencement de la foy.*

La 4. *Pour meriter, ou demeriter, dans l'eſtat de la nature corrompuë, la liberté qui exclud la neceſſité n'eſt pas requife, mais il fuffit la liberté qui exclud la contrainte.*

La 5. *Ieſus-Chriſt n'eſt pas mort & n'a pas répandu fon fang generalement pour tous les hommes.*

Contre la premiere, Engifton, font les Conciles de Mileuis en Afrique, d'Orange, de Sens, de Coloigne & de Trente. Efcoutez ce dernier. *Celuy qui dira qu'il eſt impoſſible à vn homme, mefme iuſtifié & eſtabli en grace, de garder les*

*Commandemens de Dieu, qu'il soit anatheme. Car Dieu ne com-
mande point choses impossibles, mais en commandant il t'admo-
neste de faire ce que tu peus, & t'ayde afin que tu le puisse.* Voicy
le fondement de cette doctrine. *Le commandement que ie te
fais n'est pas au dessus de toy, mais il est en ta bouche & en ton
cœur, afin que tu le mettes en execution. Les commandemens de
Dieu ne sont pas difficiles. Dieu ne souffrira pas que vous soyez
tentez au delà de ce que vous pouez. Apres tant de témoignages,* dit Saint Augustin, *ie ne sçaurois douter que Dieu ne commande rien à l'homme qui luy soit impossible; car personne n'est
digne de supplice pour ne pas faire ce qui luy est impossible, & c'est
vne extreme malice & vne folie de le croire.*

 Contre la seconde proposition. *Le secours de la grace interieure de Dieu qui nous attire, n'est pas tel,* dit le Concile de Sens,
qu'on ne luy puisse resister. Voicy le fondement de cette doctrine. *Incirconcis de cœur,* dit S. Estienne, *parlant aux Iuifs, vous
resistez tousiours au Saint Esprit,* &c. Voyez cy-dessus ce que
i'en ay dit à l'article de la grace suffisante.

 Pourquoy, dit Saint Augustin, *veus-tu obeir plustost au diable qu'à Dieu, puis que Dieu a laissé au pouuoir de l'homme de
resister au diable? il est vray que celuy-cy conseille le mal faire, mais
il est en nostre puissance, auec l'ayde de Dieu, de suiure ou de rejetter la sugestion.* Et ailleurs. *Tous ceux qui ont esté appellez au
souper n'yont pas voulu venir, & ceux qui n'y ont pas voulu venir
ne se doiuent plaindre d'aucun autre, mais seulement d'eux-mesmes, par ce qu'il dépendoit de leur libre volonté d'y venir.* Et
ailleurs. *Esaü n'a pas voulu & n'a pas couru, mais s'il eust voulu, & s'il eust couru, il fust paruenu, par le secours de Dieu, qui
en l'appellant, luy eust donné le vouloir & le courir, s'il ne fust
deuenu reprouué en méprisant la vocation diuine.*

 Ce mesme Pere suppose qu'il y ait deux personnes également affectées & au corps & à l'ame, dont l'vne resiste à vne
violente tentation, & l'autre non, & conclud que celuy qui
succombe ne sçauroit apporter autre cause de son peché que
sa mauuaise volonté. En effet, si nous n'estions libres & dans
l'indifference, il ne faudroit aucune exhortation à l'homme,
en vain les menaces de Dieu contre les pecheurs, en vain

les attraits de la recompense.

E N. Cela va bien, Seigneur Adelphe, mais on dira que c'est faire tort à la grace que de l'assujettir au franc arbitre d'vn homme, de sorte qu'elle dépende de luy pour auoir ou n'auoir son effet.

A D. Ce n'est pas proprement assujettir la grace, c'est luy donner pour vne condition necessaire à son operation, le consentement libre de nostre volonté, selon que Dieu l'a ordonné, agissant conuenablement auec nous qui sommes libres, & non pas comme auec les bestes.

Contre la troisiéme proposition. Il faut premierement considerer la liberté au regard de trois choses, sçauoir au regard de l'indifference, de la necessité, & de la contrainte. Il n'y a aucune conuenance de la liberté auec la contrainte, au contraire il y a de la contradiction, car l'vne chasse l'autre. La liberté conuient auec la necessité seulement en Dieu & dans les Bien-heureux en gloire; Dieu s'aime librement & necessairement; les Bien-heureux aiment Dieu tout de mesme. La liberté conuient auec l'indifference dans l'homme voyageur, mesme apres le peché d'Adam. Car nous nous portons indifferemment au bien ou au mal, & non pas necessairement, en cette vie.

Or ces trois choses font la distinction du Caluiniste, du Catholique, & du Nouateur. Le Caluiniste veut que quelques hommes soient contraints autant au bien qu'au mal. Les Catholiques soustiennent que tous les hommes sont indifferens au regard du bien & du mal. Les Nouateurs tiennent le milieu, & disent qu'Adam auant son peché auoit la grace de santé, suffisante pour se maintenir dans la iustice originelle, laquelle rendoit sa liberté indifferente au bien & au mal, mais qu'apres sa cheute & sa blessure, il eut besoin, aussi bien que nous maintenant d'vne autre grace, sçauoir la grace de Iesus-Christ, medecinale, tousiours victorieuse & efficace d'elle-mesme, afin que comme la concupiscence porte nostre volonté affoiblie dans le mal necessairement, disent-ils, cette grace nous fasse aussi faire le bien necessairement. Mais cette opinion est taxée d'heresie. Ecoutez l'Angelique.

Quelques

Quelques-vns ont dit que la volonté de l'homme estoit poussée S. Tho. q. 5. du mal. *par la necessité à faire choix de quelque chose, ne disant pas neantmoins qu'elle fust forcée ; cette opinion est heretique, car elle oste la raison du merite & du démerite aux actions humaines : elle n'est pas seulement contraire à la foy, elle renuerse encore tous les principes de la Philosophie morale, toute deliberation seroit abolie par ce moyen, toute loüange, blasme & chastiment.*

Il est bien vray, Engiston, que nostre libre arbitre est affoibli par le peché d'Adam, & par les nostres propres, d'où s'engendrent les habitudes au mal, & la difficulté au bien. Il est vray aussi que la grace a esté renforcée par les merites de Iesus-Christ ; mais c'est tousiours la mesme grace, qui ne differe d'elle-mesme qu'au plus & au moins, & dans le nom, car dans Adam elle se nommoit grace de santé, luy estant donnée pour s'y maintenir ; & à nostre respect elle s'appelle grace medecinale, nous ayant esté continuée pour guerir nos blessures : comme aussi c'est tousiours le mesme libre arbitre, qui ne differe de luy-mesme, sinon qu'il est moins fort pour resister au mal, & plus enclin à le commettre dans tous les hommes, depuis le peché du premier, & encore plus ou moins dans quelques-vns, selon les habitudes qu'ils contractent ; mais quoy qu'il en soit, il est tousiours libre & dans l'indifference, & n'est iamais necessité à faire le bien ou le mal.

Il est encore vray, Engiston, qu'autrefois quelques Docteurs opposoient seulement la contrainte à la liberté, appellant action libre celle-là mesme où se rencontre la necessité, pourueu qu'elle fust exempte de contrainte ; mais c'est improprement au respect de la creature pelerine, puisque la seule liberté de l'homme voyageur gist dans l'indifference, & qu'il n'y a que celle-là qui puisse meriter & démeriter ; outre que depuis que ces heretiques Luther, Caluin, &c. ont esté condamnez, pas vn des Catholiques n'a parlé de la sorte. Voicy le fondement de cette doctrine. *I'appelle à* Deuter. 30. *témoins le Ciel & la Terre, que ie vous ay proposé la vie & la mort, la benediction, & la malediction ; choisissez donc la vie afin que vous viuiez & aimiez le Seigneur vostre Dieu. Le choix vous est*

I

donné, dit Iosué, *choisissez tel party qu'il vous plaira.*

C'est l'opinion des Peres, principalement de Saint Augustin, *Il est*, dit-il, *au pouuoir de la volonté d'vn chacun de choisir ou ce qui est bon, & d'estre vn bon arbre, ou ce qui est mauuais & d'estre vn mauuais arbre.*

Or auec tout cela, bien que nous ayons cette liberté d'indifference, on ne sçauroit pas dire que nous ayons en nostre nature & par ses forces, le pouuoir de nostre iustification & salut, comme soustient Pelage, puis que selon que dit l'Apostre, *Ce n'est pas moy, mais la grace de Dieu en moy,* operant & cooperant auec la grace, & auec la liberté d'indifference, sans aucune necessité.

A la derniere, Engiston, on vous dira que Saint Augustin en diuers endroits, écrit que Iesus-Christ n'est pas mort pour tous les hommes, & que Saint Prosper son Disciple soustient qu'on peut dire en bon sens, que Iesus-Christ n'est mort que pour les predestinez ; mais vous distinguerez, Engiston, il n'est mort que pour les predestinez, & non pas pour tous les hommes, *effeacement*, c'est à dire, que tous en general n'ont pas joüy du benefice de sa mort, dautant qu'ils ne l'ont pas voulu comme ont fait les predestinez. Cela est vray. Mais qu'il ne soit pas mort pour tous *suffisamment*, & auec intention sincere que sa mort profitast à tous, s'ils y vouloient cooperer, cela est faux. Ie parle des adultes raisonnables, i'ay parlé ailleurs des enfans. Voicy le Concile de Trente. *Encore bien que Iesus-Christ soit mort pour tous les hommes, si est-ce que tous ne reçoiuent pas le benefice de sa mort, mais ceux-là seulement à qui le merite de sa Passion est communiqué.* Voicy le fondement de cette doctrine. *Iesus-Christ est Sauueur de tous les hommes, principalement des fidelles.*

Il paroist qu'il est aussi mort pour les méchants. *Il y aura,* dit l'Apostre Saint Pierre, *parmy vous des maistres menteurs qui introduiront des sectes de perdition, & qui nient le Seigneur qui les a rachetez, attirant sur eux vne prompte perdition.* Item, *comme tous ont peché en Adam, tous ont aussi esté iustifiez en Iesus-Christ.*

Les Peres sont de cette opinion. *Voyez-vous les playes que* vous auez faites, & ce costé que vous auez percé, lequel ayant esté ouuert par vous & pour vous, neantmoins vous n'y auez pas voulu entrer? Et ailleurs. *Iudas jetta le prix d'argent par lequel il auoit vendu le Seigneur, & ne réconnut pas le prix par lequel ill'auoit racheté.* Et ailleurs. *Les peuples méprisant l'humilité de Dieu, à raison de leur orgueil, ont crucifié leur Sauueur, & ont esté cause qu'illes a damnez.* Et au Liure de l'esprit & de la lettre, *Dieu, dit-il, veut sauuer tellement tous les hommes qu'il ne leur oste pourtant pas le libre arbitre, dont vsant bien ou mal, ils seront iustement ingez.* Et Saint Prosper le trenche court, *quiconque dit que Dieu ne veut pas sauuer tous les hommes, mais vn certain nombre de predestinez seulement, celuy-là parle trop durement de la hauteur de la grace de Dieu inscrutable, qui les veut tous sauuer.* Voyez le sentiment de Saint Ambroise au Liure qu'il a fait du Paradis; & de S. Iean Chrysostome sur la seconde aux Corinth. c. 1.

Sur le Psal. 68.

Sur S. Iean traité 4.

Response aux Chap. des Gaulois chap. 8.

Enfin, ces opinions ont esté censurées & condamnées nouuellement d'heresie, d'impieté, & de blaspheme par la Bulle de nostre Saint Pere le Pape Alexandre sept, confirmatiue de la constitution d'Innocent dix son predecesseur, receuë depuis peu par tous les fidelles, lesquels y ont souscrit.

***

CHAPITRE X.

De la Predestination.

ADEL-PHE. IL faut commencer ce discours, mon cher Engiston, par les paroles de l'Apostre & nous écrier auec luy, *O profondeur des richesses de la sagesse & science de Dieu, combien ses Iugemens sont incomprehensibles, & ses routes inconnuës!* Suiuons le flambeau de la foy que nous porte l'Eglise, pour nous guider dans ces tenebres, taschons de découurir par son moyen quelques lumieres en ce profond mystere.

Rom. 11.

I ij

Il faut sçauoir, Engiston, que parmy les Docteurs, le terme de Predestination se rapporte à deux choses, à la grace, & à la gloire, comme aux moyens & à la fin, de sorte que l'on peut dire que Dieu predestine à la grace & à la gloire, c'est pourquoy, omettant quantité de definitions de la predestination, de Saint Augustin, de S. Thomas, de Scot, de S. Bernard, & autres, ie dis que *la Predestination, est la pensée de Dieu touchant les dons de grace, par le moyen desquels Dieu preuoit que l'Ange & l'Homme peuuent estre sauuez, auec volonté de leur conferer lesdits dons pour cet effet.* D'où vous voyez, Engiston, que la predestination regarde également l'entendement & la volonté de Dieu.

E N. Dites-moy, s'il vous plaist? ce mot, predestination, ne se prend-il pas generalement pour l'élection des bons & la reprobation des mauuais?

A D. Ouy, Engiston, selon Saint Augustin, qui dit que la Cité de Dieu est predestinée à la gloire, & la cité du diable est predestinée au feu eternel.

E N. Combien y a t'il eu de sortes de personnes predestinées en Dieu de toute eternité?

A D. De quatre sortes, la personne sacrée de Iesus-Christ, les personnes Angeliques, celles des hommes adultes, & celles des petits enfans.

E N. Quel ordre a t'il esté gardé en cette predestination?

A D. Vous l'entendrez par le recit que ie vay faire de l'ordre que Dieu a gardé dans la production eternelle de toutes choses en luy-mesme, si vous estes attentif.

Vous sçaurez donc, Engiston, que Dieu (à la façon d'vn prudent Architecte, lequel forme plusieurs desseins dans son esprit, afin de choisir entre tous, celuy qui luy agréera dauantage, & se determinera à le prendre pour regle & pour modelle de l'ouurage qu'il veut mettre au dehors) ayant consideré de toute eternité en son entendement, diuers desseins du monde, tant celeste qu'elementaire; ayant connu qu'il en pouuoit faire plusieurs, & de differentes manieres; qu'il pouuoit faire l'homme en diuers estats, comme en l'estat de pure nature, en celuy de nature integre, & en celuy d'innocence; enfin arresta & determina par l'acte de sa volonté, de produire dans le temps vn seul monde, orné de toutes les creatures, telles qu'elles ont esté effectiuement produites au commencement; sçauoir les vnes sans raison & liberté, les autres raisonnables & libres.

Il decerna de commencer ce belle ouurage par le Firmament & les Anges, lesquels seroient de purs esprits, dégagez de toute matiere; de continuer par le reste des creatures purement corporelles, insensibles, vegetatiues, & sensitiues, & d'acheuer par l'homme qui deuoit estre sô chef-d'œuure, & pour lequel tout le reste deuoit estre fait. Il ordonna qu'il seroit mixte, qu'il auroit l'estre comme les pierre, la faculté vegetatiue comme les plantes, la sensitiue comme les bestes, & l'intellectuelle comme les Anges; en vn mot qu'il seroit composé de corps & d'esprit.

Il voulut que l'Ange & l'homme fussent beaucoup auātagez par dessus le reste des creatures, de dons naturels, & surnaturels, & ordonna pour cet effet, de les doüer d'vn entendement éclairé de toutes les sciences & connoissances naturelles, capable de discerner le bien d'auec le mal; d'vne volonté libre pour faire le bien ou ne le pas faire; de la grace habituelle, accompagnée des habitudes, Foy, Esperance & Charité, afin qu'ils fussent agreables à sa diuine Majesté; de la grace actuelle, pour pouuoir resister au mal, & adherer au bien; & outre cela, qu'il leur accorderoit son concours ordinaire; le tout premierement pour sa plus grãde gloire, & puis pour leur propre bon-heur eternel. Ce furent là les deux fins, où Dieu destina, dés l'Eternité, ces deux sortes de creatures. Mais il faut sçauoir, Engiston, que Dieu les destina tellement à la gloire eternelle, qu'il ordonna qu'ils la meriteroient, & qu'ils ne l'obtiendroient iamais que par forme de recompense, cooperant librement & trauaillant, auec sa grace, à leur salut.

Il ordõna pour cet effet que les vns & les autres seroient laissés entre les mains de leur conseil, abandonnez à leur volonté, & comme on dit ordinairement, fussent mis dans la voye, qui au regard des Anges, seroit la durée de quel-

ques momens, apres lesquels ils seroient confirmez selon
leurs œuures. Laissons là l'homme, Engiston, pour considerer l'Ange, & voyons dans l'idée de Dieu ce qu'il doit
deuenir.

Cet entendement eternel, immense, & infini, connut de
toute eternité qu'vne partie de ces esprits, par vne lasche
& vaine complaisance d'elle-mesme, deuiendroit si superbe que de se vouloir égaler à luy, & que l'autre, au contraire, s'humilieroit & luy rendroit les reconnoissances &
adorations; bref, que les vns persisteroient en grace, & les
autres en décheroient, par vne malice affectée, & vn libre
libertinage, en suite de laquelle connoissance, qui ne se
peut tromper, il ordonna la reprobation de ceux-cy, & le
salut eternel de ceux-là, confirmant les premiers en grace,
& laissant les autres dans le peché, de sorte qu'ils seroient
toûjours mal volontairement, sans pouuoir faire bien, cõ-
me les autres feroient roussours le bien volontairement,
sans pouuoir faire mal. Heureuse volonté, Engiston, &
heureuse impuissance de ne pouuoir faire que bien, sans
pouuoir faire mal: aspirõs dõc à cet estat qui nous est aussi
preparé. Voilà pour ce qui est des Anges, lesquels furẽt de
toute eternité predestinez en cõsideratiõ de leurs merites,
auant la preuision du Peché de l'homme, & des merites
de I. Chr. c'est là ce qu'il faut remarquer en premier lieu.

Reuenons maintenant à l'homme Engiston, lequel nous
auons laissé aussi bien que l'Ange, entre les mains de son
conseil, & dans la voye, entre le feu & l'eau, & en sa pleine liberté, & voyons comme quoy Dieu ordonna de toute
eternité de luy faire vn commandement, afin de faire voir
sa souueraineté sur l'hõme, & la dépendance de l'homme
à sa diuinité. Il luy defend vn certain fruict du Paradis
auquel la connoissance du bien & du mal estoit attachée;
mais il connut que la premiere femme, curieuse & ambi-
tieuse, peruertiroit sa raison & sa volonté, appetant de ce
fruict, nonobstant la defense; & que le Demon enuieux du
bon-heur de l'homme ne perdroit pas cette occasion pour
la soliciter; qu'en effet elle en mangeroit, & en feroit man-

ger à son mary, & par ainsi que tous deux pecheroient &
perdroient la grace habituelle, deuenans ennemis de Dieu;
& qu'Adam & les siens tomberoient iustement en la puissance du Demon, sans iamais s'en pouuoir releuer d'eux-
mesmes.

Voyez, Engiston, quel malheur, qu'il faille que par la
faute d'vn seul homme & d'vne seule femme, nous soyons
tous si miserables que de naistre enfans d'ire, & enfans de la
vengeance de Dieu.

Mais Dieu dont la nature est clemence & bonté, inclina Volonté antecedente, conditionnée & inefficace.
au mesme moment à la misericorde, & decreta par vne vo-
lonté conditionnée, de tirer tous les hommes vniuersellement de ce malheur; pour cet effet il leur prepara & offrit à
tous des moyens & des aydes surnaturels, sçauoir les graces
& merites de son Fils, qu'il destina dés lors à prendre la nature humaine (& le predestina à la gloire eternelle, auant
aucune veuë de ses merites, dautant que l'vnion hypostatique du Verbe diuin le deuoit rendre glorieux dés le moment de sa conception, & auant qu'il pût meriter, & c'est
icy la seconde remarque,) mais passons & voyons la suite du
procedé de Dieu.

Dieu donc, comme ie dis, ordonna le remede vniuersel Efficace au premier acte.
& efficace pour tous les hommes, tant enfans qu'adultes, à
condition pourtant que ce remede leur seroit à tous appliqué, & que cette application suffiroit pour sauuer les petits
enfans, mourans auant l'vsage de raison, sans aucun merite
de leur part; mais que pour les adultes, outre l'application
de ce remede, ils y deuroient cooperer, & faire, par leurs
bonnes actions, qu'il fust vn resultat des merites de Iesus-
Christ & des leurs propres fondez sur ces premiers, qui leur
durast iusques à la fin.

Or Dieu, ayant connu de toute eternité, entre tous les
enfans qui deuoient naistre, ceux qui mourroient auec l'application de ce remede, auant l'vsage de raison; & entre les
adultes ceux lesquels y deuoient cooperer, en faire bon vsage, & perseuerer en la grace iusques à la fin; il les predestina
d'vne volonté absoluë & efficace, à la vie eternelle, & sont Efficace au secôd acte.

ceux-là, Engiston, qui sont les vrays éleus, qu'aucun ne rauira iamais d'entre les mains de Dieu, dautant que Dieu ne peut estre trompé en sa connoissance.

Dieu aussi eternellement ayant preueu entre tous les enfans qui deuoient naistre, ceux qui mourroient sans l'application de ce remede, & entre les adultes, ceux qui en deuoient abuser & mourroient en mauuais estat, il les condamna à la mort eternelle ; & sont ceux-là qui sont les reprouuez, & qu'il est impossible de pouuoir iamais corriger encore qu'ils agissent tousiours librement, puis qu'encore vne fois, la connoissance de Dieu ne peut estre fautiue.

Vous voyez donc par là, Engiston, que de tous les hommes, les vns sont predestinez à la gloire, apres la seule veuë des merites de Iesus-Christ, pourueu qu'ils leur soient appliquez, côme sont les enfans ; les autres, partie apres la veuë desdits merites, partie apres celle des leurs propres, fondez sur ceux de Iesus-Christ, comme sont les adultes. Mais vous voyez aussi, Engiston, par ce mesme discours, comme quoy entre tous les hommes, les vns sont reprouuez de Dieu, apres qu'il a preueu leurs demerites, & par leur prpre faute, comme sont les adultes ; les autres sans demeriter actuellement, mais par la seule faute du premier homme dont ils ont contracté originellement la funeste habitude ; & c'est icy la derniere obseruation.

E N. Quelles preuues auez vous, Seigneur Adelphe, que la predestination soit en Dieu, & que tout ce mystere se passe de la sorte ?

A D. Ie le connois par les effets.

E N. Quels sont donc les effets de predestination ?

A D. Vous les verrez au Chapitre suiuant.

CHAPITRE XI.

Des effets de la Predeſtination.

ADEL-
PHE.
A grace & la gloire ſont les effets de la Predeſtination : & dautant que la grace ſe diuiſe en actuelle & habituelle, on admet ordinairement trois effets de la Predeſtination, auſquels tous les autres ſe raportent. Le premier eſt la vocation réponduë : le ſecond, la iuſtification perſeuerante iuſques à la fin : & le troiſiéme, c'eſt la glorification. *Ceux que Dieu a appellez*, dit l'Apoſtre, *il les a iuſtifiez, & ceux qu'il a iuſtifiez il les a glorifiez.* Vous voyez, Engiſton, par cette gradation l'ordre que Dieu tient pour ſauuer vn homme.

Il l'appelle premierement, s'il eſt enfant, par la grace habituelle du Bapteſme ; s'il eſt adulte, par la grace actuelle tant interieure, qu'exterieure ; interieure, comme ſont les inſpirations dont il frappe à la porte de ſon cœur ; exterieure, comme ſont les miracles, les bons exemples, les predications, les Liures pieux, les bonnes compagnies, les afflictions meſme & incommoditez, toutes leſquelles choſes peuuent r'appeller vn homme, le faire rentrer en ſoy-meſme, & retourner à Dieu.

Secondement, Dieu iuſtifie vn homme par la grace habituelle, & le fait ſon fauory. A laquelle iuſtification ſont rapportez tous les dons de grace qui la ſuiuent, comme les aides & ſecours des graces actuelles, les œuures meritoires, l'augmentation de la meſme iuſtification.

En troiſiéme lieu, ſuit la glorification, qui conſiſte à voir Dieu face à face, & à laquelle ſe rapportent l'amour, & la ioye des bien-heureux, les diuerſes reuelations, les doüaires des corps glorieux, & les diuerſes couronnes que nous pouuons acquerir, ainſi que nous verrons dans la troiſiéme partie de cet ouurage, au traitté de la gloire

K

Rom. 8.

Vocation réponduë premier effet de predeſtinatió.

Iuſtificatió perſeuerāte iuſqu'à la fin, ſecond effet de predeſtinat.

Glorificat. troiſiéme effet de predeſtinat.

E N. Il me semble, Seigneur Adelphe, que ces choses sont pluſtoſt des effers d'vne ſimple prouidence diuine, laquelle conduit les choſes à leur fin par de certains moyens, que de la predeſtination de l'homme, laquelle n'eſt point en luy, mais en Dieu ſeulement, ſelon la definition que vous en apportez. Ioint que la vocation & iuſtification ſont communes aux reprouuez & aux prodeſtinez ; ne vous ay-ie Math. 20. pas autre fois entendu citer vn paſſage qui dit *qu'il y en a beaucoup d'appellez & peu d'éleus ?*

A D. Vous le prenez fort bien, Egiſton, mais vous ſçaurez qu'encore bien que la predeſtination ne ſoit pas formellement dans le predeſtiné, mais dans le predeſtinant, ſelon 1. p. q. 23. le ſentiment de l'Angelique ; neantmoins en tant qu'elle a. 2. paſſe en execution, elle produit dans l'homme ſes effets, leſquels ne ſeroient à la verité que des purs effets de la commune prouidence, ſi l'homme n'y apportoit du ſien en correſpondant à la vocation, & perſeuerant dans la iuſtification iuſques à la fin. Ce n'eſt donc pas la ſimple vocation, & iuſtification qui marquent aſſeurément que nous ſoyons predeſtinez, puis que tous les hommes ſont appellez, & pluſieurs iuſtifiez, ſans eſtre glorifiez ; c'eſt la vocation réponduë, comme i'ay marqué cy-deſſus, & la iuſtification perſeMath. 10. uerante, *Celuy qui perſeuera iuſques à la fin ſera ſauué.*

Car ſi la iuſtification vient à eſtre interrompuë par vn peché mortel, ce n'eſt qu'vn effer de la ſimple prouidence ; que ſi elle eſt reſtituée par la penitence, & qu'elle ſe continuë iuſques à la fin, c'eſt l'effet de la predeſtination, comme i'ay dit. D'où l'on peut inferer que toute la predeſtination de noſtre premier pere Adam a eſté, au regard des effets, par le merite de Ieſus-Chriſt, encore que la grace de ſa iuſtice originelle luy ſoit venuë de la pure liberalité de Dieu. Dautant que ſa predeſtination n'a pas commencé par la grace & & par la iuſtification originelle, mais par ſa reſtauration peché.

 E N. N'y a-t'il pas d'autres effets de predeſtination outre ceux que vous venez de dire ?

A D. Ouy, Engiſton, il y en a de naturels, ſelon quelques

vns , comme seroit à vn enfant d'estre né de parens gens de
bien , d'estre bien éleué , de mourir de bonne heure : quelques-vns y adioustent la permission du peché , disant que
lors que Dieu permet qu'vn homme peche , cette permission
est vn effet de son salut , dautant , disent-ils , que cet homme
deuient meilleur apres sa cheute , & que *toutes choses concour-*
rent au bien des éleus , mesme le peché , dit la glose de ce passage.

Mais il n'est pas vray neantmoins que la permission du peché soit vn effet de predestination , bien moins encore le
peché mesme , pour celuy qui le commet ; au contraire , c'est
vne marque visible de sa reprobation , si bien quelques fois
pour les autres qui le voyent pecher , & qui par son exemple
se gardent de tomber , profitant du malheur d'autruy , car si
celuy qui a peché deuient meilleur par la penitence , ce n'est
ny le peché , ny la permission du peché qui le rend meilleur ,
puisque l'vn & l'autre de soy ne peut causer de bien ; car si
l'homme en deuient meilleur , ce n'est que par occasion , &
non par l'effet du peché ou de sa permission.

En vn mot , Engiston , tout effet de predestination doit
profiter au predestiné , la permission du peché ne sçauroit
profiter au predestiné , au contraire elle luy nuit beaucoup ,
puis que le peché s'en ensuit qui le priue de la grace , & le
rend tout à fait miserable , sans aide & sans secours , si Dieu
ne le preuient par vne nouuelle grace ; partant la permission
du peché ne sçauroit estre vn effet de predestination ; car
pour ce qui est du texte allegué , que *toutes choses cooperent*
au predestiné , il faut entendre toutes choses penibles , difficiles & facheuses , selon la pensée de l'Apostre ; & pour la
Glose qui dit , *mesme le peché* , il la faut entendre ainsi , le peché profite , non pas de soy , mais par occasion seulement , à
ceux qui le voyent commettre , y prennent exemple & s'empeschent d'y tomber.

K ij

CHAPITRE XII.

Des causes de la Predestination.

ENGI-STON. E voy bien clairement tous ces effets, Seigneur Adelphe, mais i'en voudrois sçauoir les causes, obligez-moy de me les faire voir ?

Les causes de la prede-stination, principale-ment la meritoire.

A D. Si vous parlez de la cause materielle de ces effets, dans laquelle ils sont receus comme dans leur sujet, c'est l'homme ; si de la cause formelle, sont les mesmes effets ; si de l'efficiente, c'est Dieu ; si de la finale, c'est sa bonté & sa plus grande gloire à quoy tout se rapporte ; mais ie voy bien que ce n'est pas ce que vous demandez, ie me doute que c'est la cause meritoire, que vous desirez sçauoir, & ce qui fait l'élection des vns & la reprobation des autres ?

E N. Il est vray, Seigneur Adelphe, c'est ce que i'atten-dray de vous.

A D. Ie vous diray, cher Engiston, qu'il y a plusieurs opi-nions sur ce sujet. Origene a pensé que Dieu estoit meu à

Orig. l. 1. periarchon. 2.

conferer la grace de pre destination à quelques-vns, en con-sideration des bonnes œuures que leurs ames auoient ope-rées auant d'estre vnies à leurs corps (car il croyoit que les ames auoient esté creées auant le monde corporel) mais ces

Sect. 2.

erreurs ont esté condamnées ; la premiere au Concile de Latran sous Innocent troisiéme, & l'autre refutée par l'An-

Quæst. 23. a 1. Rom. 9.

gelique, suiuant le texte de l'Apostre, lequel parlant de Ia-cob & d'Esaü, dit qu'auant qu'ils fussent nez, & qu'ils eus-sent fait aucun bien ou mal, Dieu auoit éleu le premier & reprouué le dernier.

Pelagiens.

Les Pelagiens ont soustenu que l'homme pouuoit meriter la grace de predestination par le moyen des bonnes œuures qu'il feroit par la force de la seule nature, & de son franc arbitre ; mais ils ont tousiours eu contr' eux toute l'Eglise, &

principalement Saint Augustin sur le passage de l'Apostre qui dit que *Dieu nous a choisi en Iesus-Christ auant que le monde fust fait, afin que nous fussions Saints & immaculez* ; Ce n'est pas, dit ce grand Pere, *par ce que nous deuions estre Saints que Dieu nous a predestinez, mais afin que nous le fussions par sa grace* ; comme s'il disoit, ce n'est pas à cause que nous deuions estre Saints, par nostre propre force & de nous-mesme, que Dieu nous a predestinez, mais c'est par ce que nous deuions estre Saints par la grace preuenante de Iesus-Christ & nostre cooperation.

Les Semipelagiés, ou Marseillois, lesquels confessoiét à la verité que nous ne pouuions operer nostre salut sans la grace de Dieu, soustenoient neantmoins que Dieu auoit arresté de toute eternité, de nous conferer cette grace quelquefois à la verité, en nous preuenant, mais quelquefois aussi en cõsideration & à l'occasion de quelque bon œuure, ou du moins de quelque bon desir, ou effort de nostre volonté, fait par la force de nostre nature ; d'où vient que Cassian, le principal d'entr'eux, soustient que la misericorde de Dieu estoit souuent preste, & attendant l'occasion d'vne bonne volonté seulement offerte de nostre part, & que Dieu n'exigeoit & n'attendoit souuent de nous, pour nous donner sa grace, sinon quelque effort de nostre bonne volonté, afin de ne paroistre pas donner sa grace à des gens tout à fait engourdis & endormis de paresse ; mais l'Apostre est formellement opposé à ce sentiment, lors qu'il dit, que *Dieu nous a appellez de sa sainte vocation, non pas selon nos œuures, mais selon son decret. Qu'as-tu,* dit-il, *ô homme, que tu n'aye receu ? nous ne sommes pas capables de penser aucune chose de nous comme de nous, mais nostre suffisance vient de Dieu.*

Le Concile d'Orange a maintenu cette verité & foudroyé anatheme contre les Semipelagiens, voicy les termes : *Nous professons qu'en toute bonne œuure, ce n'est pas nous qui commençons, afin que par apres nous soyons aidez par la misericorde de Dieu, mais que c'est luy qui nous inspire la foy & son amour, sans que nous l'ayons merité auparauant.*

Caluin dans son Institution, soustient vn autre erreur ;

K iij

c. 2. & cap.
2 [...]

Il veut que Dieu, non seulement excluë certains hommes de la gloire, sans auoir égard à leurs démerites, mais aussi par vne volonté efficace les predestine à la peine eternelle, & que pour cet effet il les priue non seulement des graces necessaires à salut, mais qu'il les jette aussi dans vne necessité de pecher. C'est vn blaspheme horrible, Engiston, écou-

Ezech. 3.
Pierre c. 3.

tez l'Écriture au contraire. *Il est aussi vray que ie vis*, dit le Seigneur, *ie ne desire point la mort de l'impie, mais qu'il se conuertisse & qu'il viue. La volonté de Dieu n'est pas qu'aucun des plus petits perisse. Dieu agit auec patience pour l'amour de vous, ne voulans pas qu'aucun perisse, mais que tous viennent à penitence.*

Math. 18.
2. Epist. S.
Pierre c. 3.
Orang.
can. 25.
Tridnt. sess.
6. can. 17.
Valen. cap.
3.

Les Conciles d'Orange, de Trente, de Valence, jettent anatheme contre ceux qui croyent le contraire; voicy les paroles du dernier, qui sont la solution de vostre doute, Engiston, écoutez bien. *Dans le choix des éleus c'est la misericorde qui preuient; & dans la damnation des reprouuez, le merite precede le iuste iugement.*

Aug l. 3.
contr. Iulian. c. 18.

Voyez aussi Saint Augustin. *Dieu est bon*, dit-il, *Dieu est iuste, il en peut sauuer quelques-vns sans qu'ils le meritent, par ce qu'il est bon, mais il n'en peut damner aucun sans démerite, par ce qu'il est iuste.* Et son Disciple S. Prosper. *La grace de*

S. Prosper.
l. 1. resp. ad
capit. Gallot. cap 7.

Dieu n'abandonne iamais, dit-il, *les reprouuez auant qu'eux-mesmes l'ayent abandonnée, & par ce que Dieu connoist qu'ils le feront par vne lascheté volontaire, c'est pour cela qu'il ne les a pas predestinez.* Voylà, Engiston, des termes fort clairs & fort intelligibles, à mon aduis, touchant la predestination des adultes; car quand à ce qui est de la reprobation des enfans qui meurent sans Baptesme, le peché originel, dans lequel ils sont conceus, est la cause pourquoy ils sont priuez de la gloire eternelle, estant condamnez à la peine du dam seulement, & non à la peine du sens, qui ne regarde pas le peché d'origine, mais le peché actuel.

E N. Pour ce qui est de l'opinion de l'Heretique, qui veut que Dieu puisse & veüille damner les hommes auant que de preuoir leurs démerites, comme elle est contre la raison & la iustice, ie ne puis que ie ne la condamne; mais quand à ce que vous auancez concernant le choix des éleus, que vous dites estre fait de Dieu apres la preuision de leurs merites , cela , à mon aduis , n'est pas hors de conteste.

CHAPITRE XIII.

La Predestination est apres la veuë des merites.

ADEL-
PHE.

L est vray , Engiston , il y en a qui tiennent que Dieu d'vne volonté efficace , sans auoir égard aux merites , a choisi ses éleus , & qu'en vertu & en suite de ce choix , il leur a preparé toutes les graces necessaires pour les exciter efficacement à faire les bonnes œuures qui meritent la gloire dignement.

E N. Quelles raisons ont-ils de s'attacher à cette opinion?

A D. Quelques passages de l'Ecriture , par exemple , dans l'Euangile de Saint Luc , *Ne craignez point petit troupeau , dautant qu'il a pleu à vostre Pere de vous donner le Royaume.* Et l'Apostre , *La vie eternelle est vne grace de Dieu.* Aux Actes , *Tous ceux qui estoient préordonnez creurent ,* &c.

Ils pretendent aussi que Saint Augustin est tout pour eux en cette cause ; ils ne manquent pas non plus de raisonnemens : Dieu , disent-ils , agit auec ordre en ses conseils & decrets , partant il considere plustost la fin que les moyens ; or la gloire est considerée comme la fin , & les merites & bonnes œuures comme moyens , partant Dieu considere absolument la gloire qu'il veut donner à ses éleus premierement , & puis il ordonne de pouruoir aux moyens de les y conduire , qui sont les aides de ses graces.

E N. Peut-on tenir l'vne ou l'autre de ces deux opinions sans danger ?

A D. On le peut , Engiston , dautant que l'Eglise n'en a encore rien decidé.

E N. Si cela est , ie me tiendray plustost à la premiere , comme estant plus conforme à mon sentiment & à ma rai-

Scotus in 1.
distinct.
quæst. 41.
Scotus in ca.
9. Epistolæ
ad Rom.
Bellarm. l.
2. de grat.
& liber. ar-
bit.
Suarez l. 3.
de aux.

Luc. 12.

Rom 7.
Act. 13.

son ; car ie voy que les passages de l'Ecriture sont autant
pour prouuer la predestination apres la connoissance des
merites, qu'auparauant. *Il a plû à vostre Pere, de vous donner
le Royaume de gloire,* ie dirois qu'il faudroit entendre cela,
non pas absolument, mais conditionnellement & de la façon qu'il a esté promis, sçauoir en cas qu'on le merite. Et
l'Apostre, *La vie eternelle est la grace de Dieu,* ouy, car si la
grace de Dieu ne nous preuenoit, nous n'arriuerions iamais
à la gloire, mais ce n'est pas à dire qu'il ne faille gaigner la
gloire en cooperant à la grace. Et aux actes. *Tous ceux qui
estoient préordonnez à la vie crurent,* i'expliquerois cette predestination, non de la vie de gloire, mais de la vie de foy &
iustification, *la foy viue estant la vie du iuste,* selon l'Apostre,
&c. Voilà à peu prés comme quoy i'expliquerois ces passages pour les faire quadrer à mon opinion, selon les lumieres
qu'il vous a plû me departir sur ces matieres. Mais pour ce
qui est de Saint Augustin, ie n'ay pas encore leu ses œuures
pour sçauoir de quelle opinion il est sur ce sujet. Et enfin
quant au raisonnement qui dit, que Dieu agissant tousiours
par ordre, considere plustost la fin que les moyens, que la
gloire est comme la fin, & les merites & bonnes œuures sont
comme les moyens, & partant que la predestination est auant
veuë des merites, ie confesse ingenuëment, Seigneur Adelphe, que cet argument me fait de la peine, & en attendray
de vous la resolution.

A. Il ne se peut mieux dire, Engiston, que vous auez dit sur
l'explication des passages de l'Ecriture, c'est en effet comme il les faut entendre, selon le iugement du Concile de
Trente. Et pour Saint Augustin, on n'est pas asseuré de quel
costé il encline, plusieurs croyent qu'il admet la predestination à la gloire auant la preuision des merites de la grace, les
autres au contraire. Mais pour ce qui est du raisonnement,
la difficulté n'est pas grande. Ils disent que la fin est plustost
consideree que les moyens, & partant que Dieu a plustost
choisi ses éleus pour la gloire, qui est comme la fin, que
pour la grace qui tient lieu de moyen, par consequent la
predestination est auant la veuë des merites. Il est vray,

Engiston,

Luc. 12.	Rom. 7.	Act. 13.	Rom. 1.	Trent. sess. 6. cap. 10.

Engiston, que la fin est plustost considerée que les moyens,
si la fin est considerée simplement comme fin : i'ay premierement en veuë le Palais que ie veux bastir, & puis apres ie
pense aux ouuriers & matereaux qui me sont necessaires
pour en venir à bout : mais si la fin est considerée à la façon
d'vn prix & d'vne recompense, comme est effectiuement la
gloire eternelle, que Dieu ne veut donner qu'à ceux qui le
meriteront, les moyens qui sont les merites, sont plustost
considerez que la fin ; le premier dessein des Grecs dans les
Ieux Olympiques, estoit d'exercer la ieunesse en la faisant
combattre, & pour cela luy proposoit vn prix ; or que le dessein de Dieu soit de nous exercer icy bas, & nous faire combattre, l'Ecriture saincte y est toute formelle, c'est pourquoy
il nous propose la gloire comme la recompense à nos tra-
uaux. *Celuy-là ne sera point couronné qui n'aura combattu di-* 2. Timo. 2.
gnement. Dieu rendra à chacun selon ses œuures ; I'ay bien com- Math. 16.
batu, dit l'Apostre, *i'ay acheué ma course, i'ay gardé fidelité,* 1. Timo. 4.
au reste la couronne de iustice m'est reseruée, laquelle Dieu me
rendra comme iuste Iuge en ce iour là. Venez les benits de mon Math. 25.
Pere possidez le Royaume qui vous est preparé dés le commence-
ment du monde, car i'ay eu faim, & vous m'auez donné à man-
ger, &c. Allez maudits au feu d'Enfer qui est preparé au Demon
& à ses Anges, car i'ay eu faim & vous m'auez dénié à manger,
&c. Voyez, Engiston, que la mesme particule, *car,* marque la cause de la predestination des vns, & de la reprobation des autres : or il est de foy de croire que la reprobation
est apres la veuë des démerites, & partant la predestination
sera pareillement apres la veuë des merites. Voyons les Peres de l'Eglise. *Dieu,* dit Saint Hierosme, *ne saune pas sans* Epist. ad
raison & sans verité les vases de misericorde qu'il a preparez pour Hedibiam.
sa gloire, mais pour les causes precedentes, par ce que les vns
n'ont pas receu le Fils de Dieu, & les autres de leur bon gré l'ont
voulu receuoir. Et Saint Ambroise, *Dieu,* dit-il, *a predestiné* L 5. de fide
les recompenses de ceux dont il a presceu les merites. Et Saint L.1. ad Sim-
Augustin mesme le dit clairement ; voicy ses termes, *Le* plician.
choix des éleus en Dieu ne precede pas la iustification, mais c'est quæst. 2.
la iustification qui precede l'élection : & ailleurs, *Dieu a choisi* Ser. 7. de
  verb. dom.

L

ceux qu'il a voulu, mais il les a choisis, comme dit l'Apostre, &
selon sa grace & selon leur iustice. Enfin c'est la pratique & le
sentiment de l'Eglise, comme a remarqué vn grand Euesque
de nostre siecle, elle le témoigne dans ses prieres publiques,
Dieu tout-puissant, chante-t'elle, *qui dominez sur les viuans*
& sur les morts, & qui auez pitié de tous ceux lesquels vous auez
connu denoir estre vostres par la foy & les œuures, &c. Apres
tout, la raison en est euidente, car si les éleus sont choisis
auant la veuë de leurs merites, il faudra aussi necessairement
que les méchants soient reprouuez auant la veuë des démerites, ce qui est contraire à la foy, comme i'ay fait voir cy-
dessus, & ne sert de rien d'alleguer que les méchants sont
seulement reprouuez negatiuement, & non pas positiuement, dautant que l'effet est tousiours le mesme, soit que les
damnez soit damnez negatiuement ou positiuement, ils sont
tousiours exclus de la gloire eternelle, ny mesme ne sert de
rien de dire que cette exclusiõ n'a point esté faite sinon apres
la preuision du peché d'origine, & que Dieu a pû iustement
exclure de la gloire tous ceux qu'il a preueus entachez de ce
peché, car bien qu'il l'ait pû par iustice, il ne l'a pourtant pas
fait par misericorde, au contraire, Dieu a voulu sauuer vniuersellement tous les hommes, auant d'auoir égard à leurs
merites ou démerites, & leur a preparé à tous, sans reserue,
des moyens suffisans pour cet effet.

 Reuenons donc, Engiston, & disons, que de tous les effets de la predestination, qui sont, comme i'ay dit, la Vocation, la Iustification, & la Glorification; la cause des deux
premiers est purement & simplement la misericorde de
Dieu; car que se trouue-t'il dans l'homme auant la premiere
grace, sinon le peché & les forces naturelles du libre arbitre,
par le moyen desquelles l'homme ne sçauroit iamais meriter
la premiere grace, comme il a esté dit contre les Pelagiens?
Elle nous est donc donnée gratis. Voilà pour le premier effet. Quant au second, il est de foy, que nous ne sçaurions
meriter aucunement sans la grace iustifiante; *Quandie di-*
stribuerois toutes mes facultez aux pauures, si ie n'ay la charité,
cela m'est inutile, dit l'Apostre; de sorte que *quelque foy que*

l'homme puisse auoir, dit le saint Concile de Trente, *quelque*   Trid. ß. 6.
bonne action qu'il puisse faire , auant qu'il ait la grace iustifiante,   c. 8.
il ne la sçauroit iamais meriter, donc la misericorde de Dieu
est la cause de la iustification de l'homme aussi bien que de
sa vocation.

Mais quant à ce qui regarde le troisiéme effet de nostre
predestination, i'entens la glorification , ce sont nos merites
qui en sont la cause , malgré les Heretiques, voilà pourquoy
la gloire nous est donnée en titre de recompense. Vous
voyez donc , Engiston , que la cause de nostre predestination à la gloire est la grace de Dieu faisant nos propres merites , *Non pas moy seul*, dit l'Apostre, *mais la grace de Dieu &*
moy.

<hr>

CHAPITRE XIV.

Que le salut de l'homme est entre ses mains.

ENGI-
STON.  Ertainement , Seigneur Adel. , ie vous
ay grande obligation , de ce qu'il vous
plaist me donner tant de belles lumieres sur des matieres si obscures , ie vous
prie de continuer & me dire , de grace , si vn homme peut
estre asseuré de sa predestination.

A.D. Nullement , Engiston ; c'est bien vne chose asseurée
que ceux qui sont predestinez ne seront iamais reprouuez.
Mes brebis entendent ma voix , dit Iesus-Christ , *& iamais au-*   Ioan. 10.
cun ne les rauira d'entre mes mains. Il est aussi certain que le
nombre des predestinez est finy & limité , & que Dieu le
connoist ; *Le Seigneur*, dit l'Apostre , *sçait bien ceux qui luy*   2.Timot.2.
appartiennent. Mais personne ne sçait s'il est predestiné , non
plus que l'heure de sa mort , sinon par vne speciale reuela-
tion de Dieu ; *Operez*, dit l'Apostre , *vostre salut auec crainte*   Philip. 2.
& frayeur. Qui de tous les fidelles, adiouste Saint Augustin ,   Aug. l. de
pendant qu'il est en cette vie, osera presumer d'estre du nombre   correct. &
des éleus ? Suiuons donc l'aduis du Prince des Apostres ,   grat 13.
  2.Petr. c.1.

L. ij

Engiston, *& taschons de rendre nostre vocation & election certaine par le moyen de nos bonnes œuures.*

E N. Comment, Seigneur Adelphe, ma vocation & les autres effets de predestination dépendent-ils de moy, pour m'obliger par ce passage à la rendre certaine ?

A D. Sans doute, Engiston, ils dépendent de nous en partie, & en partie de Dieu, de Dieu premierement, & puis de nostre libre arbitre ; Dieu nous appelle, mais il faut que nous respondions ; le premier n'est pas en nostre puissance, si est bien le second ; *Ie vous ay appellé,* dit Dieu, *& vous n'auez pas répondu ; si vous entendez auiourd'huy la voix du Seigneur ne veüillez boucher les oreilles.*

La iustification est aussi en nostre puissance, puis qu'elle dépend de la disposition que nous apportons à la receuoir, *par vne volontaire reception de la grace & des dons,* dit le Concile de Trente : & peu apres, *Chacun,* dit-il, *reçoit la grace & la iustification selon sa disposition & cooperation,* aidé de la grace ; & tout ainsi que nous sommes libres à répondre à la vocation, ainsi le sommes-nous à nous disposer à la iustification ; non pas que toutes nos dispositions puissent meriter dignement, comme i'ay dit, la iustification, mais seulement par conuenance, car Dieu voyant nostre disposition & le progrez d'icelle, enfin y introduit gratuitement cette forme sanctifiante, qui seule nous rend capables de meriter dignement la gloire eternelle.

Enfin, la glorification est aussi en nostre puissance, puis qu'elle dépend des bonnes œuures que nous exerçons librement en cette vie, suiuant le passage cy-dessus allegué du Prince des Apostres, *Taschez, mes freres, autant que vous pourrez, de faire vostre vocation & élection certaine par le moyen des bonnes œuures.* Mais il y faut perseuerer iusques à la fin, mon cher Engiston, *celuy qui perseuerera iusques à la fin sera sauué.*

E N. La perseuerance est-elle aussi en nostre pouuoir, Seigneur Adelphe ?

A D. Les vns tiennent l'affirmatiue, les autres la negatiue, & les autres distinguent : ceux qui tiennent l'affirmatiue raisonnent ainsi. La perseuerance en la grace habituelle comprend seulement deux choses ; la premiere, sont les secours de la grace auxiliaire, que Dieu nous donne en cet estat afin de nous y maintenir, & surmonter le mal qui nous en pourroit faire déchoir : l'autre est nostre propre & libre consentement & cooperation à cette grace auxiliaire, qui fait que nous perseuerons & arriuons effectinement à la gloire. Or la premiere de ces choses ne nous est iamais déniée, sinon par nostre faute : l'autre est pleinement en nostre disposition, & partant la perseuerance finale dépend de nous, & se trouue en nostre puissance.

Les autres distinguent de perseuerance, & auoüent que celle qui n'est pas finale est à la verité en nostre pouuoir, pour les raisons susdites, mais que la perseuerance finale est vne grace qui ne peut estre attribuée qu'à la pure liberalité de Dieu. Ie m'en rapporte, ne voyant pas la difference qu'ils apportent entre ces deux sortes de perseuerances, non finale & finale.

E N. Dieu ne denie-t'il pas quelquefois ses aides aux iustes ses éleus, permettant qu'ils tombent en peché, afin qu'ils en profitent & en deuiennent plus parfaits ?

A D. Dieu permet que les iustes, ses éleus, tombent quelquefois en peché, afin qu'ils en profitent & en deuiennent plus parfaits, non par la soustraction de ses aides suffisantes dont il n'abandonne iamais les éleus, mais par la propre faute de ceux qui tombent & qui manquent les premiers à la grace. Repetons les paroles de Saint Prosper, qui dit que *la grace de Dieu n'abandonne iamais les reprouuez, auant qu'eux mesmes l'ayent abandonnée.* Si cela est vray des reprouuez, à plus forte raison le sera-t'il des éleus. Dieu sçait bien neantmoins releuer ses éleus lors qu'ils sont tombez, plustost par fragilité que par malice, & les conduire à la fin qu'il leur a proposée, où ils arriuent infailliblement, puis qu'ils sont écrits au liure de vie, qui n'est autre chose que la connoissance immuable de Dieu.

E N. Vous m'ouurez le chemin à vne autre question, Seigneur Adelphe, à propos du liure de vie, vous soutenez que

*Prosp. l. 1.
resp. ad cap.
Gallor. c. 9.*

ceux qui s'y trouueront écrits n'en seront iamais effacez, & neantmoins ie croy qu'il y a des passages dans l'Ecriture qui semblent monstrer le contraire.

A D. Ouy, Engiston, mais il les faut entendre, *que les méchans*, dit le Prophete, *soient effacez du liure des viuans:* c'est à dire que les méchans ne seront point écris au liure des viuans, comme appert par la suite du mesme passage, *& ne soient point écrits auec les iustes. Pardonnez, Seigneur, à ce peuple*, disoit Moyse, *ou me rayez de vostre liure. Moyse*, dit Saint Augustin, *parloit ainsi à cause de la confiance qu'il auoit de son salut, & pour le grand amour qu'il portoit à ce peuple. Ie desirois*, disoit Saint Paul, *estre anatheme, ou separé de Iesus-Christ, pour, ou en faueur de mes freres.* Quelques Peres & Docteurs veulent que l'Apostre parle du temps qu'il persecutoit l'Eglise, lors qu'il faisoit la guerre à Iesus-Christ pour la defense de la Loy Mosaïque. Vous voyez, Engiston, que ces passages ne font rien à la question, & n'empeschent aucunement la certitude des predestinez écris dans le liure de vie.

Quelques autres tiennent que le liure de vie se prend en deux façons, premierement pour la connoissance de Dieu qui approuue quelques-vns des hommes quand à sa iustice presente, & aussi par la connoissance qui en approuue d'autres pour la gloire eternelle. Quand il est dit dans l'Ecriture que quelques-vns seront effacez du liure de vie, il faut entendre les passages de l'Ecriture du liure de vie, par la Iustice temporelle, & non par le salut eternel.

E N. Ie suis fort éclaircy, Seigneur Adelphe, sur le poinct de la predestination, & dautant que vostre discours s'est estendu iusques icy beaucoup plus sur cette partie, que sur celle de la reprobation, ie vous prie instamment de me tirer tout à fait de ce labyrinte par le fil de vostre doctrine.

Ie le feray dautant plus volontiers, que ie voy que vous comprenez auec facilité les choses plus épineuses. Commençons donc sans perdre temps.

CHAPITRE XV.

De la Reprobation.

ADEL-
PHE.

E mot de Reprobation fait assez entendre ce qu'il signifie, sans rechercher d'autre etymologie. En general, *c'est vn rebut & vn rejet qu'on fait de quelque chose qui n'agrée pas*, mais en particulier suiuant nostre sujet; *Reprobation en Dieu, est son Iugement eternel par lequel il iuge la creature raisonnable indigne de la gloire, & digne de la peine eternelle, auec resolution de l'exclure de celle-là, & la punir de celle-cy selon la grandeur de ses crimes.*

Les Theologiens en admettens de deux especes, sçauoir la reprobation à la grace, & la reprobation à la gloire, c'est proprement de la derniere dont il est icy question, & à laquelle conuient nostre definition.

La reprobation a ses causes meritoires & ses effets aussi bien que la predestination. Deux sortes d'hommes sont reprouuez, les enfans & les adultes; la cause meritoire de la reprobation des vns & des autres est le peché, mais pris diuersement; pour les enfans qui meurent sans Baptesme, la cause n'en est pas en eux, mais dans le premier homme, qui pechant actuellement, a laissé à tous ses enfans pour heritage l'effet de son peché, de sorte que si l'enfant est conceu dans le peché originel, ennemy de Dieu, s'il meurt en cet estat, & s'il est reprouué, c'est le peché actuel du premier homme que cet enfant a contracté, lequel en est la seule cause meritoire; c'est la croyance de l'Eglise.

Quant aux effets, il y en a trois au regard des enfans: le premier est, que Dieu permet que ces enfans contractent le peché originel: le second, Dieu permet qu'ils meurent en cet estat: & le troisiéme, c'est qu'il les priue de sa gloire.

EN. Helas! Seigneur Adelphe, Dieu ne pourroit-il pas empescher ces fâcheux effets? A. Il le peut s'il le veut, mais il ne le veut pas tousiours. Il a empesché le premier au regard de la Sainte Vierge, l'exemptant de la tache originelle, il empesche tous les iours le second & le dernier en la personne de ceux qui ayant receu le Baptesme, meurent auant que pecher actuellement, & par consequent entrent dans la possession de la gloire. Mais, mon Dieu, peut dire vn enfant mort-né, pourquoy suis-ie damné ? Pourquoy as-tu peché comme tous les autres en Adam. Mais vous en sauuez quelques-vns ? Si i'agissois en ma iustice, pas vn n'entreroit en ma gloire ; mais bien loin de cela, i'ay par misericorde establi vn moyen general dans le Baptesme, pour sauuer tous les hommes vniuersellement. Hé ! comment donc ne suis-ie pas sauué si ce moyen est general pour tous ? C'est qu'il ne t'a pas esté appliqué, dautant que tu es mort auant le temps. Quoy donc, Seigneur, la foy de mes parens qui sont fideles, ne suffisoit-elle pas pour moy, au moins iusques à temps que i'eusse esté capable d'en exercer les actes ? Cela estoit bon dans l'ancien Testament, mais non dans le nouueau, car le peché ne se peut effacer, ny la foy se communiquer que par Ioan. 3. le moyen du Baptesme, ie l'ay ainsi ordonné. Du moins, mon Dieu, vous pouuiez prolonger ma vie & empescher les causes de ma mort, me faisant paruenir à ce remede ? Ie le pouuois, mais ie ne suis pas obligé à faire tousiours des miracles, changeant mon ordre general, & le cours des causes secondes pour toy qui est mon ennemy. Vous l'auez bien fait en faueur de plusieurs autres ? Ie le fais à qui bõ me semble & suis maistre de mes faueurs, si ie suis bon enuers ceuxlà, & iuste en ton endroit, qu'as-tu à dire ? n'es-tu pas criminel ? te fais-ie tort, n'as-tu pas ce que tu merites ?

Prosp. ad cap. Gal. lot. c. 9.

Enfin, Engiston, il en faut reuenir au sens de S. Prosper, *Dieu, à la verité, est mort pour tous les hommes*, mais il faut entendre cela, *en égard à la grandeur & la puissance du prix, lequel est capable de sauuer mille mondes, pourueu qu'il leur soit appliqué.* Voylà pour les enfans, voyons maintenant les adultes.

Causes & effets de la reprobat. des adultes.

Entre les adultes qui sont reprouuez, les vns sont baptisez, les autres non. La cause meritoire qui fait que les non
baptisez

baptisez sont reprouuez, c'est le peché originel & actuel qui
est en eux. Il y a quatre effets de leur reprobation. Le premier est que Dieu permet qu'ils tombent en peché : le second, qu'ils s'y endurcissent : le troisiéme, il les priue de la
gloire eternelle : & le dernier, il les condamne pour iamais
à la peine du sens.

E N. Comment est-ce que Dieu permet qu'ils tombent
en peché ? A. Il le permet, dautant qu'il ne l'empesche pas.
E. Le peut-il empescher ? A. Il le peut, mais il ne le fait pas. E.
Côment le peut-il empescher ? A. Par deux moyés, en deniât
son concours ordinaire à l'homme, ou en luy changeant la
volonté ; par exemple, Dieu peut empescher vn homme
d'en tuer vn autre, ou en cessant d'agir auec luy, ou bien en
luy changeant la volonté de tuer son prochain, par vne grace toute extraordinaire. E. Dieu s'est donc reserué vn empire absolu sur nostre volonté ? A. Ouy, Engiston, non pas
pour la violenter, mais pour la tirer doucement, & pourtant

fortement, mais tousiours librement, de sorte qu'il est tousiours de la volonté de côsentir, ou non. E. Dieu n'employe-il

pas tousiours ses secours extraordinaires pour empescher les
reprouuez de tomber en peché ? A. Non, car il se côtente de
leur en donner de communs, qui sont neantmoins suffisants
de les empescher de tomber, s'ils s'en veulent seruir, & reserue ses faueurs plus particulieres à ses éleus, les reprouuez ne
les meritant pas, pour mépriser les graces ordinaires.

De ce mépris vient le second effet de leur reprobation, car
ne se voulant pas seruir des aydes suffisans que Dieu leur
donne, & Dieu d'ailleurs ne leur en donnant de plus forts,
non seulement ils demeurent tousiours dans le peché, mais
accumulent incessamment offence sur offence, crime sur
crime, de telle sorte qu'ils entrent dans l'endurcissement, &
n'ont aucun remord ny ressentiment de leurs fautes ; *dau-*
tant, dit l'Apostre, *qu'ils ont mieux aimé seruir à la Creature*
qu'au Createur, Dieu les a liurez en sens reprouué. Remarquez icy, Engiston, que c'est de la façon qu'il faut entendre
l'Ecriture, lors qu'elle dit que *Dieu endurcit les pecheurs,*
qu'il les aueugle, qu'il les liure en sens reprouué, &c. Car Dieu

M

Doucemêt,
fortement,
librement.

Rom. 1.

Positiue-
ment.
Negatiue-
ment.

ne fait iamais ces choses *positiuement*, mais seulement par permission, &, comme on dit, *negatiuement*, en deniant aux reprouuez des graces que l'Eschole appelle congruës, desquelles ils sont indignes, & qui les tireroient sans doute de leurs pechez, pour les amener à la grace, se contentant, comme i'ay dit, de leur en departir de suffisantes qui auroient, s'ils vouloient le mesme effet. De là vient que Dieu iustement priue les hommes de la gloire pour iamais, & les condamne aux peines eternelles, tant à raison du peché d'origine dont ils n'ont pas esté lauez, que des pechez actuels qu'ils ont commis & dont ils n'ont pas fait penitence, car il est dit, *Ire & indignation à l'homme qui fait mal.*

Rom. 1.

Reste maintenant à parler des reprouuez adultes baptisez, sçauoir quelle est la cause meritoire du premier peché actuel qu'ils commettent apres le Baptesme : la mesme question se peut faire du peché de nos premiers parens, lesquels furent créez dans la iustice originelle ? On n'en sçauroit trouuer, Engiston, & en effet il n'y en a aucune ; tout ce que l'on peut dire, c'est que Dieu l'a permis. Que si vous demandez pourquoy il l'a permis, ie vous diray qu'il l'a voulu permettre, & rien plus, ce sont icy les colomnes d'Hercules, il ne faut passer plus auant, car vouloir rechercher la cause des volontez de Dieu, c'est vouloir entrer dans le sanctuaire & le scrutain de la Diuinité, ce qui est reserué aux Bienheureux en l'autre vie, car *l'homme voyageur qui veut penetrer cette Majesté, sera opprimé par la gloire.*

Prou. 25.

E N. I'ay encore vne question à vous faire sur ce sujet, Seigneur Adelphe, sçauoir quels sont ces moyens suffisans que vous supposez que Dieu donne aux reprouuez, aux endurcis, aux Gentils, & aux enfans morts-nez.

A D. Quand ie ne dirois autre chose, Engiston, sinon que *Dieu veut sauuer tous les hommes* sans reserue, on en doit tirer consequence, que Dieu donne des moyens necessaires & suffisans pour cet effet ; il confere les graces suffisantes à tous, il a institué les Sacremens pour tous, il a imposé à tous les necessitez de la Foy & du Baptesme, il nous exhorte tous à l'accomplissement de ses preceptes : ce sont là les

2. Tim. 1.

moyens dont Dieu ayde les éleus & les reprouuez, mesme les plus endurcis, iusques à la fin, qui ne sont tels qu'à cause qu'ils ne s'en veullent p as seruir ; voyez-vous pas comme Dieu les appelle par son Prophete, *Si vous entendez auiour-* Psal. 94. *d'huy la voix du Seigneur, ne veüillez boucher les oreilles :* escoutez ce qui est dit aux Iuifs endurcis. *Testes dures, cœurs* Actes 7. *& oreilles endurcis, vous resistez tousiours au Saint Esprit. Cette race ne pouuoit croire,* dit l'Euangeliste parlant des Ioan. 12. mesmes Iuifs, dautant qu'ils ne le vouloient pas, faut-il entendre.

Quant aux Gentils, si Dieu leur dénie la Foy, c'est qu'ils s'en rendent indignes par les pechez qu'ils commettent, mesme contre la lumiere de la raison, que s'ils viuoient selon l'ordre de la nature, peu à peu Dieu les disposeroit à la foy & à la grace, puis apres à la gloire, comme il arriua à Cornelius le Centenier. Enfin pour les enfans, voyez ce qui en a esté dit cy-dessus au Chapitre de la Predestination, sur la fin, & au traité de la Foy.

EN. Il m'en souuient fort bien, Seigneur Adelphe, & j'ay bien remarqué ce que vous auez dit du Baptesme & de de la Penitence ; sçauoir que le premier estoit necessaire aux enfans & aux adultes de necessité de moyen ; c'est à dire que sans le Baptesme, aucun ne peut estre sauué : que le Baptesme suffisoit aux enfans, mais que pour les adultes qui auroient peché actuellement, il falloit aussi employer la Penitence, & que tous ces moyens estoient fondez sur les merites de Iesus-Christ, sur quoy il me vient de naistre tout presentement vne difficulté ; sçauoir comment pouuoient estre sauuez & de quels moyens se seruoient les hommes auant la venuë de Iesus-Christ, & auant l'institution du Baptesme, de la Penitence, & des autres Sacremens ?

A D. La question est fort à propos, Engiston, i'y respondray le plus briéuement qu'il me sera possible.

Vous sçauez que ie vous ay dit, que Dieu voulant retirer les hommes du peché, les remettre en sa grace & en sa gloire, ordonna que son Fils, pour seruir de mediateur entre l'offencé & les offençans, prendroit nature humaine &

mourroit sur la Croix, donnant son sang pour leur rançon,
mais que cela n'arriueroit que dans la plenitude des temps;
cependant, pour n'en laisser perir aucun, il ordonna à tous
ceux qui naistroient deuant la venuë du Messie (ainsi s'appelle Christ en Langue Hebraïque, qui signifie oinct en la
nostre) pour moyen asseuré de leur salut, la foy en la venuë
de ce Messie : que si les enfans venoient à mourir auant l'v-
sage de raison, & par consequent dans l'impuissance de produire des actes de cette foy, par les prieres & Sacrifices,
la foy de leurs parens suppleroit, & seroient asseurez de leur
salut par ce moyen.

TROISIEME TRAITE,
DE LA TRINITE'

CHAPITRE PREMIER.

De la Trinité de perfonnes en l'Vnité de Dieu.

PRES auoir parlé de Dieu, de fon Effence, de fes Attributs & de fon Vnité, il
eft neceffaire, fuiuant noftre fujet, de traiter vn autre myftere encore bien plus caché que le premier. Nous vous auons fait
voir, Engifton, comme quoy toute la nature témoigne à fa façon, & confeffe publiquement l'effence & l'exiftence de fon Autheur; qui ne
fçauroit eftre que Dieu; la raifon nous a conuaincu de l'vnité
de fa nature; la feule foy nous apprendra la Trinité de fes Perfonnes; puis donc que ce premier abyfme ou nous nous fommes engagez attire vn autre abyfme bien plus obfcur & plus
profond, & que nous fommes obligez d'y defcendre, fans
efperance d'y eftre guidez par le flambeau de la raifon, r'al-
lumons celuy de la Foy, fuiuons les lumieres de l'Ecriture, &
les illuftrations des Peres de l'Eglife, ils nous y conduiront
affeurément, & nous y feront découurir les threfors qui y
font cachez.

Ie ne parleray pas fans raifon, encore qu'il femble que ie
la veüille repudier, quand ie diray que ce chemin eft fort

ghssant, & ces routes fort difficiles, puis que les Arriens, les Sabelliens, les Patropatiens, les Macedoniens, & plusieurs autres y sont tombez, lors qu'ils se sont siez aux petites lueurs & aux foibles clartez de leur raison; mais si ce chemin est fascheux, il est aussi fort profitable, écoutez ce qu'en dit Saint Augustin dans le traité qu'il en a fait, *On ne sçauroit errer ailleurs,* dit-il, *auec plus de danger, ny chercher auec plus de peine, ny trouuer auec plus de fruict qu'au mystere de la Trinité.*

E N. I'ay neantmoins entendu dire que les Philosophes Payens, entr'autres Trismegiste, qui semble porter vn nom si glorieux pour cet effet, Platon, Plotin & plusieurs autres, auoient eu connoissance de ce mystere, & mesme Raymond Lulle soustient qu'on le peut acquerir par les forces de la raison.

A D. Ce dernier, Engiston, n'est pas suiui, quelques-vns mesme disent qu'il a esté censuré par le Pape Gregoire XI. & si les autres en ont parlé, ce n'est que comme les aueugles des couleurs; en tout cas, ils en ont pû auoir leu quelque chose dans les Liures de Moyse qu'ils auoient lors entre les mains : & quand le Trismegiste a dit *que l'vnité auoit engendré l'vnité, & qu'elle auoit refléchi en soy son ardeur,* il n'a point entendu parler des processions diuines qu'il ne connoissoit pas, mais que Dieu qui est vn, auoit creé vn seul monde, & l'auoit creé afin d'en receuoir l'honneur & les reconnoissances. Non, non, Engiston, *Il n'y a que le Fils de Dieu qui connoisse le Pere, & ceux ausquels le Fils la voulu reueler;* ce ne fut la chair ny le sang, c'est à dire, la raison humaine qui fit connoistre à Saint Pierre la Diuinité du Pere & du Fils, mais ce fut le Pere luy-mesme. Enfin, toute la connoissance naturelle que nous pouuons auoir de Dieu, ne nous vient que par le moyen des creatures, qui en sont l'ouurage au dehors, c'est à dire que nous connoissons Dieu seulement par les effets; or nous ne voyons aucun effet des personnes en particulier, puis qu'elles n'operent en particulier qu'au dedans du conclaue de la Diuinité, où nous n'auons aucun accez, & que tout ce que nous voyons est l'ouurage de la Toute-puissance , attribut commun à toute la Trinité ; partant la Trinité ne se sçauroit connoistre par la lumiere de la raison humaine , c'est donc seulement par la Foy. Mais auant d'entrer plus auant en matiere , il nous faut renger & mettre par ordre les termes desquels nous nous deuons seruir en ce traité , afin de nous faire iour à trauers les difficultez qui s'y rencontrent , & oster tout sujet de confusion.

Ressouuenez-vous donc , Engiston , que les termes d'essence , de nature , de substance & d'hypostase , sont termes differens qui signifient l'estre de quelque chose ; que le mot d'essence se forme du verbe , *estre* , qui s'estend non seulement aux choses qui sont actuellement , mais aussi aux choses qui ne sont qu'en puissance : par exemple , la rose qui est actuellement au rosier pendant l'Esté , & à la rose qui n'y est qu'en puissance pendant l'Hyuer.

Le mot d'existence ne dit pas tant , il se termine à la chose qui est actuellement en estre , & est commun à la substance & aux accidens.

Subsistence , supost , personne , & maintenant hypostase sont synonimes , & signifient la façon par laquelle existent les substances incommunicables , ainsi que le terme d'inherence signifie la façon auec laquelle existent les accidens dans leurs sujets.

Procession & production en Dieu est la mesme chose.

Relation est le raport d'vne personne diuine à l'autre.

Notion , est la façon de connoistre & distinguer vne personne diuine d'auec l'autre.

Mission , est l'enuoy qui se fait des personnes diuines de leurs principes à vn terme existant dans le temps.

Cela supposé , Engiston , poursuiuons nostre pointe , & disons , qu'encore bien qu'il n'y ait en Dieu qu'vne seule essence ou nature , & selon la plus part , qu'vne seule existence absoluë & non relatiue , il y a neantmoins trois subsistences , hypostases , ou personnes relatiues , incommunicables & distinctes réellement entr'elles , dans lesquelles personnes la nature diuine existante , est commune & la mesme sans distinction ny difference.

Sabellians, & Patropatians, Hermogeniens, Praxeans.

Ie dy qu'il y a en Dieu trois personnes distinctes entr'elles & incommunicables, contre l'heresie des Sabelliens & autres, qui n'admettoient en Dieu qu'vne seule personne, à laquelle ils donnoient le nom conforme à l'office quelle faisoit : par exemple, dans la creation ils l'appelloiét Pere, dans l'Incarnation Fils, & en tant qu'elle nous sanctifioit par sa grace, ils luy donnoient le nom de Saint Esprit ; d'où s'ensuiuoit, selon leur opinion, que le Pere auoit enduré la mort aussi bien que le Fils, c'est pourquoy ils furent nommez Patropatians. Mais ils sont condamnez par l'vn & l'autre Testament. Et s'il m'estoit permis de Rabiniser, ie dirois que dés le commencement de la Genese, ie trouue leur condemnation ; nostre vulgate dit ainsi, *Au commencement Dieu* Gen. 1. *crea le Ciel & la Terre* ; & le texte Hebreu porte, *Beresit Bara Elohim chamaim ve erets.* Il faut sçauoir l'Hebreu pour entendre cecy, qui veut dire, au commencement les Iuges a creé le Ciel & la Terre ; où il faut remarquer que le verbe, *Bara*, qui est de nombre singulier, se rapporte à l'essence ou nature diuine qui est vne, & le nom, *Elohim*, estant au plurier, marque la pluralité des personnes. Ce n'est pas tout, Engliston, *Bara*, comme ie dis, est vn verbe de nombre singulier qui signifie l'vnité de nature en Dieu, mais il contient aussi figuratiuement, dans les trois radicales qui le composent, les trois personnes diuines, *Beth*, *Aleph*, *Resch*, sont les trois radicales : *Beth*, est la lettre formatrice du nom *Ben*, qui signifie fils : *Aleph*, la formatrice du nom *Av*, qui signifie pere, & *Resch*, la formatrice du nom, *Ruach*, qui veut dire esprit.

Remarquez de plus que la lettre, *Aleph*, qui forme le nom *Av*, pere, n'est pas inutilement au milieu, puis qu'elle signifie que le pere est le principe des deux autres personnes, & qu'elles en procedent. Mais laissons là le Rabinage, & allegons d'autres passages pour prouuer la Trinité de personnes en Dieu. *Faisons l'homme*, dit Dieu, *à nostre image &* Gen. 1. *semblance* ; & peu apres, *voilà Adam semblable à vn de nous* : Gen. 3. item, le nom de Dieu trois fois repeté par le Psalmiste, & Psal. 66. à la seconde fois remarquez l'addition de l'adiectif, *nostre*,
comme

comme s'il vouloit dire, *Iesus-Christ noſtre Seigneur.* Item le nom de *Saint* auſſi par trois fois repeté dans le Prophete; mais ſur tout au nouueau Teſtament cette Trinité eſt manifeſtée en quantité de lieux ; *Allez, enſeignez toutes ſortes de perſonnes & les baptizez au nom du Pere, du Fils, & du Saint Eſprit* ; & ailleurs, *Ie prieray mon Pere*, dit Iesus-Christ, *& il vous donnera vn autre Conſolateur* ; toutes leſquelles citations donnent aſſez à connoiſtre qu'il y a trois perſonnes en vne ſeule nature diuine, & que ces trois perſonnes s'appellent, *Pere, Fils, & S. Eſprit.*

E N. S'il y a en Dieu, comme vous dites, vne nature & trois perſonnes, ce ſont donc quatre choſes, & ce n'eſt plus la Trinité, mais la Quaternité ?

A D. Ce ne ſont que trois choſes, ou pour dire vray, qu'vne ſeule, ſelon le Concile de Latran.

E N. Expliquez-vous donc, s'il vous plaiſt ?

A D. Quand ie dis que ce n'eſt que trois choſes, i'entends que les trois perſonnes n'eſtant pas diſtinctes réellement de la nature diuine, ſont bien trois eſtres réels, conſubſtantiels & relatifs ; & quand ie dis que ce n'eſt qu'vne ſeule choſe, ie veux dire que ces trois ne ſont qu'vne ſeule Diuinité.

E N. Les perſonnes, Seigneur Adelphe, ſont-elles diſtinctes entr'elles ?

A D. Elles le ſont, comme i'ay dit, réellement, par les oppoſitions qui ſont entr'elles, dont les extremes, qui ſont les relations, ſont diſtincts réellement ; car vous n'ignorez pas, Engiſton, que toute veritable oppoſition, ne veüille deux extremes diſtincts entr'eux réellement ?

E N. Donnez m'en, s'il vous plaiſt, vn exemple ?

A D. Le voicy de la choſe meſme.

❧❧❧❧❧❧❧❧❧❧❧❧❧❧❧❧❧❧❧❧❧

CHAPITRE II.

Des Relations Diuines.

ADEL-
PHE. **L**A generation actiue du Pere, & la generation passiue du Fils, sont deux extremes ou relations distinctes réellement; ces deux extremes forment vne opposition réelle entre ces deux personnes, & cette opposition réelle marque la distinction aussi réelle qui se trouue entre le Pere & le Fils. Voyez vn autre exemple. La spiration actiue du Pere & du Fils, & la spiration passiue du Saint Esprit sont deux extremes ou relations distinctes entr' elles réellement, ces deux extremes forment vne opposition réelle entre les trois personnes, & cette opposition fait que ces mesmes trois personnes sont distinctes entr' elles réellement. Ie vous veux encore éclaircir cette matiere dauantage par les deux propositions suiuantes.

PREMIERE PROPOSITION.

Dieu est Pere, Pere est Dieu, Dieu est Fils, Fils est Dieu, Dieu est Saint Esprit, Saint Esprit est Dieu. Qui sont, Engiston, les deux extremes de cette proposition ? Sans doute que c'est Pere & Dieu, Fils & Dieu, Saint Esprit & Dieu. Sont-ils opposez l'vn à l'autre ? Non, car vous voyez que la nature diuine se communique aux trois personnes; Il n'y a donc point d'opposition réelle entre la nature & les personnes diuines, partant la nature diuine n'est pas ce qui produit les personnes diuines, ny ce qui les distingue les vnes des autres.

SECONDE PROPOSITION.

Pere & Fils, Fils & Pere, Pere & Saint Esprit, S. Esprit

& Pere, Fils & Saint Esprit, S. Esprit & Fils. Qui sont les extremes dans cette proposition ? Sans doute c'est Pere & Fils, Pere & Saint Esprit, Fils & Saint Esprit, lesquels sont opposez l'vn à l'autre réellement & n'ont aucune communication : il y a donc de l'opposition réelle entre les personnes diuines, partant les personnes qui sont produites dans la Trinité procedent des personnes diuines, & sont distinctes entr' elles réellement.

EN. Et quoy, Seigneur Adelphe, n'est-il pas vray que quand deux choses sont le mesme auec vne troisiéme, que ces deux choses aussi sont le mesme par ensemble ? or vous dites que la paternité, filiation, &c. conuiennent tellement auec la nature diuine, que ce n'est qu'vne mesme chose, ie diray donc que la paternité, filiation, &c. ne seront entre elles qu'vne mesme chose, & ainsi le Pere sera le Fils, le Fils le Pere ? &c.

AD. Il est vray, Engiston, que deux choses qui conuiennent auec vne troisiéme ne font qu'vn, & sont le mesme entr'elles, si la troisiéme chose est incommunicable. L'entendement & la volonté de Dieu, sa iustice & sa misericorde conuiennent auec son essence, ne sont qu'vn auec elle, & sont aussi le mesme par ensemble, d'autant que tout cela estant la Diuinité mesme, on ne sçauroit pas dire proprement que l'essence diuine soit communicable à leur respect ; mais si la troisiéme chose est communicable, comme est, par exemple, l'essence diuine à l'égard des personnes, pour lors les choses qui conuiennent auec elle, comme sont les mesmes personnes, ne seront pas le mesme. Vous n'admetteriez pas cette proposition, Engiston, Pierre est homme, Paul est homme, donc Pierre est Paul : aussi ne deuez-vous pas admettre celle-cy : Dieu est Pere, Dieu est Fils, donc Pere est Fils, &c.

EN. Ces relations ne sont-elles pas distinctes de l'essence diuine ?

AD. Elles ne le sont pas réellement, contre l'erreur d'vn certain Gilbert Porretan, lequel a esté condamné pour cela au Concile de Rheims ; car si elles estoient distinctes réelle-

ment de l'essence diuine, il se trouueroit en Dieu quatre
choses, ce ne seroit plus la Trinité, mais la Quaternité;
elles ne le sont pas mesme formellement, quoy que puisse
subtiliser le Docteur Scot; elles le sont donc virtuellement,
& c'est ce qui fait que nous les distingons par la raison, ainsi
que nous faisons les attributs essentiels, le Concile de Florence l'ayant ainsi défini, auec cette distinction neantmoins
que les attribus ou l'essence diuine, estant vne chose absoluë, renferment tous en general, & chacun en particulier,
vne infinie perfection intrinseque, ce que ne font pas toussiours les relations.

E N. Obligez-moy, Seigneur Adelphe, de me faire voir
comment?

A D. C'est, Engiston, que les relations diuines se considerent en deux façons; premierement comme estant vne mesme chose auec l'essence diuine, & en ce cas elles renferment
toute perfection, aussi bien que l'essence ou attributs essentiels. Secondement les relations se considerent precisement
comme relations, & en tant qu'elles sont distinctes virtuellement de l'essence diuine, & en ce cas elles ne disent aucune perfection, pour deux raisons; la premiere, c'est qu'il n'y
a que les choses absoluës en Dieu, comme sont l'essence &
attributs, qui renferment infinie perfection intrinseque,
or les relations ne sont point choses absoluës, puis qu'elles
ont du raport entr'elles, & partant elles ne disent aucune
perfection. Exemple, Qui dit sagesse diuine, dit entendement, volonté, bonté, iustice, misericorde, & vniuersellement tout ce qui est Dieu; mais qui dit paternité, ne dit pas
filiation ny spiratiõ passiue; paternité n'est donc pas vne perfection en Dieu non plus que filiation, &c. autrement il y
auroit autant de perfections distinctes réellement qu'il y a
de relations distinctes réellement; ainsi il y auroit en Dieu
trois perfections, qui est vne absurdité, selon Saint Augustin. L'autre raison est que les attributs ne modifient aucunement l'essence diuine, mais s'estendent tout autant qu'elle; car qui dit sage & puissant, dit Dieu en son estenduë;
mais les relations au contraire modifient l'essence diuine, &

ne s'estendent pas tant qu'elle, car qui dit paternité, dit seulement le principe de la generation & non autre chose, & ainsi des autres relations.

E N. Pourquoy vous seruez vous des termes de generation & spiration pour signifier ces processions? *Deux processions.*

✻✻✻✻✻✻✻✻✻✻✻✻✻✻✻✻✻✻

CHAPITRE III.

Des Generations & Productions Diuines.

ADELPHE.  'E S T qu'en effet la seconde personne de la Trinité procede de la premiere par voye de generation, & la troisiéme procede de la premiere & la seconde comme d'vn seul principe par voye de spiration, c'est pourquoy on appelle celle-là Fils, & celle-cy Saint Esprit. *Isaye 53. S. Iean 8. & 3. Symb. de Nice.*

E N. Et la premiere personne d'où est-elle produite?

A D. Elle n'est point produite, voyez le Symbole de Saint Athanase, *le Pere n'est fait d'aucun, ny creé, ny engendré,* il est donc par soy-mesme & est le principe des deux autres personnes. *Symb. S. Athan.*

E N. Comment se fait cette generation du Fils?

A D. Laissant à part toutes les autres especes de generations & productions, ie viens d'abord à celle qui fait proprement à mon sujet, en voicy la definition, *generation est la production que fait vn viuant d'vn autre viuant, par vn principe productif, luy communiquant sa mesme nature.* C'est de cette façon, Engiston, que le Pere eternel engendre son Fils. *1. Iean. 5.*

E N. Et le Saint Esprit, de qui est-il produit?

A D. Il est produit du Pere & du Fils comme d'vn seul principe, duquel il reçoit l'estre & la vie, & est vn mesme Dieu auec eux. *Symb. S. Athan.*

E N. Cette definition luy peut donc conuenir, & partant il peut estre dit engendré, Fils & semblable au Pere aussi bien que l'autre personne?

N iij

A D. Il est vray, Engiston, cette definition conuient également aux deux personnes, puis qu'elles sont toutes deux produites viuantes, d'vn principe viuant, & de mesme nature; la distinction vient seulement du moyen ou de la voye par laquelle elles sont produites, à sçauoir la premiere par l'entendement, & l'autre par la volonté : car il est certain que tout ce qui est produit par la voye de l'entendement est proprement dit engendré, & est tousiours semblable à celuy qui le produit, en vertu de sa production, lors que le produisant se contemple soy-mesme; dautant qu'il en exprime vne image & vne ressemblance, qu'on nomme aussi la parole de la pensée; mais ce qui est produit par la voye de la volonté n'est pas en vertu de sa production, ny engendré, ny semblable à celuy qui le produit, dautant qu'il ne resulte de cette operation qu'vne certaine propension ou bienveillance enuers la chose aimée, qu'on ne sçauroit nommer autrement qu'amour ou bonne volonté; & non pas image, ny fils, ny Verbe.

Or est-il, côme i'ay desia dit, que le Fils est produit par l'entendement du Pere, lequel considerant toutes les perfections de sa nature en soy-mesme, en exprime vne image consubstantielle, toute semblable à luy, qui est son Fils & son Verbe; & le Pere & le Fils s'aimant mutuellement, comme d'vn seul principe & d'vne fournaise d'amour, produisent ce souffle diuin, aussi consubstantiel & Dieu, égal à eux en toutes choses, qui fait la troisiéme personne & le terme des processions diuines, & qui se nomme Esprit, Feu, Amour, Charité : de sorte que le Fils & le Saint Esprit sont semblables au Pere par nature, ou pour mieux dire, sont consubstantiels au Pere, mais le Fils luy est encore semblable en vertu de sa production, ce que n'est pas le S. Esprit en vertu de la sienne.

E N. Dites-moy, s'il vous plaist, quel raport il y peut auoir des productions diuines auec les autres ?

A D. Ce raport n'est pas simplement Equiuoque, il n'est pas non plus Vniuoque, dautant qu'il n'y a point de proportion de la chose finie à l'infinie; Il est donc Analogue, car les productions diuines font beaucoup plus parfaites que les autres.

E N. Ie vous fupplie, Seigneur Adel. de me le faire voir?

A D. Ie le veux, Engifton; Reffouuenez-vous donc de ce que vous auez veu en Philofophie touchant la matiere des productions, Il y en a de deux efpeces dans la nature; les vnes font intellectuelles, les autres corporelles; entre les corporelles celle de l'animal estant la plus parfaite, ie m'y attache, laiffant toutes les autres, comme celles des plantes, des meteores, & des mineraux, dont nous pourrons parler ailleurs. Les animaux donc produifent leurs femblables, felon noftre definition, vn homme engendre vn homme femblable à luy, auquel il communique l'eftre, la vie & fa fubftance; mais il faut remarquer trois chofes, la premiere, que l'homme en cette production n'eft pas la premiere & principale caufe, mais la feconde feulement; L'autre eft, que l'homme ne communique pas à l'homme qu'il produit fa mefme vie ny fa mefme fubftance en nombre, mais la mefme en efpece feulement; Et la troifiéme, c'eft que l'homme en communiquant ces chofes en reçoit de l'alteration & diminution. Voilà pour la production corporelle.

Quant aux intellectuelles qui font dans la nature, il y en a auffi de deux fortes, les Angeliques & les humaines. L'homme eftant fait d'vne nature mixte, produit & corporellement & fpirituellement; & dautant qu'il eft animal raifonnable, il commence fes productions intellectuelles à la façon des Brutes, de forte que, foit qu'il veüille connoiftre quelque chofe hors de foy, foit qu'il fe veüille connoiftre foy-mefme & en faire vne production, il faut premierement qu'il conçoiue par les fens exterieurs, l'efpece de la chofe dont il fait fon objet; que cette efpece foit receuë au fens cómun; qu'elle paffe de là à la fantaifie ou imaginatiue qui en forme vn fantofme. Iufques icy l'homme n'eft qu'animal. Voyons-le raifonnable. Il faut que fon entendement, se tournant vers ce fantofme, de groffier & materiel qu'il eft, fe fubtilife par le moyen des habitudes intellectuelles lefquelles font créées auec luy, qu'il le reçoiue au dedans de foy,

& enfin en forme fa production, fçauoir l'image ou repreſentation de ſon objet; de ſorte que ſi l'homme ſe prend ſoymeſme pour objet & conſidere ſa nature, il produira ſans doute l'image de ſoy-meſme.

Les eſtres purement intellectuels dans la nature ſont les Anges, qui ſont bien plus abſtraits que nous dans leurs operations, n'eſtant pas engagez dans la matiere. Ils ſe connoiſſent eux-meſmes par leur propre ſubſtance, & n'ont beſoin d'eſpeces intellectuelles pour cet effet. Voyez l'Angelique & Saint Auguſtin; nous en deduirons les raiſons en diſcourant de ces eſprits. Ils connoiſſent auſſi les choſes corporelles, & Saint Auguſtin dit, qu'elles ont eſté pluſtoſt créées dans la connoiſſance des Anges qu'en elles-meſmes. Or cette production de choſes dans la connoiſſance Angelique ne peut eſtre que par le moyen des eſpeces inherentes, leſquelles Dieu à crées auec ſes eſprits bien-heureux, dés le commencement. Pour cela Saint Denis nous les repreſente tous pleins de formes & de raiſons de toutes choſes.

Mais il faut remarquer, Engiſton, que ny les Anges ny les hommes, dans toutes leurs productions intellectuelles, ne forment que de ſimples accidens, & iamais rien de ſubſtantiel; il n'y a que Dieu ſeul, en qui les perſonnes ne reconnoiſſent aucune autre premiere cauſe, s'il faut ainſi parler, ou, pour mieux dire, aucun autre principe de leurs productions, qu'elles meſmes; il n'y a qu'en Dieu ſeul où les productions cõmuniquent la meſme vie & la meſme nature en nõbre, & où le produiſant n'en reçoit aucune diminution ou alteration; il n'y a, enfin, qu'en Dieu ſeul où les productiõs ſoient ſubſtantielles, encore bien qu'intellectuelles; voylà en quoy la generation diuine eſt plus parfaite, & peut eſtre iuſtement appellée, ſelon Saint Thomas, *l'exemplaire de la generation humaine; & c'eſt en effet du Pere eternel,* ainſi que remarque l'Apoſtre, *d'où vient toute paternité au Ciel & en la Terre?*

E N. Pourquoy n'y a-t'il pas en Dieu dauantage de productions?

A D. C'eſt que Dieu eſt vne nature purement intellectuelle;

ctuelle ; or vne nature de cette sorte n'a que deux operations immanentes, l'entendre & le vouloir, qui sont les deux voyes de production interne ; car bien que la Toute-puissance soit le principe de toutes choses, & que la bonté de Dieu se communique abondamment, neantmoins la premiere regarde seulement les choses qui sont au dehors, *& l'autre est plustost la fin des œuures de Dieu que le principe*, selon le Docteur Angelique.

E N. Dieu est donc moins puissant que nous, si ie l'ose ainsi dire, car nous faisons diuerses productions de nostre entendement, ie connois vn homme, vn cheual, vne pierre, &c. l'en dis de mesme de la volonté ?

A D. Ne voyez-vous pas, Engiston, que cette multiplication est vne marque de nostre indigence, & de nostre imperfection ; car nous ne pouuons pas conceuoir toutes choses par vn mesme acte de nostre entendement, ny vouloir toutes choses par celuy de nostre volonté, il n'y a que Dieu seul qui le puisse, d'autant qu'il est infiniment parfait.

E N. Les relations en Dieu, est-ce quelque chose de réel, ou si nous les faisons par nostre esprit ?

A D. Il y en a de deux sortes ; celles de par dehors qui sont entre Dieu & les creatures, ne sont que productions de nostre esprit, dautant qu'ils ne sont rien en Dieu réellement qui soit distinct de sa puissance, comme Createur, Conseruateur, &c. qui n'estant qu'vne mesme chose auec la nature Diuine, ne sont aussi qu'vne mesme chose en la nature Diuine : mais les relatiõs du dedans, comme paternité, filiation, spiration actiue, spiration passiue, ou productiõ, celles-là sont des estres réels, d'autant que par elles les trois personnes sont distinctes réellement ; or il est certain qu'aucune distinction réelle ne se fait par vn estre de raison, c'est en quoy la paternité, filiation, &c. sont bien la mesme chose auec la nature Diuine, mais ne sont pas la mesme chose en la nature Diuine ; car ie ne puis conceuoir la nature diuine sans conceuoir sa puissance, son immensité, son eternité ; mais ie la puis bien conceuoir, sans conceuoir paternité, filiation, & spiration.

E N. Si ces quatre relations sont réels, il y aura donc, en-

O

core vn coup , quatre choses en Dieu ?

A D. Non , Engiston , tout ainsi qu'en Dieu la nature est réelle , & chacune des trois personnes l'est aussi , & neant-moins ce ne sont pas quatre choses , mais trois seulement ; de mesme en ces quatre relations réelles il n'y a que trois choses , sçauoir le Pere , le Fils , & le Saint Esprit , dautant que la spiration actiue n'est distincte que virtuellement & non réellement de la paternité & filiation , de la mesme fa-çon que la nature Diuine l'est des trois personnes Diuines : c'est ce qui fait qu'elles sont égales , semblables, & la mesme chose entr'elles.

E N. Cette égalité , ressemblance & identité , ne sont-ce pas des relations aussi réelles ?.

A D. Ce sont des relations , mais non réelles , quoy qu'en die le Docteur Scot. Ce ne sont qu'estres de raison , attendu que le fondement qui est l'essence diuine n'est point di-stinct réellement , mais est la mesme chose en nombre à l'é-gard des extremes qui sont les personnes diuines.

E N. Quoy donc , Seigneur Adelphe , n'est-il pas vray de dire que les personnes sont égales & semblables , encore qu'on n'y pense pas , & que par consequent , l'égalité & res-semblance sont relations réelles ?

A D. Il n'est pas vray de dire qu'elles soient égales & sem-blables formellement, auant que l'esprit humain y trauaille , mais seulement fondamentalement , en tant qu'elles peu-uent seruir de fondement à l'esprit humain pour en faire la distinction lors qu'il s'y voudra appliquer.

E N. Mais enfin , s'il n'y peut rien auoir dans le fils que de reel en vertu de la production réelle , & que par cette voye de production le fils ait receu de son pere l'essence en quoy il luy est égal & semblable , il est tres-asseuré que , & l'égali-té , & la ressemblance sont choses tout à fait réelles.

A D. Il ne s'ensuit pas pour cela , Engiston , il est bien vray que l'égalité & ressemblance sont au fils en vertu de la pro-duction , mais elles n'y sont pas comme terme produit , elles n'y sont qu'en suite de la production & comme vne conse-quence de filiation , qui est le terme produit ; or il n'y a point

d'inconuenient qu'vn estre de raison suiue d'vne production
réelle ; nous auons prouué cy-dessus que les relations, comme Createur, Conseruateur, &c. estoient des estres de raison, & neantmoins ils suiuent la creation & la conseruation
des creatures, qui sont estres réels ; De mesme, le raport
qui est entre le Verbe vny à la nature humaine, & la mesme
nature humaine vnie auec le mesme Verbe diuin, n'est
qu'vn pur estre de raison, & neantmoins ce raport suit l'v-
nion réelle de l'vne & de l'autre nature.

E N. Excusez-moy, Seigneur Adelphe, si ie vais sautel-
lant de part & d'autres en diuerses matieres, c'est selon que
les doutes me naissent dans l'esprit ; reuenons donc, s'il vous
plaist, aux personnes diuines ; car si Boëce & l'Angelique
ont bien defini la personne, lors qu'ils ont dit que c'estoit
vne substance indiuidue & incommunicable d'vne nature intelle-
ctuelle, il n'y sçauroit auoir, en mon aduis, qu'vne personne
en Dieu, puis qu'il n'y a qu'vne substance ?

Boëce l. des
deux natu-
res.
S. Th. 1. p.
q. 29. a. 1.

CHAPITRE IV.

Des Personnes Diuines.

ADEL-
PHE.  L vous faut souuenir, Engiston, que le
mot de substance se prend en trois fa-
çons, premierement, pour ce qui soustient, s'il faut ainsi parler, les accidens ;
& de cette façon, n'y ayant en Dieu aucun accident, il n'y
peut auoir aucune substance. Secondement, pour vne chose qui subsiste de soy & non pas par aucun autre sujet, en
quoy substance est opposée à accident ; & en cette façon,
les trois personnes diuines, estant trois estres distincts, réels
& non accidētels, on peut dire qu'il y a en Dieu trois substances, selon S. Augustin, non *absoluës,* mais *relatiues.* S. Hilaire rapporte qu'on se seruoit autrefois de cette façon de parler, mesme dans le Concile. Troisiémemeat, que si l'on
prend le mot de substance pour signifier l'essence de quelque chose, que les Grecs appellent *ο'υσία,* en ce cas, comme

S. Aug. l. 7.
de Trin. 6.
S. Hilaire
l. de Con-
ciliis.

ο'υσία.

il n'y a en Dieu qu'vne seule essence, aussi n'y a-t'il qu'vne seule substance aux trois personnes, car cela n'est pas bien parler, selon Saint Augustin, de dire *vne essence & trois substances en Dieu*, mais il faut dire *vne essence, ou vne substance*. Cela a donné de la peine autrefois à l'Eglise, & du debat entre les Grecs & les Latins, car le mot d'*hypostase*, dont se seruoient les Grecs, signifie aussi bien substance que personne; mais enfin, il a esté arresté & pratiqué en plusieurs Conciles, que le mot de *substance & essence* signifieroit tousiours *nature*, & que celuy d'*hypostase* se prendroit simplement pour *la personne, ou pour ce qui la constituë*.

E. S'il n'y a en Dieu autre chose que l'essence & les relations, il n'y aura aucune personne en Dieu, puis que l'vn & l'autre n'engendre & n'est engendré, selon vostre doctrine?

A D. Outre l'essence & les relations, il y a encore en Dieu la personne, laquelle renferme l'vn & l'autre; il est vray que l'essence, prise à part, n'engendre ny n'est engendrée; les relations de mesme; mais la personne, par exemple, qui renferme l'essence & la paternité, engendre vn fils; comme aussi la personne qui renferme l'essence & la filiation, est engendrée du pere, &c.

E N. Ces choses sont trop éclaircies pour en douter, Seigneur Adelphe, vos argumens sont trop puissans pour ne pas faire voir que c'est la verité: neantmoins il y a encore des hommes de contraire opinion, car ie me suis trouué autrefois en Hollande & en Pologne, où i'ay veu soustenir que dans la Trinité, le Fils n'estoit pas Dieu; & presque par tout le Christianisme du Leuant, on ne croit nullement la Diuinité du Saint Esprit?

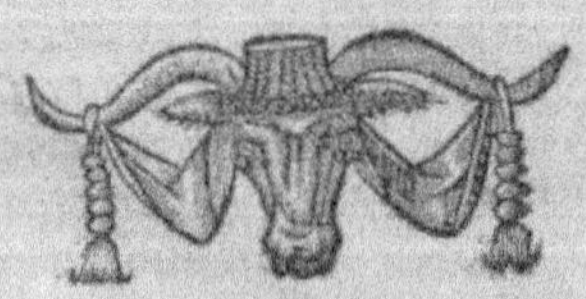

CHAPITRE V.

De la Diuinité du Fils, & du Saint Esprit.

ADEL-PHE. L est vray, Engiston, ces premiers sont Arriens, les autres sont Grecs, mais ie m'en vais vous faire voirqu'ils se trompent tous dans leurs opinions. Quand ie ne dirois autre chose, sinon que le Fils est consubstantiel au Pere, cela suffiroit; car iamais aucun n'a douté de la Diuinité du Pere, mais voicy le témoignage de l'Eglise fondée sur l'Ecriture sainte. *Moy & mon Pere*, dit l'Euangile, *sommes* ⟨Ioan. 10.⟩ *vne mesme chose.* Item, *Dieu viendra luy-mesme, & nous sauuera*; dit Isaye parlant de la venuë du Messie; Item, *Iesus-* ⟨Isaye 35. Rom. 9.⟩ *Christ*, dit l'Apostre, *qui est sur toutes choses Dieu, beny par tous les siecles.* En vn mot, Iesus-Christ ayant fait des miracles par sa propre vertu, afin de prouuer sa Diuinité; le Pere eternel l'ayant exaucé en cette qualité, cela suffit pour faire voir qu'il est Dieu; & ne sert de rien d'alleguer certains passages mal entendus, pour prouuer le contraire; car si Iesus-Christ dit, par exemple, dans l'Euangile; *Mon Pere est plus* ⟨S. Ioan 14.⟩ *grand que moy*, c'est eu égard à son humanité. Item, *Le Pere* ⟨S. Ioan 2.⟩ *a enuoyé le Fils au monde*, les missions ne diminuent ny n'augmentent point les personnes entre égaux. Item, *Le Fils ne* ⟨S. Ioan 5.⟩ *sçauroit faire rien que ce qu'il a veu faire au Pere.* C'est que les œuures de la Trinité, au dehors, sont indiuises. Item, *Ma doctrine n'est pas mienne, mais de celuy qui m'a enuoyé.* ⟨S. Ioan 7.⟩ C'est à dire, ma doctrine est diuine & non humaine. Item, *Pourquoy m'appellez-vous bon, si nul n'est bon que Dieu?* Ie- ⟨S. Luc. 18.⟩ sus-Christ veut dire à ce Iuif, si tu ne crois pas que ie sois Dieu, pourquoy m'appelle-tu bon? Item, *Dieu fera vn Verbe* ⟨Rom. 9.⟩ *abregé sur la terre.* Cela se doit entendre du nouueau Testament au respect de l'ancien.

EN. Ie ne puis que ie n'admette ces explications, Seigneur Adelphe, puis que c'est le sentiment de l'Eglise; mais il me reste quelques difficultez sur lesquelles ie vous prie me donner éclaircissement ; vous dites que le Pere engendre le Fils ; le Fils a donc vn principe de son estre & de sa durée, & par conséquent n'est pas eternel, ny Dieu, ayant vn commencement ?

A D. Le mot de *principe*, signifie icy origine d'estre & de durée, & non pas de commencement, or le Fils tient son estre & sa durée du Pere de toute eternité, & non pas dans le temps.

E N. Mais s'il vous plaist, Seigneur Adelphe, quand le Fils a esté engendré, ou il estoit desia, ou bien il n'estoit pas encore ; s'il estoit, comment a-t'il esté engendré ; s'il n'estoit pas, comment est il eternel, & Dieu ?

A D. S. Basile vous répondra, qu'il n'estoit pas auant qu'il fut engendré, mais qu'il estoit lors qu'il fut engendré, & que comme il a tousiours esté engendré, il a tousiours esté ; or il naist icy vne difficulté, sçauoir s'il est mieux dit, le Fils est tousiours engendré, ou bien, le Fils a tousiours esté engendré, laquelle Saint Augustin resout. Il dit donc qu'il est mieux dit, *le Fils a tousiours esté engendré*, d'autant qu'encore bien que l'acte de generation dure tousiours dans le Pere à l'endroit du Fils, neantmoins, par le dernier terme, cet acte semble auoir son accomplissement & sa perfection. Quant à Caluin, comme il fait profession de combattre l'Eglise, il dit que le Fils a esté seulement vne fois engendré, & croit que c'est vne folie de dire que l'acte de generation se continuë tousiours, mais c'est vn Heretique. On peut donc dire proprement que le Fils a tousiours esté, & qu'il est tousiours engendré.

E N. Si c'est vne perfection dans vn viuant que d'engendrer, le Fils ne l'ayant pas, il n'est ny parfait, ny Dieu ?

A D. C'est vne perfection dans vne creature viuante, mais non au Createur ; car ce n'est pas proprement vne action en Dieu que d'engendrer, c'est vne relation en forme d'action, or relation, comme nous auons dit, ne dit aucune perfection en Dieu.

E N. Si le Fils est engendré, ou c'est par contrainte, ou

c'est librement; si librement, il a pû n'estre pas; si par contrainte, il n'est pas Dieu?

A D. Ce n'est ny librement, ny par contrainte, mais necessairement.

E N. Certainement ie vous ay grande obligation, Seigneur Adelphe, ie suis tres-satisfait & persuadé sur ce poinct, voyons, s'il vous plaist, en bref la question du Saint Esprit?

A D. Ie le veux, Engiston, le Saint Esprit est Dieu aussi bien que le Fils & que le Pere; *Pourquoy Satan a-t'il tenté ton cœur,* disoit Saint Pierre à Ananie, *pour te faire mentir au Saint Esprit, tu n'as pas menty aux hommes, mais à Dieu.* Item, *C'est le Saint Esprit qui diuise les graces,* selon l'Apostre, il est donc Dieu. Item, *C'est luy qui faisoit parler les Prophetes,* selon Saint Pierre; & selon S. Paul, *c'est Dieu qui parloit par les Prophetes,* il est donc Dieu. Vne infinité de passages de l'Ecriture font foy de cette verité, & ne sert de rien d'alleguer, comme font les Macedoniens, *que tout a esté fait par le Verbe, & partant que le Saint Esprit a esté fait, & que c'est vne creature;* car il est vray que tout ce qui est au dehors de Dieu, a esté fait non seulement par le Verbe diuin, c'est à dire par la Sagesse, mais aussi par les trois personnes; & quant à l'œuure du dedans, comme est le S. Esprit, & le Verbe mesme, l'vn a esté engendré du Pere, & l'autre spiré du Pere & du Fils: voyez là dessus Saint Gregoire de Nazianze. *Ny qu'il ignore quelque chose, puis qu'il cherche par tout, mesme dans les secrets de Dieu,* selon l'Apostre. Car cela veut dire, qu'il penetre par tout & comprend toutes choses, comme il est dit de Dieu absolument, *qu'il est scrutateur des reins & des cœurs. Ny qu'il est soumis à l'esprit des Prophetes,* car il y a de deux sortes d'esprits dans les Prophetes, l'humain & le diuin; or l'humain est tellement soumis au diuin qu'ils ne sçauroient rien dire que ce que l'esprit diuin leur inspire, témoin Balaam le Prophete. *Ny qu'il prie pour nous auec gemissemens,* car cela veut dire qu'il nous induit à le faire, puis qu'il est dit au mesme lieu, *qu'il ayde nostre infirmité, dautant que nous ne sçauons bonnement ce que nous deuons demander.*

EN. Ces passages sont autentiques, Seigneur Adelphe, mais comme il y a seulement deux façons d'agir, l'vne naturelle, & l'autre artificielle, & que par la premiere les enfans sont engendrez, par l'autre se font tous les œuures artificiels, on peut dire que le Saint Esprit soit artificiel, puis que le Fils seul est engendré, le S. Esprit ne sera donc pas Dieu?

A D. Ie vous ay dit que dans les substances intellectuelles il y a deux sortes d'actions naturelles, l'vne par l'entendement, & c'est la generation du Fils; l'autre par la volonté, & c'est la spiration du Saint Esprit, auec difference entre Dieu & nous, que tout ce que Dieu produit est substantiel, & ce que nous faisons n'est qu'accident. Partant, cher Engiston, c'est vne verité irrefragable que le Pere est Dieu, le Fils est Dieu, le Saint Esprit est Dieu, & tous trois ne sont qu'vn seul Dieu, & non trois Dieux.

EN. C'est vne autre question, Seigneur Adelphe, tous ne tombent pas d'accord que ces trois ne soient qu'vn. Il me souuient qu'en voyageant sur les bords du Danube vers la Transsiluanie, on me dit qu'il y auoit des gens en ce païs lesquels on nommoit Triteites, à cause qu'ils croyent que le Pere, le Fils & le Saint Esprit sont trois esprits eternels à la verité, mais differens en nombre & en essence.

✿❀✿❀✿❀✿❀✿ ✿❀✿❀✿❀✿❀✿❀✿❀✿❀✿❀✿

CHAPITRE VI.

Qu'il n'y a point de difference entre les Personnes Diuines.

ADEL-
PHE.
ELA est vray, Eng. certains Autheurs, comme Valence, Iean Philipon, & autres Ministres de Transsiluanie enseignent cette fausse doctrine; mais leurs raisons n'estant que Sophistiqueries, ie vous les veux proposer par plaisir, afin que vous en connoissiez l'erreur. Que réponderiez-vous, Engiston, vous qui estes bon Dialecticien, à ces Argumens? *Le Pere de Christ est vn & vray Dieu, les trois Personnes ne sont pas le Pere de Christ, par-*
tant

tant les trois personnes ne sont pas vn & vray Dieu.

E N. Cet argument est captieux, i'en nie la conséquence, il varie dans les termes; le nom, *Dieu*, dans la majeure est pris particulierement & distinctement pour la personne du Pere, & dans la conclusion, il est pris vniuersellement & indistinctement pour l'essence diuine laquelle est commune aux trois personnes; c'est comme qui diroit, Pierre pere de Paul, est vn vray homme, or Iean n'est pas pere de Paul, donc Iean n'est pas vray homme.

A D. C'est fort bien dit, Engiston, en voicy vn autre, *Le Pere est Dieu, le Fils est Dieu, le Saint Esprit est Dieu; le Pere est autre que le Fils, le Fils est autre que le Saint Esprit, partant le Pere est autre Dieu que le Fils, & le Fils autre Dieu que le Saint Esprit, il y a donc trois Dieux?*

E N. Il me souuient que vous m'auez fait remarquer la distinction des termes, *autre & autre*, qui s'expliquent mieux en Latin par *alius & aliud*; l'vn regarde la personne, l'autre l'essence. Ainsi il est vray à la mineure que le Pere est autre personne que le Fils, mais non pas autre essence, le Pere est, *alius* que le Fils, mais non pas *aliud*.

A D. En voicy encore vn troisiéme. *En Dieu, le Fils est engendré, le Pere ne l'est pas, partant le Pere & le Fils ne sont pas vn mesme Dieu, car il y auroit contradiction, entant que le mesme Dieu seroit engendré & non engendré.*

E N. Les termes sont encore variez en cet argument; car ce nom, *Dieu*, qui en est le sujet se prend autrement à l'antecedent qu'à la conséquence; autrement il n'y a point de contradiction, puis qu'il est vray que la personne du Pere, qui est Dieu, n'est point engendrée, & que la personne du Fils, qui est Dieu, est engendrée; ainsi est-il vray de dire, *Dieu est engendré, & Dieu n'est point engendré*, rapportant ce nom, *Dieu*, aux personnes du Pere & du Fils, & non pas à l'essence, comme ils ont voulu en cet argument, car l'essence, comme vous m'auez dit, n'engendre, ny n'est engendrée.

A D. I'insiste encore, Engiston, *estre engendré, & n'estre engendré, ne sont point des accidens, puis qu'il n'y en a point en*

Dieu, partant ce sont des substances; or est-il que le Pere & le Fils
different en ce que l'vn n'est engendré & l'autre l'est, partant
leur difference est substantielle.

Il est vray que l'argument est subtil, donnez-moy, s'il
vous plaist, vn moment pour y penser. I'y suis, Seigneur
Adelphe. Si tout ce qui est dit de Dieu, est dit selon la substance, & qu'il soit vray que le Pere & le Fils ne soient qu'v-
ne mesme chose, selon le passage par vous allegué, il faut
que le Pere & le Fils ne different point en substance. Il est
bien vray que ce n'est pas répondre precisément. Voicy en
mon aduis, ce qui doit satisfaire. *Non engendré dit negation*
de procession, comme engendré signifie procession, or cette pro-
cession n'est pas vn accident, mais vne substance, non pas sub-
stance absoluë, mais relatiue; ainsi peut-on dire que le Pere &
le Fils different en substance, non substance absoluë, mais rela-
tiue.

A D. Certainement, Engiston, vous valez beaucoup, ie
louë vostre memoire & vostre iugement, il fait bon vous
enseigner quelque chose, vous auez tout dit ce qui se peut
dire sur ce suiet.

E N. Ie vous suis beaucoup obligé de la bonne opinion
que vous auez de moy, mais ce n'est pas le tout. N'est-il pas
vray que ce mystere semble estre contre la nature?

A D. Il n'est pas contre, mais il est au dessus de la nature,
de sorte qu'on n'en sçauroit auoir la connoissance par la lumiere naturelle, ny par les creatures, il faut que ce soit vn
secours surnaturel, comme est l'authorité de la reuelation
diuine, qui nous la donne.

E N. La lumiere surnaturelle n'est-elle pas creature?

A D. Ouy, mais elle est creature surnaturelle; & pour
acheuer ce Chapitre, il faut que vous sçachiez que comme
il n'y a en Dieu qu'vne seule essence, substance, ou nature
absoluë, aussi n'y a-t'il en Dieu qu'vne seule existence absoluë; & comme il y a en Dieu trois essences, substances, ou
natures relatiues, aussi y a-t'il en Dieu trois subsistences,
hypostases, supposts, ou personnes relatiues; & pour preuue de ce, c'est que dans le mystere de l'Incarnation, l'vnion

de la nature humaine s'est faite, non à l'essence ou à la nature, mais à la subsistence, hypostase, suppost, ou personne
du Verbe diuin, d'où vient que ce n'est pas le Pere, ny le S.
Esprit qui se sont fait homme, mais le seul Fils.

EN. Tout cela va fort bien, Seigneur Adelphe, mais
comment pouuez-vous admettre tant de choses en Dieu,
comme sont essence, origine, relation, personne, &c. dont
il semble estre composé, & garder auec tout cela la simplicité de son estre?

A D. Le Concile de Latran tenu sous Innocent III. nous
asseure que toutes ces choses n'en sont qu'vne tres-simple;
en tout cas, s'il y auoit de la composition, par exemple, de
l'essence & des relations, d'où resultent les Personnes diuines, elle ne seroit que virtuelle tout au plus, dautant que
l'essence & les relations diuines ne sont distinctes entr'elles
que virtuellement; mais il est bien plus seant, & plus asseuré
de dire qu'il n'y a aucune composition en Dieu, puis que
c'est vn estre tres-simple, qui ne laisse pas de comprendre
toutes choses eminemment.

E. C'est à dire, en vn mot, qu'il s'en faut tenir là, & parler
d'autres choses; dites-moy, s'il vous plaist, quel est le principe des Personnes diuines, car la Philosophie m'apprend
qu'il n'est point d'estre sans principes?

❦❦❦❦❦❦❦❦❦❦❦❦❦❦❦❦❦❦❦❦❦❦

CHAPITRE VII.

Des Principes des Personnes Diuines.

**ADEL-
PHE.**  Cachez donc, Engiston, que bien que
Dieu se nomme pere & principe des
creatures, soit qu'il les tire du neant,
soit qu'il les produise les vnes des autres
par le moyen des causes secondes, ce n'est pourtant qu'improprement & metaphoriquement; mais quand la premiere
personne de la Trinité est nommée Pere au respect de son
Fils, quand elle est appellée principe au respect du Fils & du

P ij

Saint Esprit, semblablement quand le Fils mesme auec le Pere conjointement est dit le principe du S. Esprit, c'est proprement & essentiellement.

E N. On peut donc dire que le Fils & le S. Esprit ont vn principe ?

A D. Ouy, Engiston, ils ont vn principe de procession, & si vous voulez, de durée, mais non pas de commencement.

E N. Peut-on dire que le Pere soit le principe, la source, & l'origine de toute la Diuinité ?

A D. Saint Denis, Saint Augustin, les Conciles 6. & 11. de Tolede l'appellent ainsi, mais c'est toussiours improprement, car la Diuinité ne procede pas du Pere, comme de son principe, attendu qu'elle n'engendre, ny n'est engendrée, selon le Concile de Latran : on le peut neantmoins improprement, puis que le Pere est le principe du Fils & du Saint Esprit, où reside toute la Diuinité.

Peut-on dire que le Pere soit la cause des deux autres Personnes ?

A D. Les Peres Grecs se seruent de cette façon de parler, laquelle est tolerée par les Latins, à cause que le Verbe Grec *airia*, dont ils vsent en ce rencontre, signifie cause & principe tout ensemble. Saint Augustin les imite aussi quelques fois ; Le Pere, dit-il, est la cause de toutes choses, mesme de sa Sagesse. Saint Hierosme pareillement, expliquant le passage de l'Apostre aux Ephesiens, d'où sort toute paternité, &c. *Le Pere*, dit-il, *est l'origine de soy-mesme & la cause de sa substance* : mais c'est parler improprement.

E N. Peut-on dire que le Pere soit autheur du Fils, & que l'vn & l'autre le soient du S. Esprit ?

A D. Saint Hilaire le dit, *Le Pere & le Fils sont autheurs du Saint Esprit* ; mais il faut *prendre garde*, auec S. Augustin, *en vsant de ces termes, de ne pas s'imaginer que les personnes diuines soient moindres, plus grandes, ou dependantes les vnes des autres.*

E N. Comment est-ce que le Pere est principe des deux autres personnes ?

A D. Pour cela, Engiston, il faut sçauoir que de toutes les

choses qui sont en estre, les vnes sont creées, c'est à dire, sorties du neant, comme sont le Ciel, la Terre, & les autres Elemens; les autres sont engendrées, c'est à dire, produites de la substance des autres par leur propre operation naturelle, comme sont les homogenées, & heterogenées, à sçauoir les meteores, mineraux, plantes & animaux : les autres sont faites, c'est à dire fabriquées par artifice mecanique, comme seroit vn vase d'or ou d'argent, vne espée de fer & d'acier, vne table de bois, &c. *Or le Pere eternel,* Symb. S *n'est ny creé, ny engendré, ny fait, mais il est de soy-mesme &* Athan. *par soy-mesme; le Fils est du seul Pere, non fait, non creé, mais engendré; le Saint Esprit est du Pere & du Fils comme d'vn seul principe, non fait, non creé, non ,proprement, engendré, mais procedant, ou spiré.* Ce n'est donc pas bien dit, le Fils est engendré de la substance ou essence diuine; mais il faut dire, le Fils est engendré de la substance du Pere, encore que la substance du Pere soit effectiuement la substance diuine.

E N. Mais si le Fils est engendré de la substance du Pere, & que les trois personnes soient de mesme substance, il sera vray de dire que le Fils est aussi bien engendré de la substance du Saint Esprit que de celle du Pere, & ainsi que le Fils n'aura pas seulement le Pere pour principe, mais aussi qu'il aura le Saint Esprit?

A D. Les trois personnes sont de mesme substance, & le Fils est engendré de la substance du Pere, mais il faut remarquer, Engiston, que dans les productions diuines, il y a vn double principe; le principe que les Latins appellent, *Quod,* lequel produit, l'autre qu'ils nomment, *Quo,* duquel Les princi- les choses sont produites; or la substãce diuine estant le prin- pes quod & cipe, *quo,* duquel le Fils & le Saint Esprit sont produits, on quo. peut dire que le Fils est consubstantiel au Saint Esprit; mais les personnes estant le principe, *quod,* de leurs productions, on ne peut pas dire que le Fils soit produit & ait pour principe le S. Esprit, lequel ne produit rien dans la Trinité.

CHAPITRE VIII.

*Touchant le different des Grecs & des Latins sur la production
du Saint Esprit.*

ENGI-
STON.  VEL est ce differend, Seigneur Adelphe, qu'on dit estre depuis si long
long temps entre les Grecs & les Latins touchant le S. Esprit?

A D. C'est en ce que les Grecs disent que le S. Esprit est
issu du Pere seulement, & les Latins luy donnent pour principe le Pere & le Fils tout ensemble.

E N. Y en a-t'il des preuues dans l'Ecriture?

A D. Non pas expresses, mais bien de fortes inductions,
outre les Peres & les Conciles qui l'ont ainsi arresté. *Tout ce*
S. Iean. 16. — *qu'à mon Pere est à moy*, dit Iesus - Christ dans l'Euangile,
hors la paternité, adiouste Saint Augustin. Or le Pere a la
puissance de spirer, partant le Fils l'aura pareillement. *Le*
S. Iean 16. — *Saint Esprit prendra de moy & vous l'annoncera*. Or tout ce
que reçoit la personne diuine vient de celle qui l'a produit,
donc le Saint Esprit est produit du Fils aussi bien que du Pe
S. Iean 15. — re. Item, *Quand le Consolateur sera venu que ie vous enuoye*
ray de mon Pere, l'Esprit de verité, &c. cette emanation ne
peut estre que naturelle, & non imperieuse, puis que le Saint
Esprit est Dieu egal au Fils; & de plus il est dit, Esprit de
verité, c'est à dire l'esprit du Fils qui est la verité, comme le
prouue Saint Cyrille dans la Lettre qu'il enuoye à Nestor au
Concile d'Ephese, où ladite Lettre fut approuuée.

E N. Mais ces termes, *prendra, quand il sera venu, il vous*
annoncera, estant au temps futur, marquent mieux, ce me
semble, la mission temporelle que l'eternelle dont est question?

c. August. — A D. Les termes sont indifferens, selon Saint Augustin
tait. 99. — sur Saint Iean, lors qu'il s'agit de l'eternité.

E N. Mais n'est-il pas dit en quelque endroit de l'Ecriture, que le Fils est enuoyé par le Saint Esprit?

A.D. I'entends ce que vous voulez dire, Engilton, c'est en Isaye. *L'esprit de Dieu* (dit ce Prophete, en la personne du Messie) *est sur moy, il m'a enuoyé enseigner les debonnaires;* mais cela s'entend du Fils de Dieu, comme homme, & non pas comme Dieu, car le Saint Esprit a oingt le Messie, & l'a conduit en toutes ses actions. Venons maintenant aux Conciles Grecs & Latins. Sous Saint Syluestre Pape, au Concile de Nice tenu contre Arrius qui nioit la Diuinité de Iesus-Christ, present Saint Athanase & quantité d'Euesques auec l'Empereur Constantin, fut composé le Symbole, où n'est dit autre chose du S. Esprit, sinon. Καὶ εἰς τὸ ἅγιον πνεῦμα. *Et au Saint Esprit;* dautant que c'estoit auant la controuerse, au raport de S. Gregoire de Nazianze. *[marg.: Isaye 61. Arius. Epist. 1. ad Celidonium.]*

Sous le Pape Damase, au Concile de Constantinople, tenu contre Macedonius, lequel soûtenoit que le Saint Esprit estoit vne creature produite du seul Fils, il fut adiousté au Symbole touchant le Saint Esprit, *qui à Patre procedit, qui procede du Pere.* *[marg.: Macedonius.]*

Sous Celestin, au Concile d'Ephese tenu contre Nestor, qui admettoit deux personnes en Iesus-Christ, fut approuuée la Lettre de Saint Cyrille écrite audit Nestor, qui parle ainsi du S. Esprit. *L'Esprit est appellé de verité, or Iesus-Christ est la verité, partant l'Esprit procede du Fils aussi bien que du Pere.* *[marg.: Nestor. Lettre de S. Cyrille.]*

Sous le Pape Leon, au Concile de Calcedoine, assemblé contre Eutiche & Dioscore, qui ne vouldient en Iesus-Christ qu'vne seule nature, fut aussi approuuée la mesme Epistre, comme aussi aux Conciles suiuans cinq & sixiéme, qui furent le second & troisiéme de Constantinople; & au septiéme qui fut le second de Nice, sous le Pape Adrian, où on leut le Symbole auec cette addition, *Filioque procedit, & procede du Fils,* comme il parut par vn vieil exemplaire exhibé depuis ce temps là au Concile de Florence, au raport de Becan. *[marg.: Eutiche & Dioscore. C. Florent. ss. 5. & 7.]*

E.N. On dit qu'il y a quelques Peres de ce temps là, qui ne croyent pas que le S. Esprit procede du Fils?

A D. Il n'y a que Saint Iean Damascene, mais il viuoit au septiéme siecle, sous Leon III. & mourut auant que cette addition fust receuë par l'Eglise vniuerselle, ou du moins auoit desia composé ses Liures de la Foy.

Pour ce qui est des Conciles de l'Eglise Latine, vous auez celuy de Latran sous Innocent III. où les Grecs assisterent & consentirent à cette addition, comme il appert du 4. chapitre dudit Concile.

Item, sous Gregoire X. au Concile de Lyon, les Grecs presens & consentans, fut chanté par trois fois, en Grec & en Latin, ces mots, *Qui ex Patre Filioque procedit, qui procede du Pere & du Fils.*

Enfin au Concile de Florence, les Grecs presens auec leur Patriarche, plusieurs de leurs Euesques, & leur Empereur Paleologue, apres vne longue dispute, la susdite addition fut approuuée. Nonobstant quoy l'an 1051. sous le Pontificat de Leon X. Michel Patriarche de Constátinople rompit tout à fait auec les Latins, & les excommunia, leur imposant d'auoir alteré le Symbole sans le consentement des Grecs & contre la defense du Concile d'Ephese. A quoy on répond, premierement, que le Pape de Rome estant chef de l'Eglise, peut prononcer sur les choses de foy, quand il est necessaire, mesme hors le Concile œcumenique.

Secondement, le Concile general auoit defendu de rien changer au Symbole, il est vray; mais il n'auoit pas defendu d'y adiouster vne explication necessaire, sans en changer le sens. Restent quelques raisons pour preue de cette verité.

Premierement, selon nostre façon de conceuoir, le Pere engendre plustost le Fils qu'il ne Spire le Saint Esprit, dautant que l'action de l'entendement precede celle de la volonté; or le Pere engendrant son Fils luy donne tout ce qu'il a, excepté la paternité; partant il luy donne de spirer le Saint Esprit aussi bien que luy.

Secondement, si le Saint Esprit ne procedoit du Fils, il n'en seroit point distinct; dautant que la distinction des personnes diuines ne procede que des relations opposées; si donc le Saint Esprit est spiré, il faut que le Fils soit spirant,

autrement

C. Later. c. 4.

Conc. de Lyon.

Conc. Flor.

autrement point d'opposition, & par consequent point de
distinction ; c'est S. Thomas.

EN. On pourroit dire icy que le S. Esprit n'estant qu'vn
il n'a qu'vn seul principe qui est le Pere, lequel n'ayant besoin d'ayde, le Fils n'y aura point de part.

A D. C'est le fondement de Theophilacte qui viuoit l'an
840. & qui suiuit Theodoret, premier auteur de cet erreur,
l'an 403. mais voicy ce qu'il faut répondre. Le Saint Esprit
est vn, il est vray, aussi est-il produit du Pere & du Fils comme d'vn seul principe ; le monde est vn, & neantmoins les
trois personnes, comme vn seul principe, y ont trauaillé.

Enfin le Saint Esprit est appellé *le terme de l'amour du Pere*
& du Fils par l'Angelique. Selon Saint Augustin, *c'est ce par*
quoy le Pere aime le Fils & le Fils aime le Pere. Vn Poëte le
nomme *le centre de celuy qui engendre & de celuy qui est en-*
gendré. Et Saint Bernard dit que c'est *le baiser du Pere & du*
Fils, comme estant leur paix, leur liaison, leur amour, & leur
vnité indissoluble.

CHAPITRE IX.

Des Notions & Attributions des Personnes diuines.

ADEL-
PHE. **M**Otions, Engilston, sont *certaines pro-*
prietez qui nous font connoistre les Per-
sonnes diuines. C'est proprement, comme dit Saint Basile, *la forme, le signe, &*
le caractere qui nous les distingue.

Il y en a cinq en Dieu, *l'innascibilité, la paternité, la filia-*
tion, la spiration actiue, & la spiration passiue. L'innascibilité
regarde la premiere Personne, comme estant sans aucun
principe ; la *paternité*, regarde la mesme personne, comme
principe de la seconde ; *filiation*, regarde la seconde personne
ne comme production de la premiere ; *spiration actiue*, regarde la premiere & seconde personne, comme principe

Q

vnique de la troisiéme ; *spiration passiue* , regarde la troisiéme personne , comme produite des deux autres.

E N. Mais pourquoy n'en admet-on pas vne sixiéme qui
feroit connoistre que le Saint Esprit n'est principe d'aucune
autre production dans la Trinité , par exemple , *l'infecondité* ,
qui répondroit à *l'innascibilité* du Pere ?

A D. Il n'est pas necessaire , car il suffit d'admettre les no-
tions qui font paroistre la perfection & l'excellence des personnes diuines, comme fait au respect du Pere *l'innascibilité* ,
par laquelle on connoist qu'il est principe de toute la Diuinité , sans neantmoins que pour cela le Pere soit plus que le
Saint Esprit , ny que le Saint Esprit soit moindre que le Pere , puis que les trois personnes sont égales en toutes choses ,
à raison de la simplicité de l'essence diuine qui leur est commune , & qui les fait touttes vn.

E N. Mais de grace , Seigneur Adelphe , si elles sont égales & eternelles , comment ce peut'il que les vnes soient enuoyées des autres , puis qu'il semble que l'enuoyé est tousiours au dessous de celuy qui l'enuoye ? de plus , où peuuent-
elles estre enuoyées , si elles occupent tout & sont par tout
de toute eternité ?

Ad intra.
Ad extra.

A D. Pour répondre à ce double doute , il faut considerer
qu'il y a de deux sortes de missions , les eternelles , & les temporelles ; or ny les vnes ny les autres ne font aucune inegali-
té entre les personnes enuoyées & enuoyantes ; car si le Fils
est eternellement enuoyé du Pere , & si le Saint Esprit pareillement est enuoyé de toute eternité du Pere & du Fils ,
ces enuoys & ces processions n'admettent aucune posterio-
rité ou priorité de durée ou de cause , mais seulement d'origine & de principe , entre les susdites personnes. Pour ce
qui est des temporelles , ne voit-on pas souuent dans les
compagnies & assemblées des hommes , que non seulement
les égaux , mais aussi les superieurs sont deleguez & en-
uoyez pour les affaires de la Republique ?

Au reste , estre enuoyé entre les Personnes diuines , au dehors d'elles-mesmes , ou temporellement , ce n'est pas passer d'vn lieu à vn autre , puis qu'elles sont par tout de toute

eternité ; mais c'est estre où elles estoient d'vne façon nouuelle, comme on dit que le Fils & le Saint Esprit sont descendus des Cieux en Terre, c'est à dire que le premier y
prenant chair humaine, & le second la forme de colombe &
de langues de feu, y ont paru autrement dans le temps &
pour d'autres effets, qu'ils n'y estoient de toute eternité.

Enfin, cher Engiston, quand vous parlerez de ce mystere
il faut auiser de ne pas chopper ; car encore qu'il soit vray de
dire de chasque personne en particulier, qu'elle est Dieu, *S. Athan. in Symb.*
toute-puissante, & increée, on ne dit pourtant pas qu'il y a
trois Dieux, trois tous-puissans, trois increéz ; mais qu'il n'y
a qu'vn seul Dieu, vn tout-puissant, & vn increé.

Quelquefois ce mot, Dieu, se prend pour la diuine essen- *S. Tho. 1. p.*
ce, comme en ce lieu, *Dieu crea le Ciel & la Terre* ; quel- *q. 39. a. 4.*
quefois pour vne personne, comme icy, *Dieu*, c'est à dire le *Genes. 1.*
Pere, *a enuoyé son Fils au monde.* *S. Iean 3.*

Les noms essentiels pris par abstraction, ne supposent ia- *S. Tho. a. 5.*
mais les personnes, on ne dit pas bien, l'essence, ou la diuinité engendre ou est engendrée ; mais on peut dire, le Pere
essentiellement Dieu, engendre ; le Fils essentiellement
Dieu est engendré, & ainsi du reste.

Les noms d'attribution se peuuent vsurper par toutes &
chacune des personnes ; on attribuë au Pere la toute-puissance, au Fils la sagesse, au Saint Esprit la sainteté & la bonté, on peut pourtant dire tout cela du Pere, du Fils, & du
saint Esprit.

E N. A quoy bon ces attributions, Seigneur Adelphe, & *s. Tho. art.*
certaines representations qui se font des Personnes diuines *s.*
sous les figures de vieillard, d'homme fait, & de colombe ?
cela me semble degenerer & faire iniure à la grandeur & à la
Majesté diuine.

A D. Point du tout, Engiston, écoutez ce que i'en vais
dire au Chapitre suiuant.

CHAPITRE X.

*Des Representations des Personnes Diuines & de leurs
principaux Attributs.*

ADEL-
PHE.

DIEV estant vn Esprit tres-pur, & ne
pouuant estre veu par les hommes corporels, lors qu'il s'est apparu dans l'ancien Testament, c'a esté sous des expres-
sions d'air, de feu, de colomnes, de foudre, de tourbillon,
de bruine, de zephir; quelquefois sous des mineraux &
pierres precieuses, comme d'airain brillant, d'ambre, de
chrysolite, &c. toutes lesquelles choses selon leurs diuerses
qualitez, representoient, ou la pureté de Dieu, ou son actiuité, sa force ou sa colere, sa douceur ou sa Majesté.

Dans la nouuelle Loy, l'Eglise ayant eu vne plus parfaite
connoissance des Personnes diuines, a trouué bon de les
representer sous certaines figures, comme la personne du
Pere, sous la figure d'vn Vieillard, dautant qu'elle est le
principe des autres, & que le Prophete l'appelle l'ancien
des iours.

Ce n'est pas qu'il soit vieil, puis qu'il est eternel (car il n'y
a que les choses temporelles qui sont suiettes à la vieillesse)
ny qu'estant le principe des deux autres Personnes, il ait
esté auparauant elles, (car il est leur principe de generation
sans priorité de durée, les trois personnes estant eternelles)
c'est donc pour soulager nostre imbecillité, qui ne sçauroit
mieux conceuoir cette premiere personne que par celle
d'vn Vieillard venerable; celle du Fils par la forme d'vn
homme, dont il n'a pas seulement pris la figure, mais aussi
la nature; celle du Saint Esprit sous la representation d'vne
Colombe, sous laquelle il s'est apparu, & qui est le Symbole
de l'amour, de sa fecondité, de sa simplicité & douceur.

On attribué au Pere la Toute-puissance, afin que les Idiots
le voyant en figure de Vieillard, ne s'imaginent pas qu'il en

Exodé 9.
& 19.
Exode 11.
3. Reg. 19.
Ezech. 1.
Dan. 10.

Daniel. 7.

ait l'imperfection & l'impuissance. Le Fils a la Sagesse pour attribut, afin que sous le nom de Fils, on ne l'estime pas vn ignorant, ou sans experience ; comme il arriue aux Fils des hommes. Enfin le Saint Esprit a la Bonté, afin qu'on ne le croye pas vn esprit d'arrogance ou de cruauté, comme sont presque tous les grands esprits.

Voylà à peu prés, Engiston, ce qui se peut dire, & ce qui se doit croire de Dieu, de son essence, de son ouurage au dedans de soy, suiuant la connoissance qu'il luy a pleu nous en donner, tant par la lumiere naturelle & l'inspection des Creatures, que par sa propre reuelation. Mais ce n'est pas assez, Engiston, nous auons cheminé iusques à present par les voyes de l'Eternité, il est maintenant question de frayer les routes du Temps.

E N. C'est iustement où ie voulois venir, Seigneur Adelphe, afin de comprendre vne bonne fois par vostre moyen la difference qui se trouue entre le Temps & l'Eternité.

A D. L'vn & l'autre est compris, Engiston, sous le terme de Durée, commes les especes sont sous le geare ; ie vous en feray le discours suiuant.

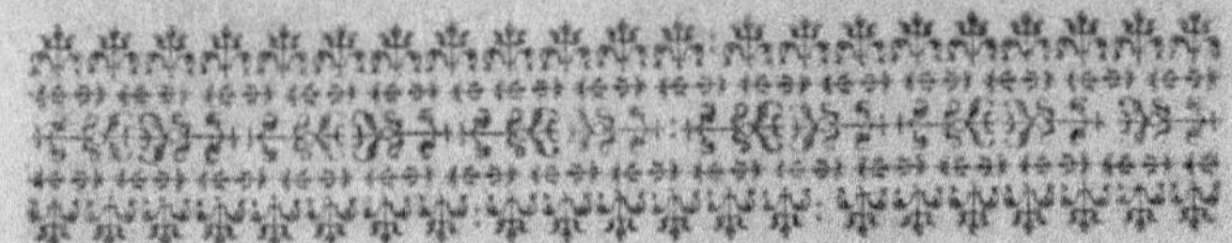

QVATRIESME TRAITÉ,
DE LA DVREE.

CHAPITRE PREMIER.

Diuision de Durée.

IL y a deux sortes de Durée, Engiston, l'vne est surnaturelle & l'autre naturelle; il y a des choses naturelles, qui dans leur durée sont muables & ne font que couler depuis leur commencement iusques à leur fin, comme les choses sublunaires; cette durée s'appelle Temps.

Temps.

Il y a aussi des choses naturelles, qui dans leur durée demeurent tousiours immuables, qui ayant eu commencement, ne prendront iamais fin, comme sont les Anges & les Ames. Cette durée est l'Euiternité.

Euiternité.

Il y a vne seule chose surnaturelle, independante, immuable, indiuisible, sans commencement & sans fin, c'est Dieu, dont la durée s'appelle Eternité; elle se definit, *vne possession parfaite, & tout ensemble d'vne vie sans terme.*

Eternité.
Boëce l. 5.
de côsolat.
Philos.

Les Anciens la representoient sous la figure d'vn serpent qui se mord le bout de la queuë, & fait vn cercle de son corps, où il n'y a ny commencement ny fin. Saint Thomas dit que c'est *vn poinct indiuisible & immuable qui correspond au temps & à toutes ses parties, & qui les fait mouuoir, comme est le centre au respect de toutes les lignes d'vne circonference qui roule tousiours.*

1. contra
Gentes.

Il y a des choses surnaturelles qui dependent de celle-cy,
& y participent, qui dans leur durée sont immuables, &
ayant eu commencement, n'auront iamais de fin, comme
sont la vision de Dieu, l'amour beatifique, & la lumiere de
gloire, qui ayant commencé en faueur des Bien-heureux,
ne finiront iamais. D'autres qui peuuent auoir fin, comme
elles ont eu commencement, de cette nature sont les dons
& les graces surnaturelles qui sont données aux hommes en
cette vie, dont la durée s'appelle *Eternité participée & de-*
pendante.

Eternité
participée.

CHAPITRE II.

Du Temps & de sa diuision.

L y a deux sortes de temps, Engiston, *le temps*
interrompu, qui regarde les actions Angeliques,
& *le temps continu,* qui est proprement la durée
des choses sublunaires, lesquelles coulant sans
aucune interruption, se suiuent successiuement, dont les
momens indiuisibles font la liaison, comme le point au respect de la ligne.

Temps in-
terrompu.

Temps
continu.

Cette derniere sorte de temps se diuise neantmoins artifi-
ciellement, en moments, en secondes, en minuttes, en
heures, &c. on diuise ordinairement l'heure en soixante
minuttes. Il faut vingt-quatre heures pour faire vn iour &
vne nuict. Sept iours font la semaine, les semaines font le
mois; douze mois font l'année; cent années font vn siecle, les siecles font le temps. Voyez les diuerses façons de
compter, selon le Martyrologe Romain, & selon les Hebrieux depuis la creation du monde iusques à la venuë du
Messie, lesquelles sont fort differentes. C'est en la 3. Partie
au 3. Traité, sur le progrez du monde, chap. 1.

Diuision
du temps.

CHAPITRE III.

Du Siecle & de l'Année.

LE nom de Siecle semble prendre son etymologie de celuy de cercle, comme le nom d'Année vient de celuy d'anneau, à cause de la circonference de l'vn & de l'autre. L'An qu'on appelle *L'an Astronom.* Astronomique est l'espace du temps que le Soleil employe à courir d'vn Tropique à l'autre; il se diuise en quatre saisons, en douze mois, en cinquante-deux semaines, en trois cens soixante-cinq iours, six heures & dix minutes.

L'an ciuile. L'année ciuile, ou Iulienne, prend son nom de Iules Cesar qui l'a regla à 365 iours, six heures; mais cet espace de temps ne quadrant pas également auec le cours du Soleil, & s'en manquant vn peu moins de six heures, il a esté necessai-*L'an Bissextile,* re de faire l'année Bissextile de 366. iours, laquelle année arriue de quatre en quatre ans, par le moyen de l'vnion desdites six heures restantes chacun an; Voila pourquoy le 24. iour de Fevrier se nomme deux fois en ladite année Bissextile; où de deux iours ne s'en fait qu'vn.

Et d'autant qu'il reste de trop quelques minutes chacun an, nonobstant ce retranchement, pour faire quadrer toutes choses, l'experience a desia fait connoistre, qu'on sera obligé de retrancher enuiron vn iour chaque Siecle, comme il *Sous Gregoire 13.* arriua l'an 1582. où dix iours furent retranchez du Calendrier Romain, ayant esté obserué, au temps du Concile de Nice, que l'Equinoxe du Printemps, qui doit tomber le 21. du mois de Mars, estoit demeuré en arriere de dix iours. Or pour sçauoir l'an Bissextile il faut oster du nombre des années celuy de 1500. & partir le reste par 4. si apres cette diuision, se trouuent encore de reste 1. 2. ou 3. années, ce n'est pas l'an de Bissexte. Mais s'il ne se trouue rien de reste, vous auez ce que vous cherchez.

Les vns commencent l'année en Ianuier au premier pas
du retour

du retour du Soleil vers nostre Horison, qu'on nomme Sol-
stice. Les autres au mois de Mars, lors que les nuicts sont
égales aux iours, autrement l'Equinoxe.

CHAPITRE IV.

Du Mois.

OIS veut dire Mesure, dautant que le mois
mesure le temps. Il y a mois Solaire, & mois Lunaire, & celuy-cy n'est que de vingt-neuf iours
huict heures regulierement, de sorte que l'an
Solaire surpasse le Lunaire d'enuiron onze iours, & ce sur-
croist se nomme Epacte.

Le premier mois solaire commence l'année, au retour du
Soleil d'vn Tropique à l'autre. Il s'appelle Ianuier, du nom
d'vn ancien Roy d'Italie nommé Ianus; on luy donne deux
faces pour voir la fin de l'an passé & le commencement de
l'autre qui suit.

Fevrier prend son nom des Sacrifices expiatoires que les
Romains Payens faisoient en ce mois autour des sepultures
de leurs morts, pour le repos, disoient-ils, de leurs ames;
cette ceremonie se nommoit du nom Februaria, ou Purgations.

Mars estoit autrefois le premier mois de l'an, ce fut Romulus qui luy imposa le nom de son pere.

Avril, en Latin, signifie aperitif, dautant qu'en ce mois
principalement, toute la nature s'ouure par la douceur &
clemence de l'air.

May prend son nom des Majeurs ou Anciens, & Iuin des
Ieunes gens de Rome, lesquels furent créez par Romulus
pour gouuerner la Republique, ceux là par le conseil, &
ceux-cy par les armes.

Iuillet, anciennement Quintille, dautant qu'il est le cinquiéme mois depuis Mars, fut nommé des Romains du nom
de Iule Cesar, le plus illustre de tous les Empereurs, lequel

R

nasquit le quatriéme iour des Ides de ce mois.

Aoust, qui s'appelloit Sextile auant le regne d'Octauius, fut nommé par le Senat du nom d'Auguste, en faueur de cet Empereur.

Septembre, Octobre, Nouembre & Decembre retiennent les noms numeriques de leur rang dans le Calendrier.

Au premier iour du mois chez les anciens Romains, le grand Prestre appelloit le peuple (c'est pourquoy ce iour s'appelle Calendes) afin de l'auertir qu'il eust à se trouuer le quatre ou le sixiéme du mois, pour apprēdre les nouuelles de tout ce qui se deuoit faire touchant les choses diuines & prophanes pendant le cours du mesme mois. (& ce quatre ou sixiéme iour, pour cet effet, s'appelloit Nones ou Nouuelles.)

Et dautant que le treize ou le quinziéme iour de chaque mois on faisoit ordinairement vn Sacrifice à Iupiter, ce iour là s'appelloit Ides, ou diuision du mois.

***

CHAPITRE V.

De la Semaine.

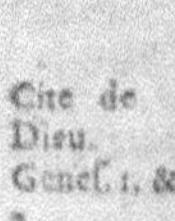

C'EST Dieu le Createur qui a diuisé la Semaine en sept iours par le moyen de son trauail (quoy que Saint Augustin ne soit pas de cet auis).

Au premier iour il crea le Ciel & la Terre, la lumiere & les tenebres, (par le Ciel sont aussi entendus les Anges.)

Au second iour il fit le Firmament au milieu des eaux, afin qu'il separast celles qui sont dessus le Ciel d'auec celles qui sont dessous.

Au troisiéme, il reduisit les eaux dans la circonference de la mer, & découurit la face de la terre, laquelle il embellit de toutes sortes d'herbes & de plantes fructueuses.

Au quatriéme, il fit les Estoiles du Firmament, ces deux grands luminaires le Soleil & la Lune, & les autres Planettes, pour luire le iour & la nuict, diuiser la lumiere des tenebres, marquer le temps & les saisons, les iours & les années.

Le cinquiéme, il rendit les eaux fecondes, & en produisit les diuerfes efpeces de poiffons & d'oyfeaux, aufquels il donna fa benediction, & la faculté de multiplier & remplir les eaux & les airs.

Le fixiéme, il commanda à la terre de produire les animaux qui rampent fur fa face, & elle luy obeit; puis enfin il forma l'homme du limon de la terre, & luy infpira l'ame, luy faifant porter fon Image, & l'eftabliffant fon Lieutenant en terre auec vn pouuoir abfolu fur toutes les creatures.

Le feptiéme iour, il fe repofa. On l'appelle Sabath pour cet effet, c'eft à dire, Repos.

✶✶✶✶✶✶✶✶✶✶✶✶✶✶✶✶✶✶✶✶✶✶✶✶✶✶✶✶✶✶✶

CHAPITRE VI.

Du Iour.

E Iour, *Engifton*, fe diuife en naturel & en artificiel; le iour naturel eft depuis le leuer du Soleil iufques à fon coucher en tout temps & en tout lieu; la nuit fe prend à l'oppofite.

Diuifion du iour & de la nuict.

Le iour ciuil ou artificiel, felon Macrobe, comprend l'efpace de douze heures, & fa nuict autant. Les Atheniens l'eftendoient d'vn Soleil couchant à l'autre couchant. Les Babyloniens d'vn leuant à l'autre leuant. Les Habitans d'Vmbrie d'vn midy à l'autre midy. Les Romains & nousmefines, de minuit à minuit.

L. 1. c. 3.

Les Hebreux diuifent le iour en quatre heures, & la nuict en quatre veilles ou vigiles. La premiere vigile fe prend depuis les fix heures du foir, iufques à neuf; la feconde, depuis neuf heures iufques à minuit; la troifiéme, depuis minuit iufques à trois heures; & la quatriéme, depuis trois heures iufques à fix heures du matin.

Le Talmud traité Barachoth. Vigiles.

L'heure de Prime fe prend depuis fix heures du matin iufques à neuf; l'heure de Tierce, depuis neuf iufques à midy;

Heures.

R ij

l'heure de sexte, depuis midy iusques à trois heures; & l'heure de Nonne, depuis trois heures iusques à six du soir, qui est celle de vespres.

Noms donnez aux Planettes.

La prophane Gentilité attribuant l'honneur du Createur aux Creatures, auoit imposé aux sept iours de la Semaine les noms des sept Planettes. Le premier iour, qui est nostre Dimanche, portoit le nom du Soleil; le Lundy celuy de la Lune; Mardy celuy de Mars; Mercredy celuy de Mercure; Ieudy celuy de Iupiter; Vendredy celuy de Venus; Samedy celuy de Saturne. Mais l'Eglise Chrestienne, pour ne pas conuenir auec le Paganisme, a changé, pour son vsage, ces noms prophanes en ceux de Feries, nommant le premier iour de la Semaine Dimanche, c'est à dire, iour du Seigneur, ou premiere ferie; le Lundy, seconde ferie, & ainsi des autres, iusques au Samedy, qu'elle nomme Sabath, sans pourtant le chommer, ayant transferé son iour de repos, au premier iour de la Semaine, tant à raison de ce que les Mysteres

Pasques des Iuifs.

Pasques des Chrestiens.

principaux de nostre Religion, ont esté operez en ce iour, dans la loy de grace, qu'afin de ne pas conuenir en cela auec les Iuifs, non plus qu'en la celebratiõ de la feste de Pasques, qu'ils font encor maintenant, selon l'ancienne Loy, le quatorziéme de la premiere Lune (qui est à leur égard celle de Mars) & les Chrestiens celebrent cette feste le Dimanche d'apres le treiziéme iour de ladite Lune.

CHAPITRE VII.

De certaines façons de compter des Anciens.

Lustre.

LES Grecs comptoient anciennement l'espace de cinq ans, par le mot Olympiade, & les Romains par celuy de Lustre; en voicy la raison. Entre autres significations que porte le nom Latin, Lustrum, il signifie le Cens qui se payoit dans Rome; & dautant que la charge de Censeur ne duroit que cinq ans, on appella cet espace de temps, Lustrum, vn Lustre.

Olympiade tire son Etymologie de la ville d'Olympe en Grece, proche laquelle Hercules triomphant, institua les Ieux, qu'on appelle Olympiques, en l'honneur de Iupiter, où la ieunesse s'exerçoit à la luite & remportoit le prix; & d'autant que ces Ieux se faisoient de cinq en cinq ans, cette espace de temps porta le nom d'Olympiade. *Olympia-de.*

L'Indiction, chez les Papes, est vne autre façon de compter par quinze ans. Ce fut au Concile de Nice où elle prit son origine, à l'occasion de la liberté de l'Eglise qui respira sous l'Empereur Constantin, apres qu'il eut remporté la victoire sur le Tyran Maxence, le 8. des Calendes d'Octobre, l'an 313. pour lors la façon de compter par Lustres & Olympiades fut abrogée, & les Pontifes commencerent au mois de Ianuier à compter l'espace de quinze ans par le mot, Indiction; chaque Siecle a six Indictions, & dix ans de surplus; de sorte que depuis ce temps là, sauf l'erreur de calcul, nous serions maintenant dans la nonantiéme Indiction. *Indiction.*

CINQVIESME TRAITE',
DE L'OVVRAGE
DE DIEV HORS DE SOY
ET DANS LE TEMPS.

CHAPITRE PREMIER.

Du Monde en general.

TroisMondes.

N dit qu'Alexandre pleura, Engiston, lors qu'il entendit dire à vn Philosophe qu'il y auoit plusieurs mondes, fasché de n'en auoir pas encore subiugué vn seul. Mais vous deuez vous resioüir si ie vous dy qu'il y a trois mondes, l'vn qu'on nomme Ideal, ou Prototype, c'est Dieu; vn second qu'on appelle Macrocosme, ou le grand monde, c'est toute la Nature naturée; & le troisiéme qui est le Microcosme ou petit monde, c'est l'homme, dans lequel le grand monde est racourcy. Vous auez desia veu le premier qui est l'Ideal & le prototype, sur lequel les deux autres sont tirez; voyons maintenant le second, & puis nous irons au troisiéme.

Il faut repasser, Engiston, sur le Chapitre de la Predestination cy-deſſus, & vous y verrez dans l'idée de Dieu eternelle, la creation de toutes choſes, leſquelles neantmoins n'ont point eſté reduites en acte & en exiſtence réelle, que depuis ſix mille huict cens cinquante-neuf ans, ſelon le Martyrologe Romain; & ſelon les Hebreux, depuis cinq mille ſix cens ſoixante-vn, & ce fut lors que le temps & le monde prirent commencement. *Calcul des Hebreux & des Romains.*

Dieu donc, Engiſton, qui eſt la Nature naturante, tout au commencement du temps fit de rien la nature qu'on nomme Naturée. Il l'a diuiſa en trois claſſes, l'vne purement ſpirituelle, qui eſt celle des Anges; l'autre purement corporelle, qui eſt celle des Cieux, des Elemens, des Mixtes; & l'autre metoyenne, qui eſt celle des hommes. *Conc. Latera. ſub Innoc. 3. cap. firmiter. La Nature a 3. claſſes.*

E N. Quoy donc, Seigneur Adelphe, le monde n'eſt-il pas de toute eternité?

A D. Il l'a pû eſtre, ſelon pluſieurs, mais il ne l'a pas eſté; car *au commencement du temps* (ainſi expliquent Saint Ambroiſe en ſon Exameron, S. Auguſtin dans la Cité de Dieu, & le Concile de Latran, ce paſſage de la Geneſe,) *Dieu crea le Ciel & la Terre. Mon Pere*, dit la verité, en Saint Iean, *glorifiez moy de la clarté que i'ay euë en vous auant que le monde fut fait.* Et encore que l'Angelique tienne pour aſſeuré qu'il n'y a point de raiſon naturelle qui prouue que le monde ait eſté produit dans le temps, ie diray neantmoins qu'il eſt fort probable; car ſi le monde auoit eſté auant le temps que nous auons dit, on en trouueroit quelque preuue, ou par écrit, ou autrement; or eſt-il que nous n'auons rien dans les Autheurs & ſacrez & prophanes deuant Moyſe, & partant, &c. *Geneſ. 1. L. 41. c. 3. L. 11. c. 6.* *Ioan. 17.*

E N. On croit qu'Ariſtote a tenu le monde eternel, & qu'il inferoit de là qu'il eſtoit par ſoy-meſme?

A D. Ie vous veux rapporter icy le ſentiment de quelquesvns des Philoſophes ſur ce ſujet. Il eſt vray qu'Ariſtote a eſté de cette opinion, mais il a eſté preſque le ſeul, & s'eſt trompé lourdement. Car ſi le monde eſt fini, comme il eſt, il ne ſçauroit eſtre eternel; qui dit fini, dit patir; or tout ce qui patit eſt poſterieur à celuy qui le fait patir, outre qu'vne *Ariſtote & Phiſ 1. & 1. de cælo. 2.*

chose finie ne sçauroit estre le principe & le premier des autres estres, il faut donc que le premier estre soit infini. Ie ne
m'arreste pas à prouuer les autres propositions, dautant
qu'elles sont trop plausibles.

Platon tenoit que le monde estoit engendré de diuerses
substances qui n'ont aucune proportion entr'elles, & lesquelles auoient esté tirées & separées du Chaos, comme de
leur principe. Mais cette opinion n'est pas moins absurde
que l'autre; car il faut que le Chaos soit ou fini, ou infini; Si
le chaos est infini, il faut que le monde le soit aussi, puis que
tout engendrant produit son semblable; l'experience nous
fait voir que le monde est fini, & par consequent le Chaos.
Il faut donc que le Chaos ait vn principe qui soit infini, duquel il ait esté creé, & c'est Dieu.

Democrite & Epicure disoient que ce n'estoit point vn
entendement qui auoit fait le monde, mais que c'estoit le
rencontre casuel & fortuit de certains petits corps, comme
des atomes, qui en faisoit la belle symmetrie: grande folie.
Si on admet le cas fortuit dans les choses du monde, il en
faut oster le bel ordre qui est si regulier, comme témoignent
les Eclipses que l'on preuoit long temps auparauant qu'elles
aduiennent.

Alexandre & Eudomius disoient que Dieu, à la verité,
gouuerne le monde, mais qu'il ne l'a pas fait.

D'autres soûtiennent le contraire, sçauoir que Dieu a
fait le monde, mais qu'il ne le gouuerne pas: ces opinions
sont si absurdes, qu'il n'est pas besoin d'y respondre. Ainsi,
Engiston, toutes ces choses sont pures réueries; c'est à Dieu
seul auquel appartient de créer, & rien ne peut estre creé
sans luy, comme il se voit en diuers lieux de l'Ecriture, aux
Ephesiens, dans l'Ecclesiastique, aux Pseaumes & ailleurs.

E N. Aucune creature n'a-t'elle pouuoir de créer.

A D. Aucune, Engiston; si ce n'est au plus par cooperation & comme cause instrumentelle, ainsi le Prestre coopere auec Iesus-Christ au mystere de l'Eucharistie, dans la
Transsubstantiation, qui n'est pas vne moindre chose que la
creation.

Ce ne

Platon dans
son Timée.

Democri-
te.

Alexandre,
& Eudo-
mius.

Ephes. 5.
Ecclef. 24.
Psal. 145.

Ce ne sont donc pas les Anges qui sont la cause efficiente de l'Vniuers, contre Simon le Magicien, Meander, & autres Heretiques, chez Saint Irenée ; ce n'est non plus la matiere premiere, puis qu'elle n'est pas d'elle-mesme, comme veut Marcion, chez Tertullien, Dieu l'ayant creé propre & indifferente à receuoir toutes sortes de formes. Ce n'est pas, enfin, vn mauuais Dieu qui est le Createur des choses visibles & corporelles, contre les Manicheens, chez Saint Augustin ; car il n'y a qu'vn seul Dieu, bon, & Createur de toutes choses visibles & inuisibles, selon le Symbole de Constantinople ; & dans Saint Iean, *Tout a esté fait par luy, & sans luy rien n'a esté fait, de tout ce qui est fait.*

Voilà, Engiston, la cause efficiente supreme de toutes choses, & partant la cause de nous-mesmes, c'est la Nature de la Nature & la Cause des Causes.

E N. Qu'est-ce, Seigneur Adelphe, que le concours de Dieu auec les causes secondes ?

A D. Dieu, Engiston, ayant commencé son ouurage par la production d'iceluy, le continué par la conseruation, laquelle, à proprement parler, est vne continuelle production ; il a creé pour cet effet ses causes instrumentelles qu'on appelle secondes à son respect, dautant qu'il est la cause premiere ; il s'en sert comme vous voyez ; il concourt auec elles, premierement en leur donnant & conseruant la puissance d'agir : secondement, en influant auec leur action pour la production de leurs effets ; de sorte que de luy & d'elles, comme de deux agents vnis, ne sort qu'vne seule action, la mesme en nombre, suiuie d'vn seul effet.

Voylà proprement le concours de Dieu auec les causes secondes : exemple ; pour fabriquer vn pot de terre (c'est la comparaison du Sage) il faut vn homme, vne roüe qui se meuue, & de la terre ; l'homme est la cause premiere & efficiente de l'ouurage ; il fait premierement la roüe & la dispose au mouuement, c'est la cause seconde ; il donne le bransle à la roüe, & concourt auec son action pour faire vn vase, lequel est l'effet du Potier & de la roüe, & voylà le concours de la premiere cause auec la seconde.

S

E. Par quelle chose Dieu commença-t'il ce grand œuure?
A D. Ie vous le diray au Chapitre suiuant.

CHAPITRE II.

Des Anges.

ADEL-
PHE.

V OICY, Engiston, le commencement des voyes du Seigneur, c'est la fabrique de son siege ou le Ciel Empyrée, dans lequel il crea vn monde intellectuel beaucoup plus grand & plus peuplé que celuy que nous habitons, ce sont les Anges, substances purement spirituelles, mais non pas simples comme Dieu, puis qu'ils sont renfermez dans les Categories, ayant des facultez distinctes réellement de leur nature, sçauoir l'entendement, la volonté, la puissance, l'operation, &c. comme remarque l'Angelique, apres Saint Denis dans la Hierarchie celeste. Ie vay vous donner vne idée en gros de ces Intelligences, puis nous les prendrons en détail.

Afin de commencer, il faut que vous sçachiez, Engiston, qu'il y en a de deux sortes, sçauoir de bons & de mauuais; les bons sont les Courtisans du Roy des Roys, ses Pages d'honneur, les Chantres de sa Musique, les Throsnes de sa Majesté, les Charts de ses triomphes, les Herauts de sa gloire, les Soldats de sa milice, les Ambassadeurs de sa Cour, les Gouuerneurs de ses Prouinces, les Porteurs de ses Mandemens, les Intendans de sa Iustice, les Conducteurs des Astres, les Executeurs de son Ire, les Forgerons des Foudres & de Carreaux, les Artisans de ses Prodiges, les Vengeurs de nos crimes, les Tuteurs de nos ames & de nos corps.

EN. O Dieu les belles qualitez, l'heureuse condition, & la riche nature !

A D. Voilà, à peu prés, pour ce qui est des bons; voyons maintenant les mauuais.

Le Monde intelle-ctuel.

S. Th. q 54.

Bons & mauuais Anges.

Ceux-cy sont les compagnons de ceux-là, doüez en leur creation des mesmes auantages naturels & surnaturels, creés en mesme temps, à mesme fin, & par vn mesme Dieu, auec la mesme liberté de perseuerer dans le bien, ou de faire le mal; voicy la difference.

Pendant que les premiers s'occupoient aux actions de grace, & aux adorations enuers leur Createur, ceux-cy folle-ment aueuglez de leurs perfections, firent d'eux-mesme des Idoles qu'ils voulurent placer sur le Throsne de Dieu, mais les autres s'y opposans, il se fit vn combat, dont la victoire demeura à Saint Michel, (c'est pourquoy il a le Demon sous les pieds) ce mutin fut chassé du Ciel, lequel entraisna auec soy la troisieme partie des Estoilles, c'est à dire, les Anges de son party; dés lors ils furent dépoüillez de tous les dons surnaturels, & rendus malheureux pour iamais.

Ce sont les Diables & les Demons, les Singes & les Dra-gons dont Dieu se joüe, les Victimes eternelles de son ire, des Serpens qui siflent tousiours, des Lyons rugiflans apres la proye, des Chiens à la cadenne qui flattent les plus éloi-gnez, & qui mordent ceux qui s'approchent; enfin, ce sont ennemis de Dieu & des hommes.

E N. Voilà vn estrange changement, Seigneur Adelphe, mais ie vous prie de venir vn peu au détail de tant de choses, & permettez que ie vous en fasse des questions. Premiere-ment, comment on peut prouuer l'existence de ces Intelli-gences?

A D. L'Ecriture l'a prouue en mille endroits; la Foy nous oblige à la croire; les Philosophes Etniques l'ont connuë à raison du mouuement & reglement des Cieux; l'experien-ce nous l'enseigne dans les personnes possedées qui blasphe-ment, & prophetisent bien souuent en mesme temps; or ny Dieu, ny l'Energumene, en tant qu'homme simplement, ne sçauroit faire cela, ny reueler les choses absentes & se-crettes, ny parler les langues estrangeres & inconnuës, il faut donc que ce soit le Diable.

C'estoit l'erreur des Saduceans, de n'admettre pas les Esprits, au preiudice de l'Ecriture laquelle ils auoient en

Qualitez
des mau-
uais Anges.

Apocal. 12.

Psal. 104.

Arist. l. 8.
Phys. & au
l. du Ciel.

Saduceans.

S ij

leurs mains, où il est souuent fait mention des Anges, declarant par ce mot, non la nature du Genie, mais son Office, *Ange* ne signifiant autre chose que *Messager* de Dieu.

E N. En quel lieu ont esté créez les Anges ?

A D. Dans le Ciel Empyrée, comme dit l'Angelique.

E N. Sont-ils tout à fait spirituels ?

A D. Les Platoniciens, Origene, Tertullien, & plusieurs autres Peres, leur donnent certains petits corps, les vns celestes, les autres de feu, les autres d'air ; mais l'Angelique les veut purement spirituels, car l'Apostre les nomme tous Esprits de seruice. On les peint neantmoins en forme humaine, d'autant qu'ils apparoissent sous cette figure, se formant vn corps d'air, pour le mouuoir seulement, & non pas pour le pouuoir animer, contre l'erreur de quelques-vns ; bien moins s'y peuuent-ils vnir hypostatiquement, suiuant l'erreur de Tertullien.

E N. Les Anges sont-ils composez ?

A D. Non pas physiquement, de matiere & de forme, mais selon quelques-vns, ils le sont d'vne composition metaphysique, comme d'essence & d'existence, de nature & de personne, de genre & de difference, lesquelles compositions seront ou réelles, ou modalles, ou purement intellectuelles, selon la distinction des parties.

E N. Les Anges occupent-ils du lieu ?

A D. Nullement, Engiston, car ils n'ont pas de dimensions comme les corps, c'est pourquoy ils n'occupent pas de lieu circonscriptiuement, ils sont neantmoins dans le lieu, soit par substance, soit par operation, soit autrement, & ils y sont diffinitiuement, de sorte qu'estant en ce lieu icy, par exemple, ils ne sçauroient estre en celuy-là en mesme temps, sinon surnaturellement & par reproduction.

E N. Se meuuent-ils de lieu à autre ?

A D. Ouy, ils peuuent passer de lieu à autre, & il est de leur volonté de s'y transporter successiuement & en passant par le milieu, ou immediatement, en quitant ce lieu icy, & prenant l'autre sans passer par le milieu ; mais pour le regard des choses qu'ils transportent de lieu à autre, elles suiuent

touſiours les qualitez de leur nature; ſi les choſes ſont ſpirituelles, comme ſeroit vn autre Ange ou vne ame, elles peuuent paſſer immediatement; ſi elles ſont corporelles, comme eſtoit, Ieſus-Chriſt, Philippe le Diacre, & Abacuc,
elles paſſent par le milieu neceſſairement.

EN. L'Ange peut donc produire quelques choſes hors de
ſoy naturellement?

AD. Il ne ſçauroit produire aucune ſubſtance, mais il
peut bien produire quelques qualitez ſpirituelles, comme
l'impulſion, par laquelle vn bon Ange chaſſe le Diable, laquelle impulſion ne peut eſtre qu'vne qualité impreſſe.

E N. Ne peut-il pas auſſi produire des qualitez materiel-
les dans les corps?

A D. Il n'en ſçauroit produire aucune immediatement,
ſinon celle du mouuement local, comme nous auons dit,
mais au moyen de celle-cy il en produit vne infinité d'autres, appliquant les choſes paſſiues aux actiues, par le moyen
du mouuement local.

E N. Comment l'Ange peut-il produire cette qualité corporelle ſeulement, à l'excluſion des autres?

A D. C'eſt qu'il contient en ſoy formellement la vertu
motrice pour ſe mouuoir, & cette vertu eſtant ſpirituelle,
contient en ſoy eminemment la vertu motrice corporelle;
voilà comme quoy par ſa force naturelle, quoy que ſpirituelle, il peut auſſi mouuoir les choſes corporelles, leur im-
primant vne impulſion, laquelle eſtant de ſoy ordonnée
pour le mouuement local, n'eſt pas vne qualité diſtincte dudit mouuement, mais eſt pluſtoſt vne certaine participation
de la vertu motrice.

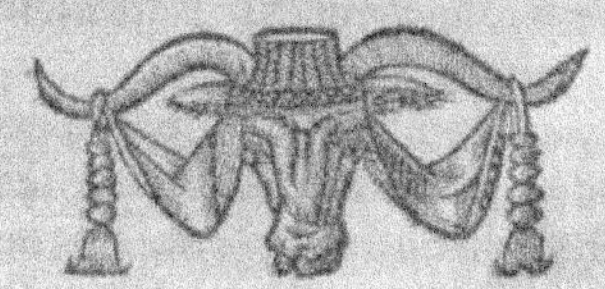

CHAPITRE III.

De la connoissance de l'Ange.

E S Anges naturellement se connoissent eux-mesmes, non pas par especes, comme nous, mais par leur propre substance, laquelle est vnie & proportionnée à leur entendement. Ils connoissent aussi naturellement toutes les autres choses, mais c'est par le moyen des especes qui ont esté creées en eux & auec eux dés le commencement, & mesme auant que les choses fussent dans l'existence, selon Saint Augustin. Et en effet, le premier Ange, dans le Prophete Ezechiel, est appellé parfait & remply de sagesse.

De plus les Anges naturellement connoissent Dieu par la connoissance d'eux-mesmes & des autres creatures, puis que les hommes le peuuent aussi naturellement.

Il se connoissent aussi les vns les autres par les especes que Dieu leur donne pour cela, car autrement ils n'agiroient pas comme ils font les vns auec les autres.

Ils connoissent, enfin, tous les hommes en general & en particulier, d'où vient que les bons les protegent, & les méchans les tentent.

E N. Connoissent-ils aussi les choses futures ?

A D. Ouy, celles qui sont necessaires naturellement, comme l'Eclipse qui doit arriuer dans cent ans d'icy, mais non pas celles qui dépendent du libre arbitre, lesquelles sont reseruées à Dieu seul, & si quelquefois le Demon y rencontre, ce ne peut estre que par coniecture, ou bien par permission diuine, afin de punir l'infidelité de ceux qui recourrent à son ennemy.

E N. Et nos pensées, les peuuent-ils connoistre ?

A D. Nullement, Engiston, ny les pensées de nostre cœur, ny les actes secrets de nostre volonté ne tombent iamais sous leur connoissance, si nous ne le voulons ; Dieu seul en est le scrutateur, veüillons-le, ou ne le veüillons pas.

Que si le Demon dans les possedez semble quelquefois reueler les pensées des hommes, ce n'est encore que par conjecture, qu'il tire des gestes & postures exterieures, ou mesme des images que forme nostre fantaisie, lors que nostre
ame est agitée de passions ou d'affections interieurement,
c'est le sentiment de S. Augustin.

E N. Et les choses surnaturelles?

A D. Ils ne les connoissent pas par leurs forces naturelles,
d'où vient que les Demons n'ont iamais peu connoistre le
mystere de l'Incarnation, ny celuy de la Redemption, car
s'ils l'auroient connu, dit Saint Leon, ils auroient empesché
les Iuifs, autant qu'ils auroient pû, de faire mourir Iesus-
Christ, y allant de tout leur interest.

Et bien qu'en certains lieux de l'Escriture, il soit dit que
les Diables l'appelloient Fils de Dieu, sçachant qu'il estoit
le Messie, il y a apparence que ce n'estoit que par pure conjecture, afin de voir s'il se declareroit, ou afin de l'induire à
vaine gloire. Mais en tout cas, si, selon quelques-vns, les
Demons ont connu Iesus-Christ pour vray Dieu, il est tres-
asseuré qu'ils n'ont iamais compris le dessein qu'il auoit de
sauuer le monde par sa mort.

❧❧❧❧❧❧❧❧❧❧❧❧❧❧❧❧❧❧❧❧❧❧

CHAPITRE IV.

De la Volonté de l'Ange.

LA volonté de l'Ange est libre aussi bien que la
nostre, Engiston, reuoyez ce que nous en auons
dit cy-dessus au traité de la Predestination.
Toute la difference est que les Anges choisis-
sent sans consulter, & portent tout d'vn coup
leur volonté vers son objet, sans passer par ces longues deli-
berations qu'est obligé de faire l'entendement humain a-
uant de se resoudre. La raison est que l'entendement Angelique prend les choses nuëment, & simplement, com-

me nous faisons les premiers principes, desquels nous ne
sçaurions nous departir : exemple, le tout est plus grand que
sa partie, &c.

E N. Le iugement de l'Ange est donc immuable, & sa volonté inflexible, puis que celle-cy est conduite par celuy-là?

S. Tho. q.
64. 2.
Scot.
Durand,
S. Bonau.
Majorin 2.
dist. 7.

A D. C'est l'opinion de Saint Thomas, mais, sauf son respect, on peut dire auec les autres, que l'Ange peut changer
son iugement, selon que son objet se change, & sous diuerses considerations, comme lors que le Demon poursuiuoit
la mort de Iesus-Christ par vn certain motif, laquelle mort
il voulut empescher aprés, pour autre consideration. Mais
quand l'Ange seroit inébranlable en son entendement, sa
volonté ne seroit pas pour cela inflexible, puis que c'est vne
puissance formellement libre, qui n'est iamais necessitée
par aucun iugement, de sorte qu'elle peut agir & ne pas
agir, faire choix d'vne chose, y perseuerer, & la changer,
principalement lors que l'entendement luy propose diuers
objets, dont l'vn est du bien delectable, l'autre du bien vtile, l'autre du bien honneste, car lors elle peut suiure l'vn &
& l'autre alternátiuement.

E N. De quel amour aiment les Anges?

Amour des
Anges.

A D. Les Anges aiment les gens de bien naturellement,
& eux-mesmes necessairement, d'amour de bien-veillance.
Ils aiment Dieu & le bien en general naturellement & necessairement d'amour de concupiscence, dautant que leur
conseruation dépend de Dieu.

E N. Si cela est, Seigneur Adelphe, les Demons doiuent
aimer Dieu & le bien naturellement & necessairement, s'ils
aiment leur conseruation.

A D. Les Demons, Engilton, aiment leur propre bien,
& ne haïssent Dieu que comme vengeur de leurs crimes, &
non pas comme autheur & conseruateur de leur estre.

CHAP

CHAPITRE V.

Du Langage de l'Ange & de sa difference.

E Langage des Anges est double, Engiston, l'vn est propre, l'autre impropre ; lors qu'ils prennent des corps ils nous peuuent parler & se parler entr'eux à la façon des hommes, par articulation de voix. Mais leur propre façon de parler n'admet ny langue ny oreilles ; car vn Ange n'a qu'à vouloir qu'vn autre Ange sçache sa pensée, & aussi tost l'autre Ange la connoist par l'espece qu'il en a creée de Dieu dés le commencement, comme nous auons dit, de sorte que cet acte de volonté dans vn Ange réueille l'espece dans l'autre, laquelle represente à son entendement ce dont est question.

Il en est de mesme des illuminations que Dieu leur donne, & que les Anges inferieurs reçoiuent des superieurs, lors que les volontez de Dieu leur sont manifestées, aussi bien qu'aux ames pieuses ; cela se fait par instruction & illumination, & c'est la façon de parler de Dieu, lors qu'il se veut manifester aux Anges & aux ames.

Il n'en va pas de mesme lors qu'ils parlent à Dieu, car ce n'est ny espece, ny instruction, ny illumination, puis que rien ne luy est caché, mais ils dirigent leurs pensées & leurs desirs vers luy pour en obtenir quelque chose, pour le loüer & pour admirer sa grandeur.

E N. Est-il requis pour ces colloques quelque distance circonscrite ?

A D. Non pas lors qu'il s'agit du langage de Dieu auec les Anges, ny des Anges enuers Dieu ; mais pour les Anges, ils ne se sçauroient communiquer s'ils ne sont dans la mesme sphere d'actiuité ; par exemple, dans la mesme Ville, ou Prouince, ou Royaume, & non pas au delà, dautant qu'aucun agent fini n'agit iamais hors sa distance.

Il est à remarquer, Engiston, que ces Esprits en se parlant,

s. Tho. p.1.
q 106.
Hierarch.
3. 4. 5.

T

ne sçauroient mentir, ny dissimuler, comme font les hommes, qui pensent d'vn & disent d'autre; dautant qu'ils manifestent leurs pensées à découuert.

E N. Les Anges sont-ils differens les vns des autres?

A D. On doute qu'ils le soient en espece, Saint Augustin confesse l'ignorer; mais ils le sont au moins en nombre, lequel est si grand qu'il est innombrable à nostre égard; ils le sont aussi en ordres, car il y en a neuf qui composent trois Hierarchies.

La premiere est des Seraphins, en qui Dieu aime, comme Charité; des Cherubins, en qui Dieu contemple, comme Verité; des Thrônes où il sied, comme Equité.

La seconde Hierarchie, est composée des Dominations, où Dieu commande comme Majesté; des Principautez, où il gouuerne comme Pere; & des vertus, où il conserue toutes choses.

La troisiéme, est des Puissances, où Dieu renforce; des Archanges, où il reuele ses secrets; & les Anges, où il assiste aux Creatures.

✶✶✶✶✶✶✶✶✶✶✶✶✶✶✶✶✶ ✶✶✶✶✶✶✶✶✶✶✶✶✶✶✶✶

CHAPITRE VI.

De la Grace de l'Ange.

DIEV ayant fait les Anges de cette nature, En- giston, les destina tous, au moment de leur creation, à la beatitude surnaturelle, comme à leur fin; il la leur proposa come vn prix qu'ils deuoient meriter par des actes surnaturels; & comme ils n'auoient pas le fond dans leur nature pour produire ces actes, Dieu qui dés le commencement donne à toutes les Creatures, ou leur perfection, ou le moyen d'y paruenir, fournit à ces esprits la grace sanctifiante, moyen propre pour arriuer à cette fin surnaturelle, auec decret d'en confirmer la possession à ceux qui la meriteroient, & d'en exclure pour iamais les autres.

Cela posé, Engiston, pour proceder auec ordre, & voir plus clair dans ces matieres obscures, il faut admettre trois instans depuis la creation des Anges iusques au peché d'Adam : dans les deux premiers de ces trois instans, ces Esprits furent dans la voye & dans la liberté ; au troisiéme moment ils arriuerent au terme & à la necessité.

Au premier instant, outre tant de dons naturels, tous ces Esprits receurent la grace sanctifiante & les habitudes surnaturelles de Foy, d'Esperance, & de Charité, auec commandement de les mettre en execution. Au second instant, les vns perseuererent en grace, exercerent lesdits actes, & meriterent augmentation de grace & de gloire ; les autres pecherent & perdirent la grace ; & au troisiéme instant, ceux-là eurent le prix & la gloire eternelle, ceux-cy la damnation & les supplices eternels.

EN. En quelle consideration furent les Anges si auantagez de ces faueurs surnaturelles ?

AD. Ce ne fut pas pour les recompenser du bon vsage que quelques-vns disent qu'ils firent de leur libre arbitre dans l'estat de pure nature, puis qu'ils ny ont iamais esté. Il n'est non plus asseuré que ce soit en vertu des merites du Messie futur, les vns tenant l'affirmatiue, les autres le contraire ; la negatiue est plus probable, premierement, dautant que la grace de l'Ange est independante du peché d'Adam. Secondement, dautant que l'Ange voyageur n'a connu par la foy que le mystere incrée, qui est la Trinité, & non pas les mysteres creez, comme est l'Incarnation, &c. qui ne font proprement que pour les hommes. Il est bien vray que le Messie est nommé Chef des Anges & des hommes, mais ce n'est qu'en qualité de leur Superieur, & non pas comme autheur de la grace des Anges. C'est donc par la pure bonté & liberalité de Dieu, que ces esprits ont esté auantagez de ces faueurs surnaturelles.

EN. Si les Anges auoient eu la grace & la charité comme vous dites, Seigneur Adelphe, au premier instant de leur creation, il semble qu'ils auroient exercé, dés cet instant, vn acte d'amour de Dieu surnaturel, duquel il ne se seroient iamais departis ?

Mysteres
incrée &
creez.

T ij

A D. L'Ange a eu la grace & la charité dés l'inftant de fa creation ; & a pû faire vn acte furnaturel d'amour de Dieu, mais il a pû auffi ne le pas faire, car il eftoit libre pour lors. On ne fçait pas mefme fi tous l'ont fait, mais quand tous l'auroient fait au premier inftant, n'ayant pas tous perfeueré au fecond, cela fait voir que leur volonté n'eft pas inflexible, & que tous n'ont pas trauaillé à meriter la gloire qui eftoit deuë à leur perfeuerance.

E N. Cette grace habituelle eftoit-elle fuffifante à l'Ange pour luy faire produire l'acte furnaturel ?

A D. Ie vous ay dit que la puiffance & l'habitude, eftant excitées par l'objet, produifoient l'acte infailliblement, pourueu qu'il n'y euft point d'empefchement ; Or la nature & la grace habituelle fourniffoient de puiffance à l'Ange, la foy luy monftroit fon objet, il n'y auoit d'ailleurs aucun empefchement, partant l'Ange pouuoit produire vn acte de charité & d'efperance, felon quelques Theologiens, fans autre fecours de grace actuelle.

E N. Les Anges ont-ils receu la gloire également ?

A D. Non pas, Engifton, car ayant receu la grace à proportion de leur nature, ils receurent la gloire auffi à proportion de la grace.

E N. Quelle eft la connoiffance des Anges dans l'eftat de gloire ?

Connoiff. des Anges triple.

A D. Leur connoiffance eft triple, fçauoir la connoiffance du foir, la connoiffance du matin, & la connoiffance du midy.

Connoiffance du midy.

La connoiffance du midy, eft celle par laquelle les Anges voyent toute l'effence diuine, mais non totalement, car il n'y a que Dieu feul qui fe puiffe comprendre totalement.

Du matin.

La connoiffance du matin, par laquelle les Anges voyent les Creatures en Dieu eminemment, & d'vne façon beaucoup plus parfaite qu'elles ne font en elles - mefme ; tout ainfi qu'vne ligne conceuë dans l'entendement eft beaucoup plus parfaite que lors qu'elle eft formée fur la pouffiere.

Du foir.

La connoiffance du foir, ou du vefpre, par laquelle les

Anges voyent toutes les Creatures comme elles sont formellement en elles-mesmes, & c'est leur connoissance naturelle.

E N. Les Anges peuuent-ils augmenter leur beatitude, ou
en déchoir?

A D. Il y a deux sortes de beatitudes, l'essentielle & l'accidentelle; l'essentielle, comme nous auons dit, estant la
vision & l'amour de Dieu, ne se peut augmenter ny diminuer, ny par consequent estre ostée, dautant qu'on ne peut
meriter ny démeriter en l'estat de gloire; & bien que Iesus-
Christ glorieux ait merité en cette vie, il n'a pas merité
l'augmentation de la gloire de l'ame, mais seulement celle
du corps.

Il y a aussi la gloire accidentelle qui consiste aux reuelations que Dieu fait aux bien-heureux touchant diuers mysteres, qu'ils n'apprennent que successiuement, & par le
laps du temps; en la joye qu'ils ont de l'augmentation du
nombre des iustes, & sur la conuersion des pecheurs, toutes
lesquelles choses prendront fin auec le monde, mais pour-
ront s'augmenter iusques à ce temps là.

A sçauoir maintenant si cette augmentation accidentelle
tombe sous le merite, c'est vne question, il y a pour & contre; la negatiue, à mon auis, est plus plausible, dautant
qu'en cet estat on ne peut meriter ny démeriter. Il vaut
mieux dire que cette beatitude accidentelle est vne suite de
l'essentielle, & que meritant celle-cy, on merite aussi celle-là.

CHAPITRE VII.

Du Peché des Anges.

Loy naturelle & surnaturelle.

L'Infraction de la Loy ou du commandement fait le peché, Engiston, or il y a loy naturelle & loy surnaturelle, qui nous dirigent à l'vne & l'autre fin; on peut enfreindre l'vne & l'autre loy pendant qu'on est en voye, partant, non seulement on peut pecher, mais on peut pecher doublement.

Ce n'est pas vne chose resoluë, si les Anges en estat de pure nature peuuent pecher contre la loy naturelle, les vns sont pour la negatiue, les autres pour l'affirmatiue, les vns disent que l'entendement Angelique, ne peut estre defectueux par erreur, ignorance, opinion ou inaduertance, & partant que la volonté qui le suit ne peut pecher.

Les autres tiennent, bien plus probablement, qu'vn Ange voyageur, soit en estat de nature, soit en celuy de grace, peut pecher, non seulement contre les preceptes naturels, mais aussi contre les surnaturels; d'autant qu'en l'vn & l'autre estat il a la liberté de sa volonté, laquelle ne sçauroit estre necessitée, ny par la grace, ny par la nature, & partant &c.

On peut estre impeccable par 3. moyens.

On peut pourtant estre impeccable par grace en trois façons, par l'vnion hypostatique; par la claire vision de Dieu, & par sa particuliere assistance. Au reste, il n'est que trop certain que les Anges pouuoient pecher, puis qu'effectinement vne partie d'eux, ayant peché, est deuenuë ennemie de Dieu & des hommes, & tres-mauuaise, non par nature, mais par corruption de sa volonté.

E N. Quel peché ont commis les Anges?

Difference de pechez.

A D. L'Ange ne peut commettre formellement que les pechez dont les objets sont spirituels, comme la superbe, l'enuie, & l'ire; mais il peut bien estre coupable de tous les autres crimes, d'autant qu'il y induit les hommes.

Superbe est *vn appetit desordonné de sa propre excellence ;*
Enuie est *vne tristesse conceuë de l'excellence d'autruy, en tant
qu'elle diminuë la nostre ;* Ire est *vn appetit de vengeance,* voilà
formellement les pechez dont les Anges sont capables, car
la haine de Dieu & des hommes, le blaspheme, l'idolatrie,
la desobeissance, la presomption, l'iniustice & l'infidelité,
sont bien aussi formellement dans les Demons, mais ils sont
dependans des trois premiers, & en deriuent comme les
canaux de la source.

Ce n'est donc pas par la luxure que les Anges ont peché,
suiuant l'erreur d'Origene, de Tertullien, & de Lactance,
expliquans mal le passage de la Genese où il est dit, *Les Anges voyant les filles des hommes,* &c. puis qu'ils ne sont pas
corporels.

Les Anges ont commis ces trois premiers pechez cy-dessus mentionnez, & ont commencé par la superbe dans la
voye, mais on n'est pas d'accord quel en estoit l'objet. Les
vns disent que ce fut le desir d'estre Dieu par essence, mais
il est impossible, à moins qu'il n'y eust erreur, ignorance ou
inaduertence en leur entendement, puis que, selon le Philosophe, on ne fait iamais choix des choses impossibles ; or
ces trois manquemens ne peuuent pas tomber dans l'esprit
Angelique ; partant si l'Ange a desiré d'estre Dieu par nature, c'est d'vne volonté conditionnée & inefficace, & non
pas absoluë.

Les autres disent que le desir de l'Ange estoit seulement
d'estre égal à Dieu en puissance ; d'autres, d'estre vnis hypostatiquement à luy ; mais ce dernier est encore impossible,
dans l'opinion de ceux qui croyent que le mystere de l'Incarnation ne fut point reuelé aux Anges voyageurs.

Les autres veulent qu'ils se soient complus tellement en
leur beatitude naturelle, qu'ils l'ayent choisie pour leur fin,
sans se soucier de la surnaturelle, à laquelle ils estoient de-
stinez par la grace ; ou bien qu'ils presumerent de pouuoir
obtenir la beatitude eternelle par leurs propres forces naturelles, méprisant le secours de Dieu.

Les autres, enfin, que ce fut le desir de dominer à toutes

Pechez des Anges pro-
prement.

Lactance l.
2. 14.
Gen. 6.

Diuerses
opin. sur
l'obiet du
peché de
l'Ange.
Arist 3.
Ethic. 5?

S. Tho. q.
63. a. 3.

les creatures, sans obeïr à Dieu & luy estre sujet, tant pour le fait de la conseruation, que de la cooperation, en quoy ils desiroient luy estre semblables par independance, mais il n'est pas moins impossible pour les raisons sus-alleguées.

Le peché de l'Ange a esté vne vaine complaisance.

Partant il y a beaucoup d'apparence que le peché de l'Ange ne fut premierement qu'vne simple & vaine complaisance, procedant d'vne volonté conditionnée & purement inefficace, laquelle toutefois fut peché, dautant qu'elle fut libre, puis qu'il suffit pour former vn peché, de desirer vne chose illicite & s'y complaire volontairement; & tout ainsi qu'vn homme déplaisant d'auoir peché, merite, & fait vne

Exemple.

bonne action deuant Dieu, de mesme vn homme, desirant que Dieu ne fust pas, par quelque mauuais dessein, fait vn peché, lequel peut estre mortel selon l'objet & la matiere; de cette nature donc fut le peché des Anges, mortel, & tres-grief, estant fait par pure malice, & non pas par fragilité, erreur, ignorance ou inaduertance, comme celuy de l'homme, c'est pourquoy il n'a pas merité de pardon.

EN. Qui furent donc les Anges qui pecherent?

Lucifer.
Iob. 40.

Le chef de cette bande mal-heureuse fut Lucifer, le plus auantagé des graces naturelles & surnaturelles, ce fut le commencement des voyes du Seigneur, *Comment es-tu*

Isaye 14.
Ezech 28.

tombé, Lucifer, dit le Prophete, *qui te leuois matin; tu as esté dans les delices du Paradis, toutes les pierres pretieuses estoient ton ornement,* c'est à dire les Anges inferieurs.

Enfin, ce fut vn Cherubin illuminé, & non vn Seraphin

Apocal. 12.

ardent; & il faut remarquer *qu'il entraisna auec soy la troisiéme partie des Estoilles,* c'est à dire, *des Anges de tous les ordres des Hierarchies;* c'est pourquoy il est appellé Prince des Demons. On le nomme *Dæmon,* c'est à dire, sçauant; *Diable,* ou Calomniateur; *Satan,* ou Aduersaire; *Belzebub,* ou Idole de la mousche; *Behemot,* ou beste à quatre pieds. Voilà, Engiston, de belles qualitez.

CHAP.

CHAPITRE VIII.

De la peine des Demons.

L A peine des Demons est double, l'vne est▸ Peine des
Demons
double. celle *du dam*, qui est la plus grande, par laquelle ils sont exclus pour iamais de la gloire eternelle ; & celle *du sens*, par laquelle ils souffrent toutes sortes de peines eternelles ; ces deux sortes de peines répondent aux deux especes de leur crime, ils se sont retirez du Createur, ils en seront priuez ; ils se sont portez vers la Creature, ils en seront à iamais tourmentez.

Ils sont tourmentez dans l'entendement où il n'y a plus d'habitudes ny de connoissances surnaturelles, encore qu'ils soient restez entiers selon la nature, comme dit Saint Denis, Des noms
diuins c. 4. & qu'ils ayent la connoissance qu'il y a des choses surnaturelles.

Ils sont tourmentez dans la volonté par l'obstination qu'ils ont contractée au mal, en tant qu'ils ne sçauroient estre faschez d'auoir peché, & qu'ils ne peuuent faire bien ; & cette impossibilité leur vient de ce que, tres-iustement, Dieu ne leur veut pas donner vn secours de grace actuelle, & de ce qu'ils ont Dieu tousiours en auersion, à cause qu'il ne cesse de les tourmenter, de là vient que toutes leurs œuures sont mauuaises.

E N. Comment sont-ils tourmentez de la peine du sens, puis qu'ils sont spirituels ?

A D. Les vns disent moralement, par la seule apprehen- Diuerses
opiniõs sur
la peine du
sens des De-
mons. sion qu'ils en ont ; les autres, par l'inquietude qu'ils conçoiuent, se voyans enuironnez de flammes, comme dans vne prison perpetuelle. Les autres, enfin, plus asseurément, mais non pas plus probablement, disent qu'ils endurent physiquement par vne bruslure & peine réelle, suiuant le dire de Saint Augustin. *Ils sont tourmentez*, dit ce Saint Pere, *d'vne façon tout à fait merueilleuse, mais pourtant*

V

veritable. Dieu donnant vne actiuité au feu par dessus sa nature, afin de le rendre capable d'agir contre ces esprits.

E N. Les Demons nous peuuent-ils nuire ?

A D. Sans doute, Engiston, par la haine irreconciliable qu'ils nous portent, estans ialoux de nostre bonheur ; mais ils ne le peuuent faire qu'autant que Dieu leur permet pour nous exercer, & nous faire meriter la gloire eternelle, de laquelle ils sont eux-mesmes decheus, encore nous donne-t'il du renfort contre leurs attaques par le ministere des bons Anges.

E N. Tous les hommes ont-ils chacun leur Ange ?

A D. Ouy, Engiston, tous les hommes en ont eu, excepté Iesus-Christ qui n'en a pas eu besoin, mais tous les autres dés qu'ils sortent du ventre, & non auant, ont leur Ange gardien, *leurs Anges,* dit l'Euangeliste, *veyent tousiours la face du Pere.* Voyez le Psalme 90. Iudith 13. Genese 48. Matth. 18. S. Basile liure 3. contre Eunomius, Saint Hierosme sur le passage de Saint Mathieu 18. toute l'Eglise auec Saint Bernard. Non seulement les hommes en ont, mais les Peuples entiers, les Royaumes, Prouinces, Villes & Eglises.

E N. Où habitent les Demons ?

A D. Le lieu de la punition de leur crime est l'Enfer, Engiston, au centre de la terre ; le lieu pour exercer les hommes est l'air voysin de la terre, mais ils portent par tout leur enfer auec eux.

E N. Sont-ils damnez pour tout iamais ?

A D. Ils ne sont pas capables de penitence, & partant ils sont damnez pour iamais, contre l'opinion d'Origene, comme rapporte Nicephore, dautant que dans l'Enfer il n'y a point de redemption. Dieu nous en preserue, Engiston.

CHAPITRE IX.

*Opinion erronée de quelques Autheurs touchant
les Demons.*

ADEL-
PHE.  Velques Peres, Engiston, interpretant
mal le passage de la Genese, qui dit
ainsi, *Les enfans de Dieu, voyant les filles des hommes, belles & agreables, les
prirent à femmes, d'où sont sortis des hommes fameux & puissans;* ont creu que les enfans de Dieu estoient les Anges.
Voicy ce qu'en pense Lactance Firmian dans son Institution, *Dieu, dit-il, dés le commencement, donna au Diable la
puissance de la terre, & n'ennoya des Anges vers les hommes
qu'apres le Deluge, afin d'empêcher le progrez des Diables;
mais ces Anges solicitez par les Demons, & par l'accointance
des filles & des femmes, se laisserent emporter à les connoistre
charnellement; c'est pourquoy ils ne furent plus receus dans le
Ciel, à cause de leur crime.*

*Or, dit-il, ce qui sortit de ces accouplmens, n'estant ny
pur homme, ny pur Demon, mais vne certaine espece tenant
de l'vn & de l'autre, ne fut pas receuë dans le Ciel, ny jettée
aux Enfers, elle demeura donc sur la terre & dans l'air, seruant de ministres aux Demons, & faisant les prodiges & les
merueilles qu'on y voit; ayant beaucoup de connoissances, reue-
lant les choses futures, se faisant adorer par les hommes
comme Dieux, & les enuironnant tousiours.* Cette opinion est
erronée, Engiston, pour les raisons & authoritez cy-dessus
alleguées.

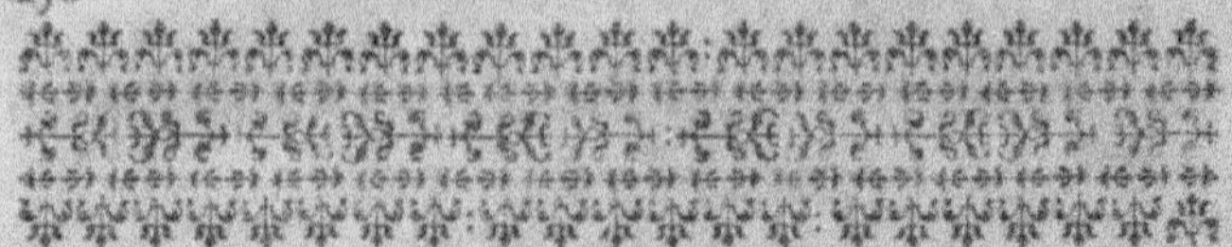

SIXIESME TRAITE',
DV MONDE
MATERIEL.

CHAPITRE PREMIER.

Touchant l'origine du Monde.

Le Monde materiel.

DIEV, Engiston, apres auoir fait le monde intelligible, cõtinua son trauail par la fabrique du monde materiel, qui se peut definir, *l'Assemblage de diuerses natures, comprises au Ciel & en la Terre.* Il tira donc de la region du neant la matiere premiere, ou le Chaos; il l'a deuelopa & arrangea, introduisant les formes & monstrant en cela sa force & sa sagesse.

EN. Que deuient donc cet axiome, Seigneur Adelphe, on ne fait rien de rien?

AD. Cela s'entend dans la nature naturée, & non de la nature naturante, qui est Dieu, entre les mains duquel & au commandement duquel le neant a fourny toutes choses.

Principes du Monde supposez.

EN. Il n'est donc pas vray que le monde ait eu pour principe le Feu, comme disoit Heraclite; ny l'air, comme croyoit Anaximene; ny l'eau, selon Thales Milesien; ny le finy & l'infiny; ny diuers autres bons & mauuais principes, selon les autres Philosophes?

AD. Tout cela n'est que réuerie, Engiston, les principes de toutes choses, apres Dieu, se reduisent à trois, à la matiere premiere, informe, tirée du neant à l'estre & l'existence; à la negation de forme en ladite matiere; & à la forme laquelle y est introduite. Voylà le composé du corps physique, pour ne pas parler des deux autres corps, sçauoir du Mathematique, dont les parties sont, la longueur, la largeur & la profondeur; ny du Metaphysique composé de gente & de difference, puis qu'ils ne font rien à nostre propos. *(Principes veritables. Corps Physique. Mathemat. Metaphys.)*

E N. Donnez moy, s'il vous plaist, la diuision du corps physique.

A D. Il se diuise en deux especes, à sçauoir en corps simple, comme sont le Ciel & les Elemens; & en corps mixtes, dont les vns font parfaits, comme l'animal & la plante; les autres imparfaits, qui sont les Meteores & Mineraux; voylà tout ce qui fait le monde materiel. *(Diuision du Corps physique.)*

E N. C'est beaucoup dire en peu de mots, Seigneur Adelphe, & c'est ce qui m'obligera à vous faire beaucoup de questions.

A D. Nous vous y répondrons, Engiston, & vous ferons entendre toutes choses, moyennant la grace de Dieu.

E N. Commençons donc, s'il vous plaist par le Ciel, qu'est-ce proprement que le Ciel?

CHAPITRE II.

Du Ciel.

ADEL-PHE. E Ciel est vn grand corps, lequel contient tout l'espace qui se trouue depuis l'Empirée iusques à la sphere du feu elementaire exclusiuement. (Nous ne parlons pas icy du Ciel Empyrée qui est le siege & le seiour des Bien-heureux, ce sera pour vne autre occasion.)

E N. Combien admettez-vous de Cieux, Seigneur Adelphe?

Combien il y a de Cieux.

1. Cor. 12.

Definition du Ciel.

Le Ciel est vn corps simple.

Materiel.

Corruptible.

A D. Les Aſtrologues plus reſſerrens en comptent iuſques à dix ; Ptolomée & les autres plus anciens, neuf ; les Egyptiens & les Caldeens ſuiuis par Ariſtote, huict ; le ſçauant Ticho-braé, trois, ſemblant en cela ſuiure l'Ecriture, où l'Apoſtre nous dit qu'il a eſté rauy iuſques au troiſiéme Ciel. Mais moy, ie croy qu'il n'y en a qu'vn, à proprement parler, & que l'Apoſtre a entendu par le premier de ces trois Cieux, l'eſpace qui ſe trouue entre la ſuperficie de la terre & de l'eau, & le concaue de la Lune : par le ſecond, celuy dont il eſt queſtion, contenu depuis le concaue de la Lune iuſques à l'Empyrée : & par le dernier, le meſme Empyrée.

N'admettons donc qu'vn Ciel, Engiſton, & diſons que *c'eſt vn corps naturel, ſimple, muable & corruptible, en partie fixe & ſolide, en partie fluide & penetrable, comme vn fleuue à demy glacé, dont la partie ſuperieure eſt ferme & ſtable, & l'inferieure liquide, doüé de differentes qualitez : opaque en quelques endroits & tranſparent en d'autres, ayant la figure ronde, auquel les Peripareticiens donnoient le nom de quinte eſſence au regard des quatre Elemens.*

E N. Si le Ciel eſt vn corps naturel, il doit eſtre compoſé de matiere & de forme, & s'il eſt compoſé comment ſera-t'il ſimple ? & de plus, s'il eſt corruptible, comment ne ſe corrompt-il pas ?

A D. Lors qu'on dit que le Ciel eſt vn corps ſimple, c'eſt qu'on veut faire voir qu'il n'eſt pas compoſé des quatre Elemens, comme ſont les autres corps mixtes : & quand on dit qu'il eſt naturel, on ne nie pas qu'il ſoit compoſé d'vne matiere & d'vne forme qui luy eſt propre & particuliere, ſelon leſquelles parties il eſt veritablement corruptible, mais il ne tombe pas en corruption, à cauſe qu'vne Intelligence le conſerue & le ſouſtient.

E N. Comment ce corps peut-il eſtre fixe & fluide, ſolide & penetrable, opaque & tranſparent ?

A D. Il faut ſuppoſer, Engiſton, que le Ciel & les Aſtres ne ſont qu'vn meſme corps, que ce corps eſt fixe & ſolide dans ſa partie ſuperieure ; fluide & penetrable dans l'inferieure ; & dans l'vne & dans l'autre, en certains endroits il est transparant & en d'autres opaque. Il est transparant dans les lieux où nous ne voyons point d'Astres, car la lumiere le penetre en ces endroits comme vn crystal, sans faire aucune reflection ; il est opaque à l'endroit où nous paroissent les Astres & nous reflechit la lumiere à guise d'vn miroir ou d'vne plaque de metal poly. *(Transparant. Opaque.)*

Le Ciel est solide en toute sa partie superieure, comme la superficie d'vn fleuue glacé, c'est pourquoy il se nomme Firmament, non qu'il soit immobile, mais par ce qu'estant presque egalement transparant & opaque, ses pieces opaques & transparantes estant vnies ensemble, marchent tousiours d'vn mesme ordre, & ne varient aucunement. *(Solide. Mobile.)*

Au contraire, le Ciel en sa partie inferieure est tout fluide comme le fond d'vne riuiere congelée en sa superficie, à la reserue de sept pieces qui sont les sept Planettes, lesquelles estant solides vont tousiours errant & vagant comme des poissons dans la mer, ou des oyseaux dans l'air, en haut, en bas, à droit, à gauche, se rencontrant & se croisant, s'éloignant & s'approchant les vnes des autres dans le milieu du Ciel, sans s'écarter par delà les Tropiques qui renferment le Zodiaque, & neantmoins marchent auec vne telle confusion, qu'on n'a sceu encore y remarquer aucun ordre asseuré. *(Fluide.)*

Ils sont opaques & reflechissent la lumiere comme les Estoiles du Firmament, qui plus qui moins, laquelle ils reçoiuent tous du Soleil qui est au milieu d'eux, & qui est la source de la lumiere, la contient toute en soy, & la fait rejallir de toutes parts, pour la communiquer aux Astres superieurs & inferieurs.

E N. Comment peut-on sçauoir que le Ciel est corps naturel & corruptible ?

A D. On le connoist, Eugiston, par l'experience iournaliere : ne s'engendre-t'il pas souuent des corps de feu, qu'on appelle Cometes, entre les Planettes, comme il fut remarqué l'an mil six cens dix-neuf, d'vn Comete qui se forma par dessus la Lune & Mercure ; de plusieurs autres Estoiles qui apparurent au Signe de la Cassiope, l'an mil cinq cens septante & d'eux ; & d'vne autre nouuelle Estoile sept fois *(Cometes & Astres extraordinaires.)*

Descente du Soleil.

plus grande que la terre qu'on vit à la poictrine du Cigne, l'an mil six cens; & enfin de la descente qu'à fait le Soleil du cercle concentrique à l'excentrique, l'espace de dix mille lieuë, car il n'est plus distant de nous que d'onze cent septante & neuf diametres de la terre, & il est asseuré qu'il en estoit distant, selon diuers Autheurs, d'onze cens & nonante.

E N. Il semble, Seigneur Adelphe, qu'Aristote a voulu dire que le Ciel estoit animé, & mesme le Poëte Virgile a dit que le Ciel auoit vn esprit?

l. 2. du Ciel. Æneid. 6.

A D. Aristote, Engiston, a entendu parler de l'Intelligence qui conduit le Ciel; Virgile, de ses influences, & non pas d'vne ame ou d'vn esprit informant, car la forme du Ciel est non seulement distincte de celle des Elemens, mais aussi differente en elle-mesme, selon ses diuerses proprietez; en

Diuerses qualitez du Ciel.

vn endroit, qui est la Lune, il excite le flus & reflus de la mer; en vn autre Planette il humecte; en vn autre il deseiche; en celuy-cy il refroidit; en cet autre il échauffe; & neantmoins tous ces diuers effers sortent d'vn mesme Ciel.

E N. Le Ciel a donc du mouuement, Seigneur Adelphe?

A D. Ouy, Engiston, mais comme vous sçauez qu'il y a plusieurs especes de mouuemens, il faut que ie vous les distingue, afin de vous faire connoistre celuy qui est propre au Ciel & aux Astres.

✻❋✻❋✻❋✻❋✻❋✻❋✻❋✻❋✻❋✻❋✻❋✻❋✻❋

CHAPITRE III.

Du Mouuement en general & en particulier.

Aristote.

E mouuement, Engiston, selon le Philosophe, est *vn changement qui se fait, ou par succession, ou en vn instant.* Le premier regarde la qualité, la quantité & le lieu. L'autre se rapporte à la seule substance, laquelle n'ayant en soy aucune dimention, ne se peut acquerir successiuement, mais tout en vn instant.

De là naissent les diuerses especes de mouuement.

Premiere-

Premierement, le mouuement substantiel, comme est celuy de generation & de corruption, lors qu'il se fait vn changement du non estre à l'estre substantiel, & au contraire. *(Le mouuement substantiel.)*

Secondement, le mouuement alteratif, qui regarde la qualité, comme le changement de l'eau froide en l'eau chaude, & le retour de l'eau chaude en eau froide. *(Alteratif.)*

Troisiémement, le mouuement de quantité, qui consiste en accroissement ou décroissement, augmentation ou diminution ; comme le changement de l'eau chaude en eau plus chaude, & au contraire. *(De quantité.)*

Quatriémement, le mouuement local, qui est le changement que fait vne chose entiere, ou du moins ses parties, d'vn lieu à autre. Lequel mouuement se diuise encore en perceptible & en imperceptible. *(Local.)*

Le mouuement local perceptible, est celuy lequel tombe sous nos sens ; il y en a de trois sortes : l'vn est purement naturel ; l'autre purement animal & volontaire ; & l'autre mixte. *(Perceptible.)*

Le mouuement local purement naturel, est celuy du cœur, du poulmon, de l'artere, &c. qui ne dépend aucunement de nostre volonté, ny de l'appetit sensitif. *(Naturel.)*

Le mouuement local purement animal, est celuy que fait l'animal de tout son corps, ou de quelques parties externes d'iceluy, d'vn lieu à autre par l'action du muscle, organe de la faculté motrice & animale. *(Animal.)*

Le mouuement local mixte, est celuy qui dépend, partie de la nature, & partie de la volonté, comme l'excretion des vrines & autres dejections ; la retention pour quelque temps de la respiration, &c. nous en parlerons au traité de l'Anatomie, comme en son propre lieu. *(Mixte.)*

Le mouuement local imperceptible, est celuy qui ne tombe point sous nos sens, comme le mouuement de l'ombre qui suit le Soleil, de l'aiguille d'vne monstre solaire, des vapeurs attirées dans l'air & dans le corps de l'animal par attraction, transpiration, &c. & celuy des Cieux & des Astres qui est celuy que nous cherchons. *(Impercept.)*

X

Le mouue-
ment du
Ciel.

Le mouuement des Cieux, Engiston, est donc vn mouuement local, puis que ses parties passent d'vn lieu à l'autre; il
est imperceptible, puis que nous ne le voyons pas mouuoir;
il est vnique, mais il en contient plusieurs autres, c'est pourquoy ils l'appellent mixte & spiral, c'est à dire, en forme de
viz.

Ecclesiaste
chap. 1.

Ptolomée.

Son propre mouuement procede d'Occident en Orient;
le rapide est à l'opposite; le spiral marche de trauers du Midy
au Septention, & au contraire. Le cours naturel du Firmament accomplit sa reuolution en trente-six mil ans, & ne
fait qu'vn degré en cent années.

EN. Cela est merueilleux, Seigneur Adelphe, mais sçait-
on bien le nombre des Estoiles du Firmament, comme on
sçait celuy des Planetes?

Pseal. 146.

AD. Il n'y a que Dieu seul, Engiston, qui le connoisse,
& qui les nomme par chacun leur nom; & pour dire le vray
ie croy qu'elles sont innombrables au calcul des hommes,
bien que les anciens Astrologues les reduisent au nombre de
mil & vingt-deux seulement. Voicy comment ils les diuisent.

CHAPITRE IV.

Des Estoiles du Firmament, & des Planettes.

LES anciens Astrologues, cher Engiston, ne re-
connoissant que mille & vingt-deux Estoiles au
Firmament, les diuisoient en 48. Constellations,
sous des figures & signes d'animaux, dont ils faisoient trois ordres. Le premier est des Constellations Sep-
tentrionalles, au nombre de 21. qui sont,

Constella-
tions Sep-
tentrion.

L'Ource majeur, ou Helice.	Cephus, ou Iasides.
L'Ource mineure, ou Cyno-sure.	Cassiopée, ou le Thrône Royal.
Le Dragon, ou le Gardien des Hesperides.	Andromede.
	Le Triangle, ou Dulcoton.

Le Chartier, ou Ericton.

Persée, ou Portier de Meduse.

La Corone d'Ariadnes.

La Perruque de Berenice.

Le Serpent.

Le Bouuier, ou Gardien de l'Ource.

Hercules, ou Promethée.

Le Sagitaire, ou le Dard.

Le Vautour tombant, ou la Lyre d'Orphée.

Le petit Cheual,

Le Cigne, ou la Galine.

Le Dauphin porteur d'Arion.

L'Aigle Rauisseur de Ganimede.

Le second ordre est des Constellations du Zodiaque, au nombre de douze, qui sont nommez, & marquez de la sorte, Constellations du Zodiaque.

Le Bellier. ♈

Le Taureau. ♉

Les Iumeaux. ♊

Le Cancer. ♋

Le Lyon. ♌

La Vierge. ♍

Les Balances. ♎

Le Scorpion. ♏

Le Sagitaire. ♐

Le Bouc. ♑

Le Verseau. ♒

Les Poissons. ♓

Le troisiéme ordre est des Constellations Meridionales au nombre de quinze, qui sont, Constellations Meridionales.

Orion furieux.

Le Fleuue Eridanus.

Le Liévre.

Le Loup, ou la Panthere.

Le grand Chien.

La Tasse, ou l'Hydre.

L'Autel, ou l'Encensoir.

La Coronne meridionale, ou la rouë d'Ixion.

Le Nauire d'Argo, ou le

Chariot marin.

Le Poisson meridional.

L'Hydre, ou la Couleuure.

Le Centaure, ou le Minotaure.

Le Corbeau, ou l'Oyseau de Phebus.

La Balaine, ou Monstre marin.

Ceux qui ont vogué les derniers sur les Mers Australles ont remarqué encore douze Constellations contenant 561. Estoiles, les Constellations sont, Constellations modernes.

Le Paon. Le Phenix.

Le Faucon. La Dorade.

La Gruë. Le Poisson volant.

L'Hydre.

La Mousche d'Inde.

Le Cameleon.

Le Triangle Austral,

L'Abeille. L'Indien.

Il y a six sortes de grandeurs pour toutes ces Estoiles, les

<table>
<tr><td style="width:20%;vertical-align:top">

Differentes grandeurs d'Estoiles.
</td><td>

plus grandes font de la fixiéme grandeur, les moindres font de la premiere, & les autres à proportion. Voyla pour les Eftoiles.
</td></tr>
<tr><td style="vertical-align:top">

Planettes.
</td><td>

Quant à ce qui eft des Planettes, elles font fept ordinaires, diuifées en deux bandes; trois fuperieures qui font, Saturne, Iupiter & Mars; trois inferieures, Venus, Mercure & la Lune; le Soleil prefide au milieu.
</td></tr>
<tr><td style="vertical-align:top">

Aftres de Medicis, & de Bourbon.
</td><td>

Les Modernes en ont remarqué quelques autres qu'ils ont nommez de Medicis, & de Bourbon, il y en a deux autour de Saturne, & quatre autour de Iupiter : Gallileus les appelle fes fatellites; ils difent auffi qu'ils voyent trente corps opaques à l'entour du Soleil, qui marchent fans ordre & mefure, dont quelques-vns font plus grands que la Lune & que la Terre; ce font ceux qu'ils appellent Aftres de Bourbon.

E N. Dites-moy, s'il vous plaift, quelque chofe des Planettes en particulier?

A D. Ie le veux, Engifton; vous verrez vne grande correfpondance de ces Aftres auec plufieurs chofes qui femblent en dépendre.
</td></tr>
<tr><td style="vertical-align:top">

Saturne.
</td><td>

Saturne eft le plus haut, il eft pafle en couleur, de temperament froid & fec, il prefide aux melancholiques atrabilaires, & refide en la ratte. Il fait le plomb dans les entrailles de la terre; en la Chiromantie on le place fur le doigt du milieu : c'eft l'Vt dans la Mufique. Il eft nonante & vne fois grand comme toute la terre; fon cours naturel eft de trente ans, le violent eft en 24. heures, voicy fon caractere ♄.
</td></tr>
<tr><td style="vertical-align:top">

Iupiter.
</td><td>

Iupiter vient apres, de couleur luifante, fort temperé, tres-benin en fes influences; il prefide aux fanguins, & gouuerne le foye; l'Eftaing eft fon metal; fon doigt l'Index; c'eft le Ré en Mufique, & fait vn ton mineur auec le precedent; il eft auffi grand cinq fois que la terre; fon propre cours eft de douze ans; on le connoift à cette marque ♃.
</td></tr>
<tr><td style="vertical-align:top">

Mars.
</td><td>

Mars eft ardent comme vn flambeau; il eft petit & rouge; de temperament chaud & fec; il fait auffi les bilieux parmy les animaux, & le Fer entre les metaux; il s'abreuue de fiel; il campe dans le creux de fa main, & entonnant le Mi, fait la tierce majeure ou le diton; il furpaffe en grandeur la terre
</td></tr>
</table>

d'vne fois & demie; son cercle naturel n'est que de deux ans:
il se distingue ainsi ♂.

Le Soleil (comme qui diroit le seul œil du monde) tient le Le Soleil.
milieu, son corps est transparent, tout petry de lumiere;
elle y est en son centre & en sa source; il l'a communique en
haut & en bas, de tous costez; c'est le pere de la nature; il
n'a aucune qualité, & les comprend toutes; il produit l'Or
dans les minieres, c'est pourquoy la Chiromantie luy donne
le doigt Annulaire qui répond au cœur auquel il preside : sa
distance geometrique depuis Saturne fait iustement le diatessaron ou quarte mineure , c'est pourquoy il resonne fa , &
fait le premier Tetrachorde: son cours de trauers est d'vn an :
voyez son hyeroglifique ☉.

Venus d'vn temperament mediocre , reluit de telle sorte Venus.
qu'elle fait bien souuent de l'ombre : tousiours elle accompagne le Soleil : lors qu'elle le suit, elle se nomme Hesperus:
lors qu'elle le precede, Bosphorus : lors qu'elle luy est con-
jointe , c'est Venus. Elle influë sur les reins, & domine
aux amoureux : elle engendre le cuiure : on luy donne le
poulce dans la main : elle dit Sol, pour faire le diapenté,
ou la quinte, qui est vn des accords parfaits de Sympho-
nie. Elle employe vn an à son cours , & sa grandeur n'est
que d'vne trente - septiéme partie de la terre , estant ainsi
marquée ♀.

Mercure est fort petit & blanc; tres-inégal & inconstant : Mercure.
il change tousiours son temperament auec l'Astre auquel il
est conjoint : il domine aux legers & aux estourdis, & est
autheur du Vif-argent : il agit dessus le poulmon, & a le petit doigt de la main : il sonne la , & fait l'exachordon, ou la
sexte majeure : il fait son cours presque en vn an , & égale en
grandeur la moitié de la terre, voicy son coing ☿.

La Lune est blanche & argentine, aussi produit-elle l'Ar- La Lune.
gent : elle domine aux flegmatiques & pituiteux, estant
froide & humide : son siege est le cerueau : elle occupe la
partie de la main qu'on appelle la palme, dessous le petit
doigt : sa notte est Sa, la derniere de l'heptachorde, ou la
septiéme, contenant iustement le double Tetrachorde, de

X iij

forte qu'il ne faut que recommencer l'echelle pour faire le Diapafon, auquel s'accomplit toute l'harmonie. Elle fait fon cours en vn mois de 27. iours 8. heures, & fa groffeur eft moindre que la terre ; elle eft marquée ainfi ☽.

EN. Ie fouhaiterois paffionnement auoir du moins quelque groffiere intelligence de la Sphere artificielle ?

A D. Ie vous en diray quelque chofe au Chapitre fuiuant fi vous le defirez.

CHAPITRE V.

De la Sphere artificielle, & des Eclipfes.

 A Sphere eft *vne Machine ronde, faite de plufieurs cercles inégaux, entrelaffiz les vns parmy les autres, tournans & retournans à diuers fens;* on dit que ce fut Archimede qui en fut l'Inuenteur, *afin de donner à connoiftre en quelque façon la fabrique du monde.*

Elle fe diuife en deux globes, le terreftre & le celefte ; c'eft de ce dernier que nous parlerons maintenant, & pour commencer, Engifton, il faut que vous fçachiez que tous les cercles dont nous parlerons font feints & purement imaginaires.

Reprefentez-vous donc vne boule ronde, trauerfée d'vne ligne d'outre en outre par le milieu ; cette ligne s'appelle Axe, ou Effieu ; les deux bouts font les Poles ; le centre c'eft la terre. Remarquez en paffant qu'il y a autant d'axes & de poles qu'il y a de cercles dans le corps de la Sphere, par le moyen defquels, & fur lefquels chacun des cercles tourne diuerfement.

Il y a dix cercles dans la Sphere, fix grands, & quatre moindres. Les fix grands diuifent la Sphere en parties égales, qui font, *l'Equinoctial, le Zodiaque, les deux Colures, le Meridional, & l'Horifon.*

Les quatre moindres diuifent la Sphere en parties inégales,

qui sont, *les deux Polaires, & les deux Tropiques, qu'on appelle du Cancre & du Capricorne*

Il y a des plages sur la terre qui ont la Sphere droite, comme est vne bonne partie de l'Affrique & de l'Amerique. Il y en a d'autres qui l'ont oblique plus oumoins, comme sont presque toute l'Europe & l'Asie. Les autres, enfin, l'ont parallelle, ou perpendiculaire, comme sont les Regions de dessous les Poles.

L'Equateur ou l'Equinoctial est vn grand cercle qui diuise la Sphere en deux parties égales, distant également des deux Poles du monde ; le Soleil passant par dessus, fait les nuicts égales aux iours par tout le monde. Ce cercle sert à mesurer la distance des lieux qui sont entre luy & les Poles du monde ; de sorte que l'on dit ainsi, Vn tel lieu est distant de l'Equateur de tant de degrez. L'Equateur

Le Zodiaque est vn autre grand cercle, & c'est le seul de tous qui ait vne largeur : il est large de seize degrez, oblique & en forme d'écharpe, dans lequel sont les douze Signes en douze maisons, *le Belier*, ♈, *le Taureau* ♉, *les Gemeaux* ♊, *le Cancre* ♋, *le Lyon* ♌, *la Vierge* ♍, *les Balances* ♎, *le Scorpion* ♏, *le Sagittaire* ♐, *le Bouc* ♑, *le Versé-eau* ♒, *les Poissons* ♓. Il tire son nom de ζωὴ, la vie, ou bien de ζῶον, animal. Le Zodiaque. Les Signes.

Ces douze Signes diuisez par trois, sont les quatre saisons de l'année, le Printemps, l'Esté, l'Automne & l'Hyuer.

Pour ce qui est de ces marques hyerogliphiques & de ces noms : on en tient l'vsage des Egyptiens, qui exprimoient les Sciences sous des figures d'animaux & autres signes, qu'on appelle Equinoques. Il y a neantmoins quelque analogie entre la nature de ces animaux & les effets du Soleil, puis que l'Année & toute la Nature semble se renoueller lors que le Soleil entre au Signe du Belier ; & dautant que cet animal est chaud de sa nature, il semble communiquer la chaleur au Soleil, qui commence à la faire ressentir le 22. de Mars ; la renforce dans le Taureau le 21. d'Avril ; la redouble dans les Iumeaux le 22. de May ; commence à tirer en arriere auec l'Escreuisse le 22. Iuin ; il est ardant dans le Lyon le 23. Iuillet, tant à cause de sa chaleur, que par celle de la Terre depuis long temps échauffée ; il est sterile auec la Vierge le 23. Aoust ; les Balances le rendent temperé le 25. Septembre ; & ainsi des autres Signes. Or chaque Signe a trente degrez par lesquels passe le Soleil, & se promeine durant toute l'année dans son cours naturel.

Les deux Colures sont deux cercles qui sont posez de telle sorte en la Sphere, l'ayant oblique, qu'ils semblent à la veuë n'estre pas entiers, mais mutilez : ils se diuisent également l'vn l'autre passant par les Poles du monde : ce sont eux qui diuisent le Ciel en quatre parties égales, l'année en quatre saisons, & les douze Signes en quatre ternaires. Enfin, l'vn est *le Colure des Equinoxes*, & *l'autre des Solstices*, dautant qu'ils passent par les lieux où le Soleil fait ces effets.

Le Meridien est vn cercle auquel le Soleil estant paruenu, fait le Midy : il diuise le poinct Vertical qu'on appelle *Zenit*, & répond à l'autre poinct opposé, nommé *Nadir* : & pour dire le vray, il y a autant de Meridiens qu'il y a de poincts Verticaux, on les reduit pourtant, & on les place de dix en dix, ou de quinze en quinze degrez. Et il est à remarquer, Engisson, qu'vn lieu qui est auancé vers l'Orient de quinze degrez plus qu'vn autre, a le Midy vne heure auparauant. Ce cercle sert encore pour faire les Quadrans solaires.

L'Horison, ou Terminateur, diuise le monde en deux parties égales, l'vne desquelles nous voyons lors qu'il n'y a aucun empéchement, l'autre est cachée dessous la terre ; ces parties de terre s'appellent Hemispheres : les Poles de ce cercle sont les poincts Verticaux, Zenit, & Nadir. Voylà les six grands cercles : suiuent les quatre moindres.

Les deux *Tropiques*, sçauoir celuy du Cancer & celuy du Capricorne, sont deux cercles en la Sphere qui seruent de termes au Soleil ; ainsi lors qu'il y est arriué, il ne passe outre, mais s'en retourne sur ses pas : ces cercles font connoistre combien le Soleil est distant de *l'Equateur* : or il y a vingt-trois degrez trente minutes, depuis l'Equateur iusques à l'vn & l'autre Tropique.

Les deux *Cercles Polaires* sont les plus petits ; ils tendent vers les Poles & diuisent les Zones froides & temperées.

Enfin

Enfin, il y a cinq *Zones, ou Ceintures* dans la Sphere; *la* Z
Torride, embrassée du Zodiaque, & terminée des deux
Tropiques; deux *Temperées*, depuis chasque Tropique
iusques à chasque cercle polaire; & les deux *Froides*, depuis
lesdits cercles polaires iusques aux Poles mesmes. Voilà les
pieces principales de la Sphere, dont la demonstration vous
donnera vne plus facile connoissance, quand nous la prendrons à la main, & vous ferons toucher au doigt & à l'œil
toutes ces choses.

Remarquez, Engiston, qu'il y a beaucoup d'autres cercles dans la Sphere que i'obmets, pour ne rien confondre; il
y a les *Verticaux* nommez par les Arabes *Azimuths*, qui se   Cercles
couppent l'vn l'autre aux Poles de l'Horizon.   Verticaux.

Il y en a d'autres qu'on appelle cercles *de longitude des Estoi-*   De longi-
les, qui se couppent l'vn l'autre aux Poles du Zodiaque.   tude.

Il y en a d'autres qu'on nomme cercles *de latitudes des*   De latitude
Estoilles, ce sont les paralelles qui vont tendant & décroissant vers les Poles du Zodiaque.

Il y a les *Cercles de declinaison* qui sont paralelles à l'Equa-   De déclin.
teur, tendant & décroissant vers les Poles du monde.

Il y a encore les cercles *de hauteur*, que les Arabes appel-   De hauteur
lent *Almucantaras*, qui sont paralelles à l'Horison, tendans
& décroissans vers les Poles de l'Horison.

EN. Puis que nous sommes sur ce sujet, Seigneur Adel-
phe, ie desirerois fort sçauoir comment se font les Eclipses;   *Eclipse.*
& ce que c'est que la teste & la queuë de ce Dragon dont on
nous parle tant?

AD. Ie le veux, commençons par celle du Soleil.

AD. Pour cela, Engiston, il faut sçauoir qu'il y a diuerses lignes, l'vne qui se nomme Ecliptique, que le Soleil n'a-
bandonne iamais; les autres excentriques, par lesquelles les
autres Planettes font leur cours dans le mesme Zodiaque,
lesquels venant à croiser l'Ecliptique du Soleil, l'Astre souffre l'Eclipse: ainsi au temps de la nouuelle Lune, si la Lune
n'est éloignée du Soleil que de dix degrez tout au plus, le So-   Queuë &
leil souffre tousiours l'Eclipse; & si le croisement de la ligne   teste du
excentrique de la Lune se fait du midy au Septétrion, l'Ecli-   Dragon.
Y

pse se fait à la teste du Dragon ; si du Septentrion au Midy, c'est ce qui s'appelle, eclipser à la queuë du Dragon.

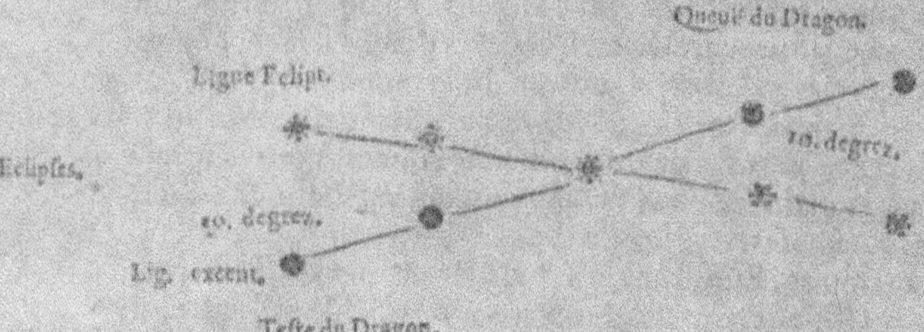

L'Eclipse de la Lune se fait par l'interposition de la Terre entre le Soleil & ladite Lune, & tousiours à la pleine Lune.

E N. I'ay encore vne chose à vous demander, Seigneur Adelphe, sçauoir comment se fait la diuersité des iours & des nuicts dans tout le monde, car on dit qu'il y a des lieux où les iours sont de six mois entiers, & les nuicts de mesme.

CHAPITRE VI.

De la Diuersité des iours.

ADEL-PHE. ELA est vray, Engiston, & pour vous en donner l'intelligence, il faut que ie vous die, que cette diuersité vient du poinct Vertical, Zenit. Or il y a sept plages sur la terre où le Zenit est different; ceux qui sont directement sous l'Equinoctial, voyent deux fois le Soleil passer dessus leur teste en mesme année; ils ont quatre solstices; les iours tousiours égaux aux nuicts; cinq ombres, de l'Orient, de l'Occident, du Midy, du Septentrion, & l'ombre perpendiculaire. *Les iours égaux aux nuicts.*

Ceux qui sont entre l'Equinoctial & les Tropiques, ont deux Estez & deux Hyuers, les iours plus longs en Esté que les nuicts, & les cinq ombres susdits. *Deux Estez & deux Hyuers.*

Ceux qui ont les Tropiques pour Zenit, n'ont qu'vn Esté & vn Hyuer, les deux solstices, & souffrent de plus grandes chaleurs, à cause que le Soleil les regarde plus long temps, & que les iours sont plus longs que les nuicts, & par consequent les nuicts moins fraisches. *Iours plus longs que les nuicts.*

Ceux qui sont sous les Zones temperées, n'ont qu'vn Esté & vn Hyuer, deux solstices, trois ombres, à sçauoir d'Orient, d'Occident, & de Septentrion.

Ceux qui ont les cercles Polaires pour Zenit, ont vn iour en Esté de 24. heures, & en Hyuer vne nuict aussi longue, lors que le Soleil fait le premier circuit des Tropiques; ceux-là endurent plus de froid, pour les raisons contraires aux raisons des grandes chaleurs cy dessus alleguées. *Vn iour de 24 heures, vne nuict d'autant.*

Ceux qui habitent les Zones froides, ont en Esté plusieurs iours continuels sans nuict, & de mesme en Hyuer plusieurs nuicts continuelles sans iour, dautant plus qu'ils s'éloignent du Soleil. *Plusieurs iours sans nuict, & au contraire.*

Enfin, ceux qui ont les Poles pour Zenit, & par conſequent la Sphere paralelle ou perpendiculaire, & l'Equinoctial pour Horiſon, ayant le Zodiaque partagé également,
voyent ſix Signes ſur leur teſte, qui leur donnent ſix mois
de iour, & tout autant de nuict, mais les Crepuſcules ſont
plus grands, ou moindres, ſelon le temps de la retraite, ou
de l'approche du Soleil.

EN. Ie m'oublios encore à vous demander comment ſe
font les Lunaiſons.

A D. La Lune, Engiſton, comme les autres Signes, ou
Phenomenes, emprunte la plus part de ſa lumiere du Soleil.
Et dautant que le cours du Soleil trauerſant par le Zodiaque
eſt d'vn anneé entiere, & le cours de la Lune d'vn mois ſeulement, de là vient que la Lune, marchant plus viſte que le
Soleil, eſt regardée de luy diuerſement, & en reçoit la lumiere inégalement; c'eſt ce qui fait les quatre Lunaiſons, la
nouuelle Lune, le premier quartier, pleine Lune, & en dé-
croiſſant, le dernier quartier.

Il faut remarquer qu'on appelle nouuelle Lune, lors qu'e-
ſtant proche du Soleil, elle ne paroiſt preſque pas, mais peu
à peu s'en éloignant, & eſtant regardée de luy obliquement,
elle nous ſemble croiſtre, & au contraire, dautant plus qu'elle s'en approche, elle nous ſemble diminuer.

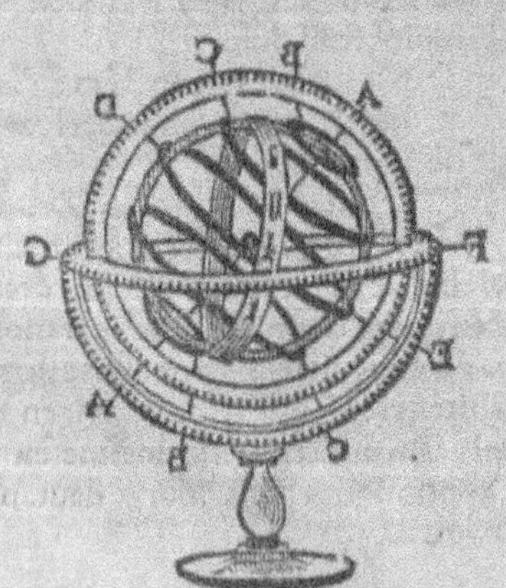

CHAPITRE VII.

L'Astrolabe, son vsage, & son vtilité.

L'Astrolabe, ou Planisphere, selon quelques-vns, est vn Instrument plat & rond composé de plusieurs pieces, comme Tablettes, Regles, &c. marquées de quantité de lignes, de cercles, de nombres & de figures, propres à faire connoistre les mouuemens des Cieux, des Astres, & d'autres choses appartenantes à la science d'Astrologie & de Geometrie. Anse des Astres.

On en attribué l'inuention à Macalahac, ou à Ptolomée. Plusieurs Autheurs en ont traité, comme Montreal, Iacquinot, &c. Ptolomée, Montreal, Iacquinot, Furbache.

L'Astrolabe est donc vne plaque ronde suspenduë d'vne boucle afin de la pouuoir tenir, & a deux faces, l'vne nommée le Dos, l'autre la Mere. Le dos est marqué de plusieurs lignes & cercles, dont le premier qui est le plus proche du bord, diuise toute la circonference en 360. parties, qui sont trente-six fois dix, & quatre fois nonante, & sert à monstrer les diuers degrez des hauteurs des Astres, & de combien le Soleil & les Estoiles sont éloignées de nostre Horison. Le dos & les cercles de l'Astrol.

Le cercle qui suit, se diuise en douze fois trente, marquant les maisons & degrez des douze Signes du Zodiaque, & sert, estant comparé auec le premier, à faire remarquer le vray lieu où habite le Soleil chasque iour.

Sur le troisiéme cercle sont grauez les douze mois de l'année, selon la supputation Romaine, & sert à faire voir en quel degré de chaque Signe monte à tous momens le Soleil.

Sur tout cela est vne regle nommée par les Arabes Alhidada, par les Grecs Diopetra, des Latins Mediclinium, & de nous le Rayon, laquelle Regle tourne sur le dos de la plaque, ayant à ses deux bouts deux petites Tablettes attachées & percées chacune de deux petits trous, pour prendre Regle de l'Astrol.

Y iij

le Soleil, & faire toutes les susdites obseruations.

Obserua-tion.

Exemple. Ie veux sçauoir en quel degré du Signe se trou-ue auiourd'huy le Soleil; ie dois poser la regle du dos sur le iour du mois où ie suis, & obseruer le lieu où touchera la re-gle dans le cercle des Signes, car c'est là où doit estre le So-

Exemple.

leil pour lors. Comme si ie mettois la regle sur le quinziéme iour d'Avril, ie trouueray au cercle des Signes que la regle tombe sur le cinquiéme degré du Taureau, où le Soleil, sans doute, doit entrer sur le Midy; & sous la partie opposite de la mesme regle se trouue iustement le cinquiéme degré du Scorpion, nadir du Soleil en ce temps. Voila pour ce qui est du dos de l'Astrolabe.

A quelques Astrolabes est adioustée vne petite table qui

L'Eschelle Altimetre.

fait le quarré Geometrique, ou l'Eschelle altimettre, diui-sée en douze points ou parties égales; propre pour mesurer les longueurs simples, comme la hauteur d'vne Tour, d'vn Arbre, d'vne Colomne; la largeur d'vn Champ, la distance des Villes, la largeur d'vne Riuiere, la profondeur d'vn Puits, &c. & sçauoir par ce moyen combien la ligne qui est entre les extremitez de ces choses contient de mesures fa-meuses ou vulgaires, le tout par le moyen de l'ombre du Soleil.

Mesures vulgaires.

Ces mesures fameuses, Engiston, sont le Doigt, la Pal-me, le Pied, la Coudée, le Pas, la Toise, la Perche, la Sta-de, le Milier, la Lieuë.

EN. Dites-moy, s'il vous plaist, en destail, le contenu de toutes ces mesures?

Le doigt.

AD. Le Doigt est l'interualle de quatre grains d'orge

La palme. Le pied. La Coudée. Le pas.

couchez en large. La Palme est composée de quatre doigts. Le pied de quatre palmes ou de seize doigts. La Coudée d'vn pied & demy. Le Pas geometrique de cinq pieds. Le pas commun de deux pieds & demy. La Toise de six pieds.

La perche. La stade Le Milier.

La Perche, ou Verge, de deux pas, ou dix pieds. La Stade de six vingt cinq pas. Le Milier Italique de huict stades ou

La lieuë.

mille pas. La Lieuë Françoise de deux milliers Italiques; cela suffira, Engiston, sur ce sujet, car mon dessein n'est pas de m'estendre dauantage sur la Geometrie. Retournons la

Medaille, & voyons l'autre face de nostre Astrolabe que nous auons nommée la Mere.

Vous y verrez, Engiston, premierement le cercle du bord diuisé en 360. portions, propre pour trouuer plus facilement les assentions des signes & des Estoilles. Là sont aussi grauées les douze heures du iour & les douze heures de la nuict.

2. Au dedans de cette face, qui est vn peu concaue, sont diuerses autres tables sur lesquelles sont grauez trois cercles concentriques, le plus petit desquels est le Tropique du Cancre. Celuy du milieu represente le cercle Equinoctial; & le plus grand est le Tropique du Capricorne; là mesme sont grauez les cercles nommez Almicantharats, ou cercles des hauteurs, dont le premier nous represente l'Horison, tous lesquels sont decrits sur nostre Hemisphere, les vns parfaits, les autres imparfaits. Là de plus sont les cercles imparfaits nommez Azimuths, ou cercles Verticaux, lesquels passent tous par nostre Zenit, & diuisent chacun des Almicantharats en 360. degrez, de dix en dix & en quatre quartiers, propres pour connoistre en quelle partie du monde se trouue le Soleil & les Estoilles à chasque heure du iour.

Là sont aussi les sept Planetes, la ligne Crepusculine vtile pour trouuer le point du iour & celuy de la nuict. Les deux lignes diametrales, l'vne nommée la ligne du Midy descendant perpendiculairement, & monstrant le Midy & la Minuict; & l'autre ligne trauersant monstre l'Orient & l'Occident.

En troisiéme lieu est l'Araignée du Zodiaque, qui est vne petite table posée sur les autres, & qui leur sert à toutes, où se voit le cercle des douze signes diuisé en 360. degrez par les nombres de dix & de trente; c'est la voye du Soleil & la ligne Ecliptique. Là sont aussi marquées quelques Estoilles des plus brillantes & plus considerables de diuerses grandeurs.

Quatriémement, est la petite regle nommée l'Index, ou la Monstre, laquelle tourne sur le centre de l'Instrument pour toutes les obseruations qu'il conuient faire.

Le Clou.

Enfin, eſt le Clou qui joint toutes ces pieces enſemble, lequel eſt percé à iour par le milieu, & repreſente le Pole du monde.

Obſerua-
tions ſur
l'Aſtrolabe

Or, Engiſton, de mille belles obſeruations de choſes curieuſes leſquelles ſe peuuent faire par le moyen de l'Aſtrolabe, apres celles que ie vous viens de monſtrer, ie me reſtraints ſeulement à deux autres; ſçauoir comment on peut connoiſtre & trouuer les quatre angles des douze maiſons du Soleil, & ſçauoir quels Signes y dominent au temps de la natiuité d'vne perſonne, afin d'en pouuoir faire l'Horoſcope; & de plus, le moyen de connoiſtre quel Planette eſt dominant à chaſque heure du iour & de la nuict.

Apres donc auoir veu en quel Signe, & meſme en quel degré du Signe eſt le Soleil, ſelon la regle cy-deſſus, afin de trouuer les quatre angles des douze maiſons du Soleil, dont la premiere eſt l'Orient, qu'on appelle Horoſcope; la quatriéme au Septentrion; la ſeptiéme au couchant, & la dixiéme au Midy; il faudra poſer le Soleil entre les cercles Almicantharats, du coſté de la Mere de noſtre Aſtrolabe, en meſme degré de hauteur qu'on l'aura trouué ſur le dos, par le moyen de la petite regle, comme eſt dit cy-deſſus; car pour lors le degré du Zodiaque tombant en la partie Orientale de l'Horiſon oblique, marquera l'angle Oriental, la premiere maiſon & l'Horoſcope, & ainſi des autres degrez.

Exemple de
l'Hotoſco-
pe.

Exemple. Iean eſt né le quinziéme du mois de Iuin à quatre heures aprés midy, le Soleil eſtant au troiſiéme degré du Cancre; ie prens la hauteur du Soleil au dos de l'Aſtrolabe, laquelle eſtant trouuée de 34. degrez aprez midy, ie poſe ce meſme degré du Soleil de l'aure part de l'Aſtrolabe, entre les cercles Almicantharats, & i'apperçois qu'en meſme temps le 19. du Scorpion tombe ſur l'Horiſon oblique, en Orient, qui ſera l'Horoſcope de la natiuité de Iean. Et le 16. du Taureau en Occident à l'oppoſite; le premier des Iumeaux au Midy; & le premier des Poiſſons au Septentriõ.

E N. N'y a-t'il pas de regle pour connoiſtre la domination des Planettes?

A D. Ouy, Engiſton, on peut ſçauoir au vray quel
Planette

Planete domine non seulement à chaque heure du iour,
mais aussi à chaque heure de la nuict, par la Table suiuante,
dont vous auez en suite l'explication.

TABLE DES PLANETES DOMINANS.

Heures du iour.	1	2	3	4	5	6	7	8	9	10	11	12		
Heurs de la nuict.	III	IV	V	VI	VII	VIII	IX	X	XI	XII			I	II
Diman.	Sol.	Ven.	Mer.	Lune	Sat.	Iup.	Mar.	Sol.	Ven.	Mer.	Lune	Sat.	Iup.	Mar.
2. Lundy	Lune	Sat.	Iup.	Mar.	Sol.	Ven.	Mer.	Lune	Sat.	Iup.	Mar.	Sol.	Ven.	Mer.
3. Mardy	Mar.	Sol.	Ven.	Mer.	Lune	Sat.	Iup.	Mar.	Sol.	Ven.	Mer.	Lune	Sat.	Iup.
4. Mercr.	Mer.	Lune	Sat.	Iup.	Mar.	Sol.	Ven.	Mer.	Lune	Sat.	Iup.	Mar.	Sol.	V.
5. Ieudy	Iup.	Mar.	Sol.	Ven.	Mer.	Lune	Sat.	Iup.	Mar.	Sol.	Ven.	Mer.	Lune	Sa.
6. Vendr.	Ven.	Mer.	Lune	Sat.	Iup.	Mar.	Sol.	Ven.	Mer.	Lune	Sat.	Iup.	Mar.	Sol.
7. Samedi	Sat.	Iup.	Mar.	Sol.	Ven.	Mer.	Lune	Sat.	Iup.	Mar.	Sol.	Ven.	Mer.	L.

Pour se seruir de cette regle, Engiston, il faut regarder à
quel iour ou à quelle nuict de la Semaine vous estes. (Vous
les trouuerez écrits à la premiere colomne de cette figure)
& considerer à quelle heure du iour & de la nuict vous vous
trouuez. (ces heures sont écrites en diuers caracteres de
chiffres aux deux premieres lignes de la mesme table) puis
descendant de cette heure par ligne perpendiculaire, iusques au droit du iour, ou de la nuict, & là vous trouuerez
iustement la Planete dominante à cette heure là.

Voylà, Engiston, ce que i'auois à vous dire de l'Astrolabe
& des obseruations qu'on peut faire par son moyen. Parlons
maintenant, pour nous recréer, de l'Astrologie naturelle, &
voyons les absurditez que ces Genethliaques nous y veulent
faire passer pour des veritez.

Z

SEPTIE'ME TRAITE',
DE L'ASTROLOGIE
NATVRELLE, ET IVDICIAIRE.

CHAPITRE PREMIER.

Definition & Invention de l'Astrologie naturelle.

LES Anciens Philosophes s'estudians auec soin à rechercher les choses naturelles dans l'escole du monde, & principalement dans le grand volume du Ciel, ont employé autant qu'ils ont pû l'experience, comme la Maistresse des Arts, pour appuyer leurs sentimens & rendre leurs opinions autentiques.

Ils ont donc fait vn Art qu'ils appellent l'Astrologie naturelle, qui est, disent-ils, *le Moyen d'acquerir certaines connoissances par l'inspection & rencontre des Astres.* Ils en ont fait des regles qu'ils disent estre certaines & infaillibles, & ont donné des noms Analogiques à tous ces corps celestes, & aux lieux où ils sont, significatifs des choses qu'ils y operent, en traçant mesme des figures où ils les rengent par ordre, comme vous verrez cy-apres.

Nota.

Or pour dire le vray, Engiston, tout cela n'est que pure vanité, sottise & impertinence, dont vous serez vous-mesme le Iuge. Car si ie vous en fais ce discours, ce n'est que pour vous recréer, debendant vostre esprit & vous donnant relasche de l'estude serieux des matieres que nous auons traitées, & que nous traiterons en suite.

Ils pretendent donc que les hommes soient soufmis & dépendans des Astres en plusieurs choses tant spirituelles que corporelles, en ce qui est du Genie, des vertus & des vices, des bonnes & des mauuaises qualitez, de la temperature, de la santé & de la maladie, de la beauté & déformité du corps, de la bonne ou mauuaise fortune, de la felicité & misere de cette vie; iugez si cela peut auoir du raport auec la verité?

Il est vray, Engiston, que les influences celestes ont quelque pouuoir sur nos corps immediatement, & par le moyen de nos corps sur nos esprits, iusques sur la partie la plus libre de nostre ame, qui est la volonté, laquelle ils peuuent incliner à quelque chose, sans la pouuoir contraindre & la violenter, ny mesme la necessiter; mais qu'ils puissent produire aucun de tous ces autres effets, c'est vne absurdité intolerable.

Les principaux Autheurs qui ont inuenté ou professé cette science sont les Chaldeens, les Egyptiens & Arabes, entre lesquels ont esté les nommez Xalmosides, Zoroastre fils de Soromaste, Damigeronta, Apollonius, Hastanes, Cardan, Eudoxe, Alchinde, Roger, Lieckemberg & autres, tous lesquels ont aussi professé la Magie; voyons par plaisir ce qu'ils disent.

CHAPITRE II.

Des Maisons & Signes du Zodiaque.

L y a douze Maisons au Zodiaque, comme nous auons dit au traité de la Sphere artificielle, dans lesquelles habitent les douze Signes ; chafque Maison a son Signe, & contient l'espace de trente degrez. Ces degrez partagez en trois dizaines en font comme les trois cenacles & les trois faces du Signe qui les habite.

La premiere des trois commence au dix ou onziéme iour du mois ; la seconde au vingt ou vingt-vn ; & la troisiéme au trente ou trente-vn, & dure iusques au dix ou onze du mois suiuant ; de sorte que ces douze Maisons font les douze mois & le cours de l'année, ou peu s'en faut.

Les Signes sont ceux que i'ay desia fait voir. *Le Bellier* ♈ ; *le Taureau* ♉ ; *les Iumeaux* ♊ ; *le Cancre* ♋ ; *le Lyon* ♌ ; *la Vierge* ♍ ; *les Balances* ♎ ; *le Scorpion* ♏ ; *le Sagitaire* ♐ ; *le Bouc* ♑ ; *le Verseau* ♒, *& les Poissons* ♓.

Ces Signes ont de differentes qualitez, ils répondent aux quatre humeurs de l'Animal, & aux quatre Elemens, estant aussi accordez de mesme.

Les ignez, chauds & secs, sont
Le Bellier, le Lyon, & le Sagitaire.

Les terrestres, froids & secs,
Le Taureau, la Vierge, & le Capricorne.

Les aqueux, humides & froids,
Le Cancre, le Scorpion, & les Poissons.

Les aëriens, humides & chauds,
Les Iumeaux, les Balances, & le Verseau.

Ces Signes sont encore appropriez aux parties du corps humain, & dit-on que chaque Signe preside à certaines incommoditez & maladies particulieres.

Le Bellier à la teste & à la face, & cause la strangurie, ou difficulté d'vriner, la pierre & la grauelle.

Le Taureau preside au col & au gosier; il cause les morts violentes par venin, melefice ou cholique de Miserere, squinantie & apostume à la gorge.

Le Cancre à la poictrine, le cœur, le poulmon, l'estomac, les costes & la ratte. Il cause la toux, la phtisie & la pleuresie.

Le Lyon influë à la plus basse partie de l'estomach, au dos, & aux costes. Il fauorise aux apostumes, aux icteries, aux fiévres & aux pestilences.

La Vierge regarde le ventre, le diaphragme & les intestins, Elle fait les enfleures, l'hydropisie, la cholique & douleur de ratte.

Les Balances pesent les reins, l'ombilic & tout le bas ventre, elles tombent du costé de la dysenterie, de la douleur de ventre, & de l'espine du dos.

Le Scorpion a les parties genitalles, la vescie & les cuisses. Son influence fait la goutte de la main, la sciatique & la douleur de teste.

Le Sagitaire domine aux fesses, & cause la pleuripneumonie, l'etique, & l'inflammation du poulmon.

Le Capricorne les genoüils, & fait les douleurs d'estomac, toux, pleuresie, inflammation de foye.

Le Verseau regarde les jambes.

Les Poissons gouuernent les pieds, causent les fiévres chaudes, les trenchées, & venins.

C'est à dire, Engiston, que ceux qui naissent sous vn Signe sont sujets ordinairement aux incommoditez ausquelles il preside; & de plus, il faut remarquer, selon la pensée de ces Generhliaques, que lors'que quelqu'vn est atteint de ces incommoditez, pendant le temps que leur Astre domine: par exemple, de la difficulté d'vrine, pendant le mois de Mars, où regne le Bellier, on se doit bien donner de garde d'y apporter aucun remede, sinon pour adoucir tant seulement le mal, car autrement il s'aigriroit contre les remedes. Ie m'en rapporte, Engiston, & ne pense pas que vous soyez pour suiure cette methode, ny de tels Esculapes.

CHAPITRE III.

De la puissance des Planettes.

D ES trois Constellations celestes, dont nous auons parlé cy-dessus, nous auons monstré que celle des douze Signes du Zodiaque tient le milieu du Ciel, estant posée entre les deux Tropiques, & ayant sous soy les sept Planetes qui gardent aussi les mesmes bornes. Ces Planetes sont,

Les Planetes.

 Saturne ♄. Iupiter ♃. Mars ♂.
  Le Soleil ☀.
Venus ♀. Mercure ☿. La Lune ☾.

Vertus des Planetes.

 Ces Planetes sont aussi doüées de differentes qualitez, & sont comme la cause formelle des effets que produisent les Signes, principalement le Soleil & la Lune (dont le premier preside au iour, l'autre à la nuict) tant par le moyen de leur conjonction auec lesdirs Signes, que par les diuers aspects dont ils les regardent, agissant neantmoins auec beaucoup plus d'efficace sur les Signes qui sont dans les quatre angles des douze maisons, dans les Signes qui leur sont propres, & dans lesquels ils dominent particulierement, & lors qu'ils regardent les Signes dans sa premiere face, & iusques à la moitié de la seconde, qui est leur ascendant. Ils remarquent aussi que les productions qui se font dans le iour, sont plus blanches, plus nettes & plus heureuses que celles de la nuict.

 E N. Dites-moy, s'il vous plaist, Seigneur Adelphe, quels sont les Signes dominez principalement par les Planetes?

Les Planetes dominent sur les Signes.

 A D. *Saturne* ♄ *froid & sec, domine sur le Capricorne* ♑ *froid & sec, & sur le Verseau* ♒ *humide & chaud.*

 Iupiter ♃ *chaud & humide, sur le Sagitaire* ♐ *chaud & sec, & sur les Poissons* ♓ *humides & froids.*

 Mars ♂ *chaud & sec, domine sur le Bellier* ♈ *chaud & sec, & sur le Scorpion* ♏ *humide & froid.*

Le Soleil & la Lune.

 Le Soleil ☀, *tour & rien, a pour sa maison* ♌ *le Lyon,*

mais il n'y a aucune domination, non plus que dans les autres Signes, car il cede tousiours son domaine, en quelle maison qu'il se trouue, au Planete Seigneur de la maison suiuante. Exemple : Le Soleil se trouue au mois de Decembre dans la maison du Chevreau, le signe qui le suit est le Verseau, dont Saturne est Seigneur. C'est donc Saturne qui domine dans le Chevreau au lieu du Soleil, & ainsi des autres. La Lune en fait de mesme.

Venus ♀ *temperée, domine sur le Taureau* ♉ *froid & sec, & aux Balances* ♎ *chaud & humide.*

Mercure ☿ *douteux, domine aux Iumeaux* ♊ *chaud & humide, & à la Vierge* ♍ *froid & sec.*

La Lune ☽ *froide & humide,* a pour sa maison *le Cancre* ♋, ou *l'Escreuisse, froide & humide.* Mais elle cede son domaine au Planete Seigneur de la maison suiuante en quel lieu qu'elle se trouue, comme fait le Soleil.

Voycy les qualitez & les proprietez que les Planetes ont de soy naturellement.

Saturne en toutes les maisons, mais principalement dans les siennes & dans la 6. 8. & 12. cause tousiours des miseres, des trauaux & des maladies.

Iupiter est presque par tout fauorable, il produit les beaux & les riches, distribuë les honneurs & les Magistratures.

Mars fait les bilieux, les fascheux, & les choleriques, plus dans les Signes ignez que dans les terrestres & aquatiques.

Le Soleil, selon Ptolomée, a autant de vertu luy seul que tous les autres Planetes en general ; mais en particulier il agit plus fort en son ascendant, & dans les angles qu'en aucan autre lieu. La Lune en fait autant pendant la nuict.

Venus temperée, fait les amoureux, les ioüeurs, les amateurs des chants, des festins & resiouïssances.

Mercure est pour la science & l'eloquence, pour les loix, pour les artifices, & pour les marchandises.

La Lune fait les fols, les inconstans, les humides, & les paresseux.

E N. En mon aduis, Seigneur Adelphe, pour l'éclaircisse-

ment de ces matieres, il nous faudroit vne figure de l'ordre
que tiennent les Signes & les Planetes.

A D. La voicy, Engiston. Elle vous seruira aussi pour apprendre à faire l'Horoscope.

CHAPITRE IV.

De l'Horoscope.

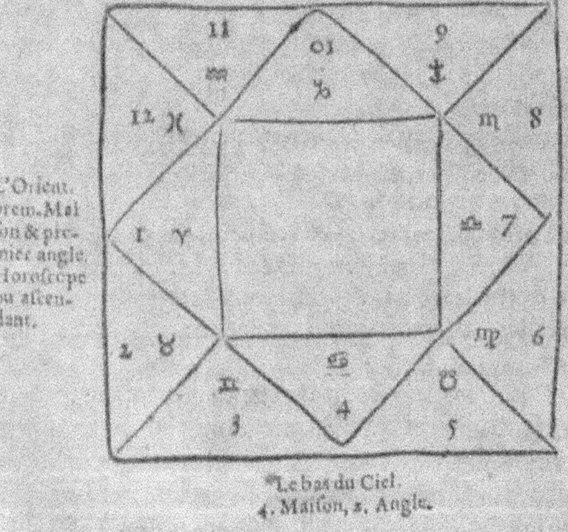

Ce que c'eſt
qu'Horoſ-
cope.

Pour faire vn Horoscope, Engiston, c'est à dire, selon les
Genethliaques, ou Astrologues Iudiciaires & naturels, sçauoir beaucoup de choses touchant la beauté & déformité
d'vn homme, sa temperature, ses mœurs, sa longueur ou
briéveté de vie, sa bonne ou mauuaise fortune, sa santé ou
sa maladie

sa maladie, son naturel & ses inclinations, il faut obseruer les regles suiuantes.

Premierement, il faut sçauoir l'heure du iour ou de la nuict à laquelle nostre homme est né; car le Soleil regne le iour, & la Lune la nuict, comme nous auons desia dit.

Secondement, quel Signe du Zodiaque regnoit en ce moment.

3. De quelle face le Soleil ou la Lune regardoient pour lors le Signe, & quel degré ils montoient, afin de iuger de leur force.

4. Quelle Planete dominoit sur le Signe au lieu du Soleil ou de la Lune.

5. Quels Signes occupoient les quatre Angles; car il arriue fort souuent que le rencontre des Signes qui les occupent ne répondent pas à l'ascendant, & renuersent l'esperance que donnoit l'Horoscope. Toutes lesquelles choses se peuuent obseruer par le moyen de l'Astrolabe, comme nous auons dit en parlant de cet instrument.

Mais il faut encore obseruer, pour faire l'Horoscope, de loger tousiours le Signe dominant dans la premiere des douze maisons, apres en auoir fait vne figure semblable à celle-cy, car cette maison est le premier angle & le seul lieu de l'Horoscope: elle est à l'Orient, marquée 1.

Cela posé, Engiston, reste à produire des exemples.

Le Bellier ♈.

Pierre donc, supposé, nait le 10. de Mars sur le Midy, lors que le Soleil fait son entrée & monte le premier degré de la maison du Bellier, regardant ce Signe en sa premiere face; or le Bellier tenant de la qualité du feu, est sec & chaud: mais le Planete qui domine en sa maison pour *le Soleil* estant *Venus* aërienne, c'est à dire chaude & humide, fera, sans doute, vne bonne constitution, conuenant auec *le Bellier*, & temperant sa seicheresse par son humidité, si les qualitez des Signes angulaires y correspondent.

Iusques icy, Engiston, cela va assez raisonnablement, en mon auis, mais voicy qui me semble ridicule. Il se doit garder d'vne beste à quatre pieds. Si c'est vne fille, elle sera

A a

menteuſe, colete, belle, curieuſe, vaine, enuieuſe, & ſujette aux dangers ; elle aura des enfans, dont le premier ne viendra pas à bien.

Les Angles des maiſons en ce lieu.

Selon cet Horoſcope au Signe du Bellier, *le Capricorne* doit occuper le haut du Ciel, ou le quatriéme angle de noſtre figure, lequel, diſent-ils, donne des honneurs, des richeſſes, des charges eminentes, & vn eſprit entendu, fin & ſubtil ; les ſecrets de la Religion, & engage vn homme en de grades depenſes.

Les *Balances* ſont au couchant dans le troiſiéme angle ; elle monſtrent vne vie & des mœurs à frequenter la Cour, & par conſequent dans l'incertitude & inconſtance, tantoſt éleuant ſon homme au haut de la fortune, & tantoſt l'abaiſſant au deſſous des autres, touſiours meſlé & trauerſé d'vne bonne & mauuaiſe fortune, non ſans eſtre enuié de ſes compagnons ; mais tout ce mal eſt cauſé, diſent-ils, par *le Scorpion* qui tient le bas du Ciel, & le ſecond angle de noſtre figure. Ce qui ſuit, Engiſton, eſt encore plus ridicule.

Degrez ou faces des ſignes.

Ils diſent, que le Soleil montant dans le premier eſtage de cette maiſon, c'eſt à dire, pendant les dix premiers iours, ce Signe fait les hommes de couleur tirant ſur le roux, maigres, peu ventrus, reſſemblant en quelque choſe aux Singes, marquez au pied ou au coude gauche, ayant pluſieurs amis, haineux du mal, & amateurs du bien.

Dans le ſecond. Il les fait d'vn beau noir, bien temperez, querelleux neantmoins, ſoupçonneux, frauduleux, coutageux, & enuironnez d'ennemis mortels.

Dans la troiſiéme, quelquefois roux ou blonds, ſolitaires, meditant ſouuent fraudes & tromperies.

Le Taureau ♉.

L'Horoſcope dans *le Taureau* fait que ſon homme eſt laborieux, empreſſé dans les ſoins d'amaſſer des richeſſes, en acquerant facilement, & les perdant de meſme, heureux, & victorieux de ſes ennemis.

Le Corbeau eſtant au milieu du Ciel, le rend recommandable aux Princes, & luy promet des charges publiques, & des negoces de marine.

Le Scorpion à l'Occident le fait courageux, & officieux, mais le priuera bien tost de sa partie & de ses enfans, s'il est marié.

Le Lyon residant au bas du Ciel monstre que, nonobstant tous empeschemens, il recuperera son patrimoine, en cas qu'il en ait esté dépoüillé.

Le Soleil éclairant la premiere face de ce Signe, l'homme doit estre diligent, auoir de grands yeux & de grosses levres, marqué au dessus de la teste, veritable, ioyeux; presque tousiours en delices. Beaucoup lascif.

A la seconde face, moins lascif, vagabond & muable.

A la troisiéme, de complexion plus froide, à cause de Saturne qui s'approche. La fille sera aussi laborieuse, officieuse, grand parleuse, sujette à faillir, épousera plusieurs maris desquels elle aura des enfans; elle sera riche & prudente.

Les Iumeaux ♊.

Ce Signe rend son homme beau, misericordieux, sage, ingenu, libre, vn peu menteur, coureur & voyageur, mediocre en commoditez, assez fidelle pour estre Intendant des Finances, propre aux Mathematiques, aux Loix, & à l'Arithmetique, sçachant dissimuler sa cholere, mais il sera pour courir danger vers l'âge de trente-deux ans ou du feu, ou du fer, ou de la morsure de quelque chien.

Dans la premiere face, l'homme est d'vne stature mediocre, d'vn beau corps, bien formé. Marqué à la teste & aux genoux, doux, laborieux, malheureux en femme, & ordinairement sterile.

Dans la seconde, plus petit, noiraut, marqué au coude ou aux parties secretes, ordinairement eloquent.

Dans la troisiéme, encore plus petit, mais bien proportionné, bonace, folastre, & conteur de sornettes.

Le Cancre ♋.

Le Cancre fait vn esprit aigre, mais subtil, bien qu'vn peu tardif, doux & paisible, fascheux neantmoins contre les méchans, mais qui reuient incontinent, propre aux charges publiques, & auquel plusieurs feront la cour, mais auec dissimulation, car il a Saturne ennemy, en cas qu'il soit dans l'Horoscope, ou qu'il le regarde de costé, qui luy predit vne mort violente, quelque maladie aiguë, & la mort de ses freres.

Mais *le Bellier* au milieu du Ciel s'y oppose, qui le rend agreable aux grands, & studieux des bonnes lettres.

Le Capricorne à l'Occident le tachera d'infamie, de laquelle il se purgera ; apres plusieurs infortunes, il se restablira en son premier degré.

Les Balances tenant le fond du Ciel, adiousteront douleur sur douleur, puis le restabliront, & changeront la mort infame, dont le menaçoit Saturne, en mort naturelle.

Dans la premiere face, il fait vn homme de corps & de poil raisonnable, à sourcils estroits, de bon esprit, marqué au bras droit, & aux jambes ; d'vne bonne nature & qui a quantité d'amis.

Dans la seconde, de poil roux, de petite stature, marqué aux yeux.

Dans la troisiéme, gros, hebeté, force poil aux sourcils, le visage bouffy, & ayant tousiours vne demangeaison.

Le *Lyon* ♌.

Le *Lyon* employe vn homme dans les affaires d'autruy qui luy acquierent vn nom immortel, mesme chez les Nations estrangeres : il ne souffre pas facilement le ioug, mais respire la liberté, & fait tousiours la loy aux autres. Quand Mars regarde le Lyon diametralement, il cause à l'homme la sterilité, si Iupiter ne se rend moderateur, accordant au plus vne fille.

Le *Taureau* au milieu du Ciel, rend vn homme suspect aux grands, deuenant pourueu des charges publiques ; connoissant toutes choses, heureux en toutes ses entreprises, excepté en femmes ; entre lesquelles il sera d'humeur à rebuter les mieux faites, pour s'allier à vne vieille ou vefue, ou mesme à quelque infame.

Le *Scorpion* au fond du Ciel fera presque les mesmes effets ; mais *le Verseau* au couchant ne promet rien de bon.

En la premiere face, l'homme sera doüé d'vn petit corps, beau, droit, & bien taillé, rouge en couleur, meslé de blanc, des yeux variez, mais incommodé des pieds, en sa vieillesse; il se fera connoistre par ses beaux faits, bien venu & chery des grands.

En la seconde face, il aura la poctrine large, les membres gresles, homme d'honneur & de cœur.

En la troisiéme, il sera de petite stature, couleur de rose meslé de blanc, mais sujet à beaucoup de maladies, vn peu venerien.

La *Vierge* ny.

La *Vierge* encline, disent-ils, à la mollesse, elle rend neantmoins vn homme de bon sens, répondant à propos comme vn oracle; intelligent en toutes choses, ingenieux à faire mille choses, sçauant, soit qu'il soit d'Eglise, de Lettres, ou de Negoce.

Les Iumeaux au milieu du Ciel ny contredisent pas,

Les Poissons à l'Occident s'y accordent, & adioustent de plus la beauté, la liberalité, l'ingenuité, la faueur & la clemence enuers les hommes,

Le *Sagitaire* au bas du Ciel adiouste encore la faueur des grands, la felicité, & l'abondance des enfans, les plus grandes dignitez dans l'Eglise, & la facilité à faire toutes ces choses.

Dans la premiere face le Soleil & la Vierge font vn homme de grandeur raisonnable, de belle face, curieux, subtil, prudent, assez bien coëffé & peigné, d'vne voix sonorée & agreable, ingenieux, mais sterile & sans enfans.

Dans la seconde, aussi beau de visage, des petits yeux, vn nez bien fait, Religieux, docte, integre, bon, mais amateur de loüanges.

Dans la troisiéme face, presque le mesme à proportion.

Les *Balances* ≏.

Les *Balances* produisent des infirmitez, des dangers, des procez, des ennemis; & apres tout cela, la victoire & prosperité. De plus, elles promettent les dignitez dans l'Eglise & dans la Iustice, dont l'administration sera integre: enfin, bon-heur en toutes choses, excepté à l'education des enfans qui ne se feront pas viure.

A iij

Le *Canere* au haut du Ciel promet des Benefices Ecclesia-stiques, des richesses, de l'honneur & des facultez en la vieillesse, mais peu d'enfans, si Iupiter ne le regarde de bon œil.

Le *Bellier* s'y accordera à l'Occident, & abandonnera son homme dans les dangers des grands voyages, dans la manie & phrenesie iusques à la vieillesse.

Le *Capricorne* au bas du Ciel, adioustera à cela d'estranges passions & troubles, ne donnant guere de repos, faisant les hommes turbulens & petulans.

Dans la premiere face, il fait les beaux enfans, simples, laborieux & modestes, mais qui sont en danger de receuoir quelque blessure à la teste.

Dans la seconde, ils seront aussi beaux, mais chassieux pour la plus part, & les yeux tendres, sujets à maladies.

Dans la troisiéme, ils seront honorables, beaux, exem-plaires. Mais sur la fin de cette face naissent les Hermafro-dites, & garde le venin.

Le *Scorpion* ♏.

Ce Signe, selon sa nature, fait les hommes fascheux & choleriques, picquans & mordans, se vengeans mesme par venins & poisons, riches, mais exposez aux dangers iusques à desesperer de leurs affaires, desquelles neantmoins ils vien-dront au dessus. D'vn esprit vif, d'vn langage poly, abon-dans en lignée.

Le *Lyon* rugissant au milieu du Ciel, adioustera la force & la valeur pour arriuer à ce que dessus : il promet aussi de grandes dignitez.

Le *Taureau* mugissant à l'Occident, opprimera ses enne-mis, mais aussi marquera son homme de quelque tache ve-nerienne, laquelle neantmoins il essuyera bien tost apres.

Le *Verseau* dans le bas du Ciel, luy marque quelque in-fortune par les eaux, & l'ingratitude de ceux qu'il aura obligez.

Le Soleil dans la premiere face, rendra sa production dif-forme par la teste, ou par les espaules, au bras ou au pied gauche, d'vne large poictrine, sobre & discrette, meslant son discours de quelques pointes jolies.

En la seconde, il fera vne grosse teste, vn grand parleur, marqué aux genoux, ou bien aux parties posterieures.

En la troisiéme, ce sera vn homme petit, les yeux de trauers, grand mangeur, & ruffien.

Le *Sagitaire* ♐.

Il influë aux Pelerinages, & aux voyages de mer & de terre, & si l'homme suit son inclination, il s'adonnera aux meilleures choses, & sera bien discipliné.

La Vierge au haut du Ciel augmentera sa fortune, & recompensera les trauaux de sa jeunesse, par quelque charge dont il s'acquitera dignement, & dans laquelle il pourra obliger mesme les ingrats.

Les Iumeaux tenant l'Occident, luy donneront des enfans en sa vieillesse.

Les Poissons dans le bas, le rendront secret, fidelle & noble; mais s'il est tant soit peu regardé par Iupiter, il se pourra trouuer en danger auec vne femme fautiue.

Le Soleil en la premiere face, sera vn bel homme, de taille fort raisonnable, courtisan, & studieux des bonnes lettres.

Dans la seconde, d'vne moindre stature, beau de visage, les sourcils meslez de poils blonds, marqué à la poictrine.

A la troisiéme, l'homme doit estre grand, beau, d'vne large poictrine, marqué aux pieds & à la poictrine.

Le *Capricorne* ♑.

Ce Signe fait vn enfant aimable, gay, pusillanime, superstitieux en matiere de prieres, vn peu lubrique, & neantmoins censeur des actions d'autruy sur le fait de la Religion.

Les Balances au milieu du Ciel, le feront profiter de la perte & de la mort d'autruy, & le rendront honneste, pieux, sçauant & eloquent, heureux en sa vieillesse.

Le Cancre à l'Occident, luy rendra ennemis ses propres amis, & l'engagera en mille dangers.

Le Bellier au plus bas du Ciel, fera la mesme chose, & luy rendra toutes choses incertaines & inconstantes; & s'il conserue des enfans ce sera apres qu'ils auront essuyé de grandes maladies.

Dans la premiere face, il sera vn homme de large poictri-ne, tendre, de grandeur raisonnable, noiraut, finet, & mar-qué au coude ou à la poictrine.

Dans la seconde, la production sera belle de face, mar-quée au bras gauche. S'il vient la nuict, il sera malicieux, le nez long, & l'esprit aigu.

Dans la troisiéme, il sera beau de corps, d'vn visage cou-leur de citron, marqué au bras ou au genoüil, d'humeur cholerique, mais aimable & vn peu effeminé.

Le Verseau ♒.

Le Verseau fait vn homme moderément riche, bien venu chez les grands, courrant des perils & dangers, desquels il sera deliuré par vn secours particulier du Ciel. Il sera muni-fique, hospitalier, prodigue, protecteur des gens doctes & habiles, dissipateur des biens Ecclesiastiques.

Le Scorpion au milieu du Ciel, donne vne vie triste & fas-cheuse, engage son homme en de frequens voyages, de sor-te qu'il ne sçauroit durer en place; il sera malheureux en femmes, mais il aura tousiours l'applaudissement des gens de bien.

Le Lyon au couchant, le rendra aussi malheureux en fem-me & en domestiques, lesquels seront ses ennemis, & à l'ai-de desquels les externes tascheront de le perdre.

Le Taureau occupant le bas du Ciel, luy suggerera de la gloire & de la pompe, adjoindra à ses biens les biens d'au-truy, & le fera viure long temps.

La premiere face rend vn homme bien fait de corps & de visage, marqué à la poictrine ou au pied gauche, benin, affa-ble & traitable.

La seconde luy forme le visage vn peu longuet & rouge, marqué au coude ou dans la partie posterieure, sujet à de grands troubles.

La troisiéme luy taille vn petit corps, vn visage de rose, marqué au coude, vn peu effeminé; mais disproportionné en corps & en mœurs, s'il naist dans les derniers degrez.

Les Poissons ♓.

Quiconque naist sous *les Poissons*, est doüé d'vn tres-bon esprit

esprit, genereux, fidelle, & amiable.

Le Sagitaire au haut du Ciel, l'exposera à plusieurs dangers, mais d'ailleurs le rend fort habile, iusqu'au poinct d'oser faire piece aux grands.

La Vierge à l'Occident, le rend courageux, secret, œconome, passionné pour sa femme & pour ses amis, qui ne répondent pas; d'où vient qu'il pourra auoir des affaires qui luy cuiront beaucoup.

Les Iumeaux dans le fond du Ciel, marquent langueur & maladie, perte de biens, & puis aprés recouurement au moyen des amis. Mort subite, & en pais estranger.

La premiere face fait vn corps mol, blanc, grande poictrine, vne barbe decente, vn front ouuert, la peau nette, des yeux ouuerts & beaux, vn corps charnu, & vn homme honneste.

La seconde, fera vne petite taille, mais égale, la barbe noire, allegre, & iouial, vn peu crespu.

La troisiéme, rend vn corps accomply de tous ses membres, beau & bien fait, & donne vne voix fort sonore.

CHAPITRE V.

Moyen de penser les maladies par l'Astrologie.

L E Medecin, selon le sentiment de ces Genethliaques, auant de commencer son operation, doit rechercher en quel lieu du Ciel estoit le Soleil ou la Lune, au commencement de la maladie de son patient; quel Planete dominoit, quel Signe estoit dominé, & quels occupoient les cantons du Ciel, quels Planetes se rencontroient, comme nous auons dit de l'Horoscope; & doit faire la mesme obseruation pendant le cours de la maladie. *Obseruations.*

Il doit connoistre le temperament du malade, & quelle année il court de sa vie, afin de voir si elle est climaterique; mesme il doit obseruer les iours de la Semaine, sçauoir s'ils sont fauorables ou nuisibles.

Les années climateriques, ou scalaires, sont de deux sortes, *Années climateriques.*

ſçauoir les ans hebdomadaires ou ſeptenaires, qui procedent par trois fois ſept ; comme 21. 42. 63.

Les autres ſont Enneatiques, ou neufuainaires, & procedẽt par 9. leſquels venant à rencontrer les precedens, comme il arriue au nombre de 63. (car 7. fois 9. & 9. fois 7 ſont iuſtement 63.) ſont la grande climaterique ; en laquelle année de 63. l'homme court, diſent-ils, grand riſque de ſa vie, ſi la maladie le ſurprend : dautant qu'en ce temps là il ſe fait vne reuolution d'humeurs extraordinaire, à cauſe du rencontre de *Saturne* auec *la Lune*, lequel ſe fait au nombre ſeptenaire : & de celuy du meſme *Saturne* auec *Mars* au nombre nouennaire, dont les effets ſont touſiours dangereux & funeſtes.

De la connoiſſance de toutes ces choſes, le Medecin doit prendre ſes meſures & employer les remedes conuenables à la gueriſon de ſon malade.

Exemple. Pendant que le Soleil marche chez le Bellier. Il ne faut pas employer les Bains chauds ny les Eſtuues, ny ſe lauer la teſte, ny y faire aucune inciſion, crainte de phreneſie & de manie ; il ſe faut abſtenir de tous medicamens & alimens chauds, comme chair de Mouton, d'Aigneau, de Bellier.

Les grandes douleurs de teſte ſont cauſées par la conjonction *de Saturne* auec *la Vierge* au temps de la natiuité. Les Bains, les Eſtuues & ſueurs ſont propres pour y remedier, mais non pas les iours de Mardy & Samedy.

La Lune accompagnant *Mercure*, hors l'aſcendant, rend les hommes ſujets à l'Epilepſie, & ſi *Saturne* eſt pour lors dans vn angle, l'homme ſera ſujet à la folie.

La conjonction du Soleil & de la Lune fait touſiours vne mauuaiſe natiuité, elle rend la vieilleſſe perilleuſe, caduque, & conduit en demence.

La Lune eſtant dans *le Bellier, le Lyon, & le Sagitaire*, c'eſt à dire aux mois de *Mars, de Iuillet, & de Nonembre*, il faut conforter la vertu attractiue dans le malade.

Eſtant dans *la Vierge* & dans *le Taureau*, c'eſt à dire aux mois d'*Auril* & *Aouſt*, la vertu retentiue.

Eſtant dans *les Gemeaux, les Balances, & le Capricorne*, c'eſt

à dire aux mois *de May, de Septembre, & de Decembre*, il faut
ayder à la vertu digestiue.

Il y a mille autres choses, Engiston, qu'ils racontent sur
ce sujet, mais ie les passe sous silence, pour ne perdre pas
plus de temps.

EN. N'ont-ils pas quelque fondement sur lequel ils ap-
puyent leurs maximes?

AD. Ie vous feray voir ce qui en est.

CHAPITRE VI.

Du Fondement de l'Astrologie naturelle.

ADEL-
PHE. IL est vray, Engiston, comme nous a-
uons dit, que le seul corps du Ciel est
doüé de diuerses qualitez en ses parties,
l'vne échauffe, l'autre rafraischit, l'vne
desseche & l'autre humecte : par exemple, la Lune excite
le Flux & Reflux de la Mer; elle purge les Femmes à certains
periodes, selon leur âge & leur constitution : on obserue ses
mouvemens pour les plans & les semaisons, & mille autres
merueilles occultes qui nous sont encore inconnuës.

Or c'est, sans doute, ce qui a donné lieu aux Astrologues
d'imposer des noms & figures à ces parties du Ciel, conuenables à leurs qualitez, sçauoir aux parties que l'experience
leur a fait voir estre de temperament sec & chaut, les noms
& les figures *de Bellier, de Lyon, & de Sagittaire*, dont la Nature tient de celle du feu; aux secs & froids, ceux *de Taureau, de Vierge, & de Cheureau*, qui sont terrestres; aux humides & froids, ceux *de Cancre, de Scorpion, & de Poissons*, animaux aquatiques; aux chauds & humides, ceux *de Iumeaux,
de Balances, & de Verseau*, qui sont des choses ordinairement
en l'air, & bien temperées.

Ils en ont fait de mesme à l'endroit des parties inferieures
& fluides du mesme Ciel, lesquelles ils ont nommées en
general Planetes, ou Erratiques, à raison de leurs courses

continuelles. Et ayant aussi remarqué en eux diuerses qualitez répondantes à celles des Signes, ils leur ont attribué la domination sur les mesmes Signes, auec aucuns desquels ils symbolisent en temperie & qualitez, & disconuiennent auec les autres.

Ils leur ont aussi imposé à chacun en particulier les noms de leurs fausses Diuinitez, faisant encore en cela allusion & proportion des inclinations de ces hommes auec la qualité des Astres. Par exemple, ils appelent cette partie du Ciel dont le temperament est sec & froid, *Saturne*, les mœurs duquel, selon les Poëtes, estoient rudes, facheuses & tout à fait terrestres. Ils le font dominer sur deux Signes de differentes qualitez, sur *le Verseau* chaud & humide, qui luy est opposé ; & sur *le Cheureau* froid & sec qui conuient auec luy, d'où ils tirent leurs consequences, que les Natiuitez qui arriuent lors que Saturne domine au Cheureau, sont tres-infortunées, produisant des Enfans horriblement tristes & melancholiques, si d'auenture quelque Astre plus benin ne se rencontre dans les Angles, ou ne vient à la trauerse pour temperer vn peu ces mauuaises qualitez. Mais lors que Saturne domine *le Verseau* qui est chaud & humide, les productions sont bien plus loüables, à cause de la bonne temperature qui se fait au moyen des diuerses qualitez du Signe & du Planete, si d'auenture quelque Astre malin ne venoit au trauers, ou n'occupoit les Angles du Ciel, car pour lors le plus fort l'emporteroit. Et ainsi Engiston, de toutes les autres Constellations à proportion.

Ils ont passé plus outre, & ont attribué aux Signes & Planetes, l'influence sur les parties de l'Animal, tant interieures qu'exterieures, suiuant leurs figures & qualitez, d'où vient que ces attributions ne sont pas simples Equiuoques, mais Analogues, estant faites en partie sur le nom, & en partie sur la nature de la chose.

Entant que les Constellations, representent à nos yeux les figures du Bellier, du Taureau & autres, ce n'est qu'vn Equiuoque, mais entant que les Astres & les Animaux conuiennent en temperature, c'est Analogie. Le Bellier influë à la

tefte & à la face de l'homme, difent-ils, dautant que la force & la grace de cet animal gift en cette partie, c'eft Equiuoque; mais le Belljer caufe la ftrangurie, la pierre & la grauelle à caufe de fa grande chaleur & feichereffe, & cette
proportion eft Analogue.

Saturne eft terreftre & melancholique, c'eft pourquoy il
influë à la rate qui en eft le Siege; Iupiter au contraire eft
chaud & humide, c'eft pourquoy il influë au fang qui eft
doüé de telles qualitez. Ainfi en eft-il des autres Signes &
Planetes, comme vous auez veu cy-deffus.

De là ils ont voulu enfeigner la methode de penfer & guerir les maladies des hommes par l'obferuation des Conftella-
tions, confiderant le mouuement, la conjonction, les rencontres & refpects des Aftres & de leurs differentes qualitez, afin d'employer les remedes conuenables. Ils ont eu la
curiofité de vouloir deuiner & predire les éuenemens des
natiuitez par l'Horofcope, touchant les humeurs & temperament des hommes, fuiuant les qualitez des Aftres. Tout
cela eft tolerable en mon auis, Engifton, fuppofé que les
Aftres foient doüez de ces qualitez, & qu'ils influent fur les
hommes, comme nous auons affeuré. Tout cela, dis-ie,
n'eft que purement naturel, témoin l'Horofcope de Pierre,
que nous vous auons apporté pour exemple; remontez,
Engifton, & le confiderez de nouueau iufques au premier
Angle, & ie n'affeure que vous le trouuerez affez plaufible,
ne s'agiffant que des qualitez oppofées. Mais que le Bouc au
haut du Ciel donne des honneurs, des charges, & des ri-
cheffes, vn efprit entendu, fin & fubtil, ie n'y remarque
aucun fondement folide, tout eftant Equiuoque, dautant
que le Bouc porte la tefte leuée, eft ordinairement le Mai-
ftre & le conducteur d'vn troupeau de brebis, que la Che-
vre Amalthée fut Nourriffe de Iupiter, que fa corne donna
l'abondance, & autres fables Poëtiques.

Que les Balances faffent la vie de l'homme dans vne perpetuelle inconftance, qu'elles l'éleuent au haut de la fortune, puis le raualent fous les pieds; qui ne voit que c'eft vne
pure allufion aux diuers mouuemens de la Balance. Auffi

bien que les soins cuisans, les enuies, jalousies & medisances causées par le Scorpion, ne sont qu'vne allusion à l'aiguillon, aux picqueures & blessures de ce veneneux animal.

Enfin, que le Soleil dans les diuerses faces ou degrez des Signes, fasse les diuerses couleurs, figures & statures des hommes, les vertus & les vices, les heureux ou malheureux mariages, les cas-fortuits, les blessures de tels ou de tels animaux, les prosperitez ou aduersitez, les feconditez & sterilitez, &c. c'est ce qui ne se peut attribuer aux Astres, ny à leurs influences; puis que la plus part de ces choses est l'effet d'vne Prouidence toute particuliere, qui les conduit doucement & fortement à leur fin.

En vn mot, Engiston, cette science a tousiours esté suspecte d'auoir accointance auec la Magie; car la plus part de ceux qui ont traité de l'vne, ont parlé de l'autre; les bons Autheurs l'ont tousiours improuuée, les Peres l'ont tenuë pour ridicule, en voicy quelques témoignages.

L. s. de la
Cité de
Dieu,

Si les Astres, dit Saint Augustin, estoient la cause de ces effets, comme le croyent ces Genethliaques, il s'ensuiuroit que deux Iumeaux deuroient symboliser de telle sorte, qu'il n'y auroit aucune difference, de mœurs, d'inclinations, de complexions, de succez, de figure, de stature; &c Or l'experience nous fait voir le contraire, Iacob & Esaü nous en fournissent vn bel exemple. Et partant.

Genese 27.

E N. Ouy, mais on vous dira, Seigneur Adelphe, que le mouuement des Astres est si prompt, qu'il peut changer la constellation de moment en moment, & partant que ces deux Iumeaux seront bien produits d'vn mesme accouchement, mais non sous mesme constellation, puis qu'il se passe assez de temps depuis l'issuë de l'vn iusques à celle de l'autre pour faire ledit changement; & par consequent que vostre argument demeure enerué.

s. Grg.
hom. o. sur
les Evang

Saint Gregoire y répond, Engiston, & dit que si cette raison a lieu, on pourra dire, & il se pourra faire, qu'vn mesme corps sera soufmis à diuerses constellations, & receura diuerses influences, puis qu'il ne sort pas en vn instant du ventre de sa mere, mais successiuement; il faudra donc dire que chaque membre a sa fatalité & sa qualité differente, ce qui est tout à fait absurd. Mais voicy le secret, Engiston, c'est que les Astrologues en disent tant par conjecture, qu'il ne se peut que quelque chose n'arriue selon leur prediction ; car les conjectures des hommes, dit le mesme Saint Augustin, n'ayant autre force que celle du sort, Les Astres, conclud Albert le Grand, ne sont pas la cause des euenemens, c'est bien tout s'ils en sont les signes. *Liu. 7. des Confess. 6. Miroir Astron. des Liures licites, ch. 11.*

I'acheue cet Intermede par la plaisante piece que fit sur ce sujet Guillaume Duc de Mantouë, Prince autant jouial, sçauant & liberal, que prudent, sage & politique, au temps que Fra Paolo Religieux Venitien, le Phœnix de son siecle, professoit à Mantouë la Theologie, le Canon, & les autres sciences, enuiron l'an 1580.

Ce Duc, pour se mocquer des Astrologues & de l'Astrologie iudiciaire, prit occasion de la naissance d'vn Mulet de son Escurie, & disant qu'il luy naissoit vn Bastard dans son Palais, obligea Fra Paolo, qui se picquoit de cette science, de contempler le Ciel toute vne nuict, de remarquer le poinct de sa natiuité, & la position des Estoiles par le moyen de l'Astrolabe. *Histoire dans la vie de Fra Paolo.*

L'Horoscope estant fait, & reduit en Apotelesme, le Duc l'enuoya par toute l'Europe à ceux qu'il sçauoit s'en mesler. Chacun en débuta selon son imagination. Tel écriuit au Duc que son Bastard seroit grand Capitaine ; tel luy destinoit desia des triomphes ; l'vn luy promettoit le Chapeau de Cardinal, l'autre les Mitres & les Crosses, quelqu'autre le coëffoit de la Thyare.

Ce ne fut pas vn petit diuertissement à ce Prince, mais ce fut vne confusion sensible à Fra Paolo, lequel, dit-on, pour ce sujet se retira de cette Ville.

E N. Il est vray que cela est plaisant, Seigneur Adelphe, mais passons, s'il vous plaist, non pas du Cocq à l'Asne, mais de l'Asne à la Lyre, comme disent les Grecs, entretenez-nous donc de cette Musique celeste que vous dites se former entre ces grands corps. *ὄνος πρὸς λύραν.*

AD. I'en suis d'accord, Engiston, ce sujet est dautant plus à propos que le precedent nous aura seruy de prelude.

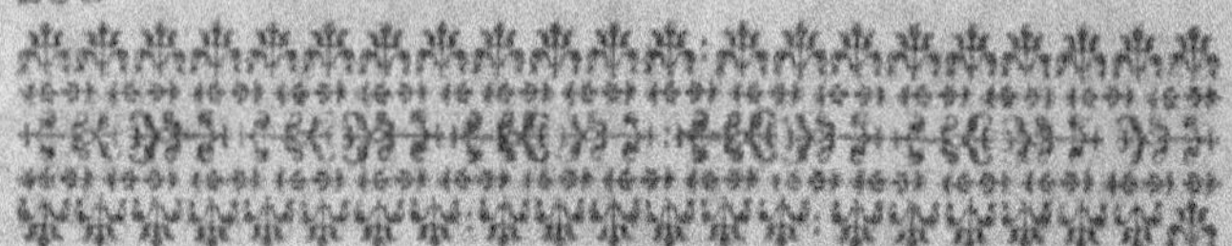

HVICTIE'ME TRAITE',

DE LA MVSIQVE.

CHAPITRE PREMIER.

De l'Excellence de la Musique ; son Etymologie , & sa Diuision.

ADEL-
PHE.

IE vous sçay bon gré , Engiston, de vouloir sçauoir la Musique, car c'est vne chose si agreable, que Platon n'a pas feint de dire que c'estoit quelque chose de diuin.

En effet , les Grecs , qui en furent les Inuenteurs , aprés Iubal fils de Lamech , en faisoient tant d'estat , que ceux qui l'ignoroient estoient entr'eux dans le mépris , quoy qu'ils fussent d'ailleurs doüez de toutes au tres excellentes qualitez , témoin le braue Themistocles , au raport de Cicerō , qui fut dans le rebut parmi cette nation, pour ce sujet , quoy que d'ailleurs tres. vaillant Capitaine.

Vous sçauez ce que les Poëtes feignent de la Musique , qu'elle a telle vertu qu'elle attire non seulement les Dieux & les hommes , mais qu'elle charme aussi les bestes & les choses insensibles.

La Musique tire son Etymologie du nom de *Muse* , qui signifie *honneste Discipline* , & les Poëtes tousiours inuentifs, en admettent neuf , ausquelles ils donnent des figures de filles

filles qui se prestent mutuellement la main, & font vn cercle au tour de leur Corifée Apollon.

Clio s'occupe à raconter l'histoire, & chanter les loüanges des Herauts.

Melpomene s'exerce sur les sujets tragiques.

Vranie s'adonne à l'Astrologie & à l'Astronomie.

Calliope a la voix excellente.

Erato se plaist à chanter des Airs & des Chansons d'amourettes.

Thalie est plus lasciue & dissoluë.

Terpsichore touche les Luths & Instrumens à chordes.

Euterpe ioüe des Flutes & Instrumens à vent.

Polymnie les conduit toutes sous la mesure.

Laissons ces fictions poëtiques & venons à la diuision de la Musique.

La Musique, Engiston, se diuise, selon Boëce, en *Mondaine*, qui n'est autre chose que *l'harmonie du tout & des parties de l'Vniuers*, sous laquelle est comprise la celeste. En *Humaine*, qui est *la proportion de l'ame auec le corps & ses parties*. Et en *Instrumentale*, qui est la veritable, les autres n'estant que metaphoriques.

Cette derniere espece de Musique se diuise encore en Practique, qui est, selon Saint Augustin, *l'Art & la faculté de bien chanter*: Et en Theorique, laquelle, selon le mesme Boëce, *est vne faculté qui considere la difference des sons aigus & des sons graues par le sens & par la raison*; l'objet de celle-là est l'oüye; l'objet de celle-cy est le *nombre sonore*, selon Salinas. Nous parlerons par ordre de chacune de ces especes. Commençons maintenant par la mondaine & par l'humaine que nous joindrons en vne seule.

Les neuf
Muses.

L. 1. c 2.

S. Aug.

Boëce l 5.
c. 1.

L. 1. de la
Musique 4.

CHAPITRE II.

De la Musique Mondaine & Humaine.

ADEL-
PHE.

'IL est vray, Engiston, que, selon le
dire du Philosophe, *toutes choses consistent & subsistent par l'amour & la haine,
par la concorde & la discorde,* Il est aussi
vray de dire que tout l'Vniuers est vn grand concert de Musique, meslé de consonances & de dissonances, pour se rendre plus agreable. Il est composé de trois Chœurs, dont le
plus gros est la Nature, le second, la Politique, & le troisiéme la Morale, desquels l'admirable cadence suit le poids &
la iuste mesure de la Prouidence diuine.

En effet, Engiston, nous auons monstré cy-deuant, combien le Ciel est different en ses parties, tant pour leurs qualitez, que pour leurs quantitez, distance, estenduë, mouuemens & effets. Nous verrons cy-aprés comme les Elemens sont en haine & en bonne intelligence par leurs qualitez alteratiues, se reposent & trauaillent continuellement
par leurs discords & sympaties, Comme les quatre humeurs
au corps de l'animal symbolisent & dissymbolisent, Comme
quoy le temps & le lieu y tiennent leurs parties, celuy-là
dans la difference & succession admirable de ses quatre saisons, le Printemps, l'Esté, l'Automne, & l'Hyuer, Et celuy-cy dans la distinction des habitations, selon les Zones
& les Clymats plus ou moins froids & chauds & temperez;
La diuersité de tant d'animaux & de plantes, dont les vnes
sont sympatiques, les autres dispatiques.

Il n'y a pas iusques aux simples accidens qui n'entrent dans
la composition de ce gros Chœur, comme sont les couleurs,
les sons, les odeurs, les saueurs, & les qualitez tactilles, dont
la varieté est telle qu'il est comme impossible de la distinguer. Le iour & la nuict, la lumiere & les tenebres, y ont
vne continuelle succession.

Le second Chœur, qui est la Politique, est composé de tous les Ordres d'vne admirable Hierarchie, comme des Superieurs, des Mediocres & des Inferieurs, des diuers estats & conditions, Ecclesiastiques, Religieux, Magistrats, Marchands, & Artisans. Petits & grands ; Riches & Pauures Maistres & Seruiteurs, Nobles & Roturiers. Estrangers & Compatriotes, Citoyens, Vilageois, Gens polis & Rustiques.

Enfin, la Morale fait le troisiéme Chœur, où Concordant entre les vertus & les vices, le bien & le mal, la raison & les passions, le corps & l'ame ; l'Humilité chante la Basse, la Charité le Superius , la Iustice la Taille, la Prudence fait souuent le Tacet, le tout est conduit par la Temperance, & animé du Decachorde des Commandemens de Dieu.

Mais ce n'est pas assez , il faut monter au monde intellectuel qui est celuy des Anges, où il n'y a aucun discord, leur Concert se faisant par simples consonances, & d'vn mutuel accord qu'ils ont entr'eux d'obeïr ponctuellement aux volontez de Dieu , & de chanter eternellement à neuf Chœurs pour tout Motet, l'ineffable Trisagion.

Reste encore vn troisiéme Monde, Engiston, dans la nature naturante, c'est le Monde Ideal, comme nous auons dit ; le conclaue de la Diuinité ; i'entens là vn concert, & vne melodie que iamais oreille n'a entendu. C'est vn diuin Trio, c'est vn Concordant adorable, trois y font la mesme harmonie, & les trois parties font à l'vnisson toutes les Consonances. Le Pere comme principe des autres personnes , produit son Fils par sa parole, & cette production estant iustement d'vn à deux , donne la iuste Octaue. Le Pere & le Fils, comme vn seul principe, spirent le Saint Esprit, & cette proportion estant de deux à trois fait la Quinte parfaite, comme vous verrez cy dessous. Ainsi la Sainte Trinité fait vn parfait Diapason qui comprend tout , & dans lequel sont renfermées les Consonances tres-parfaites de la Musique.

EN. Voylà qui est fort beau, Seigneur Adelphe , mais vous l'auez bien dit que c'estoit pure Metaphore, passons, s'il vous plaist à la Musique Celeste afin de voir si elle contient plus de proprieté.

Cc ii

CHAPITRE III.

De la Musique Celeste & Pythagoricienne.

ENGI-
STON  VANT de commencer, Seigneur Adelphe, permettez-moy que ie vous fasse vne question, sçauoir pourquoy les Poëtes & les Autheurs ne s'accordent pas au nombre des Muses, les vns les reduisant à trois, les autres à quatre, les autres à sept, les autres à neuf, comme vous auez fait voir ?

Varron
S. Aug. l.
Conf. II.

AD. En voicy les raisons, Engiston, Varron, & les Anciens, mesme Saint Augustin, ne comptent que trois Muses, sçauoir Calliope, Terpsicore & Euterpe. Dautât que toute la Musique se reduit à trois choses, au chant des voix, au son des Instrumens à cordes, & au son des Instrumens à vent.

Orphée.

Les autres admettent quatre Muses, dautant, disent-ils, qu'Orphée composa sa Lyre de quatre cordes, pour signifier les quatre Saisons de l'année, & les quatre Elemens.

Homere.

Virgile.
Horace.
Macrobe.

Les autres sept, comme Homere dans son second Hymne; Virgile dans l'Eclogue Alexi, & au sixiéme de l'Eneide; Horace dans son Ode onziéme du troisiéme Liure, Et Macrobe au Liure premier des Saturnalles, lequel soustient que la Lyre d'Apollon estoit montée de sept cordes, répondant aux sept especes de Diapason, ou Octaue, dont nous parlerons cy-aprés.

L. I. c. 19

Ceux qui ont cru que les Cieux faisoient vn Concert de Musique, ont rapporté les sept Muses au nombre des sept Planetes, dont ils taschent de former le Diapason dans l'espece Hypodorique. Boëce a esté de ce sentiment, lequel, selon que faisoient les anciens, a posé le Soleil dans le milieu.

Enfin, les autres plus communement, font monter le nombre des Muses iusques à neuf, afin de trouver plus facilement le Diapason, ou l'Octaue de leur Musique pretenduë, joignant aux sept Planetes d'vn costé les quatre Ele-

mens qui ne font qu'vne espace depuis la terre iusques à la
Lune ; & de l'autre le Firmament.

Ils donnent donc le nom de la Muse Clio à la Lune ; celuy
d'Euterpe à Mercure ; à Venus celuy de Thalie, celuy de
Melpomene au Soleil ; à Mars celuy de Terpsichore ; celuy
d'Erato à Iupiter, à Saturne celuy de Polymnie ; celuy d'V-
ranie au Firmament, & la derniere est Calliope. Voila les
noms, voyons maintenant les accords.

Pythagore, au rapport de Pline, commençoit le son par
la terre, & faisoit vn ton depuis elle iusques à la sphere de la
Lune ; de la Lune iusques à Mercure, demy ton ; demy ton
depuis Mercure iusques à Venus ; depuis Venus iusques au
Soleil, trois quarts de ton. Il faisoit la mesme distance &
mesmes proportions depuis la sphere du Soleil iusques au
Firmament : sçauoir depuis le Soleil iusques à Mars, vn ton ;
depuis Mars iusques à Iupiter vn demy ton ; depuis Iupiter
iusques à Saturne, vn autre demy ton, & depuis Saturne
iusques au Firmament trois quarts de ton ; reuenant le tout
à six tons moins vn Komma ; qui font iustement le Diapason, selon Aristoxene, Pline, & les bons Musiciens.

Sçauoir maintenant si les Spheres inferieures font les
tons aigus & les superieures les tons graues, ou le contraire,
c'est vn sujet de controuerse entre Boëce & Ciceron ; ils ont
tous deux raison, la chose estant problematique. Voyez le
raisonnement de Ciceron, *Tout ce qui se meut auec plus de*
violence fait vn son plus aigu ; les Spheres superieures se meu-
uent auec plus de vitesse que les inferieures, partant, &c.

L'autre raisonne de la sorte. *Les plus grands corps font les*
sons les plus grands ou plus graues : les Spheres superieures
font les corps les plus grands ; partant les Spheres superieures
font les tons les plus graues.

Iugez-en ce qu'il vous plaira, Engiston, il n'y a pas grand
inconuenient, puis que ces choses font plus feintes que veritables, & pour parler comme Aristote, plus agreables à
raconter, que vray-semblables à croire, & il est tres-certain
que quiconque s'appliqueroit à en faire l'espreuue par les
distances & les proportions qui se rencontrent de Sphere à

Pline l. 2.
22.

Cicer. l. 1.
de la repub.

Boëce l. 1.
17.

Aristote.

autre, n'y trouuera iamais son compte.

E N. Ie n'ay pas de peine à le croire, Seigneur Adelphe, dautant mieux que si les Cieux, qui sont tousiours en action, faisoient vne Musique, nous l'entendrions icy bas, que peuuent répondre les Pythagoriciens?

A D. Ils vous répondent que la grande distance qu'il y a des Cieux iusques à nous, fait que nous en sommes priuez, d'autant que l'objet n'est pas en distance proportionnée.

E N. Et moy ie leur dirois que ces grands corps suppléetoient la distance, & auroient assez de force pour se faire entendre, attendu qu'ils roulent tousiours autour de nous.

A D. Ils se trouuent court à cette raison, & quelques-vns sont contraints d'auoüer qu'il est vray que ces grands Instrumens raisonnent icy bas, mais que nous ne les entendons pas à cause de l'accoustumance, non plus que ceux qui habitent vers les Cathadoupes du fleuue Nil, n'entendent pas le fracas de ses chuttes.

E N. Cela est bon, Seigneur Adelphe, lors qu'on n'y fait pas reflection, l'accoustumance rend les choses insensibles, mais y faisant reflection, certainement vous entendez ce bruit. Mais passons, s'il vous plaist, à la veritable Musique, car ie voy bien que celle-cy n'est encore que phanatique & purement imaginaire.

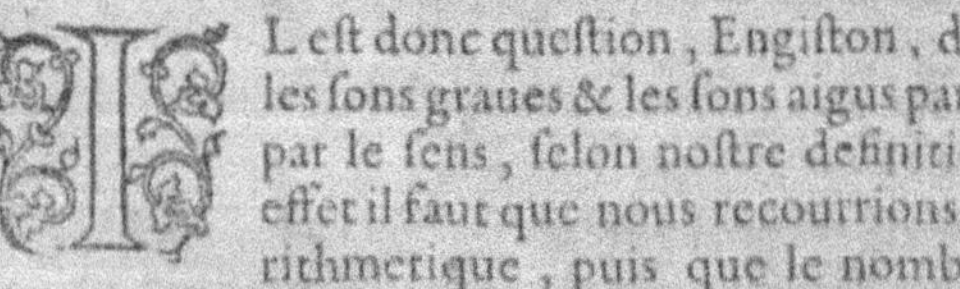

CHAPITRE IV.

De la Musique Theorique, & composition des nombres.

A D. IL est donc question, Engiston, de considerer les sons graues & les sons aigus par la raison & par le sens, selon nostre definition : pour cet effet il faut que nous recourrions à l'Art d'Arithmetique, puis que le nombre est nostre objet. Il nous fournira des raisons, le sens en iugera, & ainsi nous arriuerons à la fin de nostre entreprise.

Ie suppose, Engiston, que vous soyez bien versé dans les nombres, que vous soyez rompu dans le petit Liuret, autre-

ment dit la Table Pythagorique , que vous entendez les
principes de l'Art , qui en sont comme les preludes , à sçauoir la composition ou addition , la multiplication , la diuision , la soustraction & reduction ; car autrement vous per-
driez le temps à rechercher les secrets de cette science , qui
gist dans les proportions armoniques. Regles de l'Arithmet.

E N. I'ay donné quelque temps à l'estude des nombres,
Seigneur Adelphe ; i'ay leu l'Algebre , l'Arithmetique de
Clauius & Salinas. Ie croy qu'il me souuiendra bien des regles que vous dites ; mais faites moy la grace de voir si ie
m'en pourray bien tirer ?

A D. Ie le veux , Engiston , commencez donc par la composition & me reduisez ces deux nombres en vn.

E N. Ie procede de gauche à droit , & dis ainsi , o , & o , est
o , lequel o i'écris sous les deux autres. Puis poursuiuant , ie
dis , cinq & huict font 13 desquels ie pose trois sous 5 &
retiens 1 (il faut tousiours retenir ainsi les dixaines pour les
joindre aux nombres suiuans) ie joints donc 1 à 3 dont ie fais
4 lequel auec les 4 du dessus font 8. que ie pose sous 3. puis,
enfin, joignant 1 à 6. ie compte 7 que ie pose sous 1 de cette
sorte. Voilà comment les deux nombres composent celuy
de 7830.

$$\begin{array}{r} 6480 \\ 1350 \\ \hline 7830. \end{array}$$

A D. Voilà qui va bien , Engiston , voyons maintenant
comment vous reduirez ces deux mesmes nombres aux
nombres radicaux , par la diuision ou la soustraction.

E N. Il est vray , Seigneur Adelphe , que la reduction se
peut faire par l'vn & par l'autre ; Clauius la fait par la diuision , mais Salinas, que ie suiuray, la fait par la soustraction ,
voicy comment. Clau. ch. 9. Salinas l. 1i. c. 2.

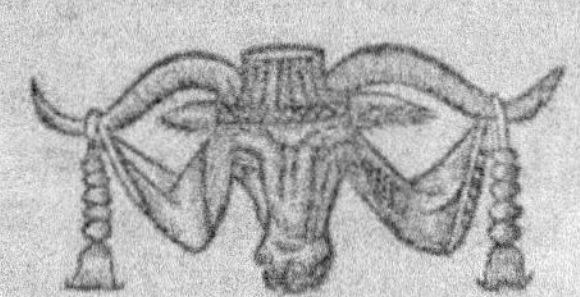

✠✠✠✠✠✠✠✠✠✠✠✠✠✠✠✠✠✠✠✠✠✠✠✠✠✠✠✠✠✠✠✠

CHAPITRE V.

De la Reduction des nombres grands & composez aux nombres
simples & radicaux.

ENGI-
STON.

FIN de reduire deux nombres grands
& composez aux nombres simples &
radicaux, Seigneur Adelphe, il faut
tousiours soustraire le moindre du plus
grand, iusques à ce qu'on ait trouué le plus petit nombre qui
puisse mesurer les deux. Que si l'on vient iusques à l'vnité,
c'est signe que les deux premiers nombres sont simples &
radicaux.

Mais si vous venez à reduire ces deux nombres à vn troisiéme qui leur soit tellement égal qu'il ne se puisse plus tirer de l'vn & de l'autre sans les annuller, ce nombre égal sera
le commun diuiseur de l'vn & de l'autre; de sorte que la diuision estant par luy faite, ce qui restera de l'vn & de l'autre
de ces premiers nombres sera leur nombre radical.

Vous en ferez la preuue si vous employez ce mesme nombre pour en diuiser les deux radicaux, lesquels vous reduirez necessairement à l'vnité comme à leur commune mesure.

Exemple. Ie veux reduire 6 & 12. aux nombres radicaux
pour faire cela i'oste le moindre nombre qui est 6 du plus
grand qui est 12 dont il reste 6. or 6 & 6 sont nombres égaux
qui ne se peuuent tirer l'vn de l'autre sans s'annuller: partant
6 sera le commun diuiseur de 6 & 12. or 6 dans 6 est vne fois,
il est deux fois dans 12; partant la reduction de 6 & 12. est 1
& 2 qui sont les nombres radicaux.

Ie veux reduire 20 & 30, i'oste donc 20 de 30, il reste 10.
derechef i'oste 10 de 20, il reste 10 qui sera commun diuiseur, or 10 dans 20 se rencontre deux fois, & trois dans 30,
partant la reduction sera de 3 & 2. qui sont les nombres radicaux.

12 & 6.
rad.
2 & 1.

30 & 20.
rad.
3 & 2.

Ie veux

Ie veux reduire 60 & 80, i'oste donc 60 de 80, il reste 20;
derechef i'oste 20 de 60, il reste 40 ; i'oste encore 20 de 40,
& reste 20, qui est le nombre égal & commun diuiseur. Or 80 & 60.
20 est 4 fois en 80 & trois fois en 60, partant la reduction &   rad.
la racine de 60 & 80 seront 4 & 3.   4 & 3.

A D. Voilà qui va bien, Engiston, pour ce qui est des petits nombres, mais s'il s'agissoit des plus grands, ie ne sçay
pas si vous y reüssiriez aussi bien ?

E N. Peut-estre qu'ouy, Seigneur Adelphe, faites m'en
faire, s'il vous plaist l'épreuue.

A D. Soit, Engiston, diuisez moy donc ces deux nombres 6480.
qui sont à la marge & les reduisez aussi bien que vous auez 1350.
fait les precedens.

E N. Ie commence l'operation de droit à gauche, par le
premier chiffre du second ordre, & dis ainsi, 1 dans 6 est six
fois precisément, mais ie ne l'y veux prendre que quatre fois,
afin qu'il reste 2, pour en faire mieux ma production.

1 est donc en 6 quatre fois, & restent deux, & en disant ce- 2
la i'écry 4 à costé des nombres, ie raye 6 & pose 2 au dessus. 6480
l'ay donc 4 pour diuiseur.   1350 (4

Ie poursuis & dis ainsi, quatre fois 0 est 0, quatre fois 5   228
font 20, or si i'oste 20 de 48 il restera 28, ie raye donc les 48, 6480
& écris au dessus 28.   1350 (4

Ie reprends derechef mon 4 & dis, quatre fois 3 font 12,   10
lesquels estant osté de 22, restent 10, que i'écris au dessus de 228
22 rayez. Puis ie dis, vne fois vn c'est vn, vne fois 0 c'est 0, 6480
vne fois 8 c'est 8, vne fois 0 c'est 0, voilà mon premier   1350 (4
nombre diuisé & reduit de 6480 à 1080.

Ie prends maintenant tous les nombres non rayez & les   1350
arrange de la sorte, les moindres au dessous, & dis comme 1080.
i'ay fait au commencement.

Vn dans vn n'est qu'vne fois. Vne fois 0 est 0, vne fois 8,   27
est 8, i'oste donc 8 de 35, il reste 27 que i'écris sur les 35 effa- 1350.
cez.   1080

Ie reprends de nouueau les nombres non rayez, & les
arrange derechef ainsi, les moindres au dessous des plus   1080.
grands, & dis 2 en 10 sont cinq fois precisément, mais   270

D d

2
2 ø 8 o
270 (4

ie ne l'y veux prendre que 4, afin qu'il reste 2, pour en faire mieux mon progrez; & pose 4 à costé, comme cy deuant, qui me doit seruir de diuiseur. Ie dis donc deux en dix est 4 fois, & restent 2, lesquels i'écris sur 10 rayez, & me seruant de 4, ie dis 4 fois 0 c'est 0, 4 fois 7 font 28, voilà qui est iuste; partant mon commun diuiseur de l'vn & l'autre nombre sera 270. Voyez comment.

1
2 o
ø 4 8 o
2 7 0 (2

Ie pose l'vn sur l'autre de la sorte, & dis ainsi, deux en 6 est 3. fois; ie ne l'y prends que deux fois, afin qu'il reste 2, que i'écris à costé, & sur le 6 rayé Ie poursuis & dis, 2 fois 7 font 14, lesquels ostez de 24, restent 10 que i'écris au dessus de 24.

1 2
2 ø
ø 4 8 o
2 7 ø (24
270

Puis i'écris derechef les nombres du quotient sous eux-mesme de la sorte, & recommence à dire ainsi, 2 en 10 se rencontrent 4 fois, & restent 2, i'écris 4 à costé proche le 2, & pose le 2 qui reste du 10 sur le 0 du mesme 10; puis ie trouue que 4 fois 7 acheuent precisément les 28 qui restent, car les zeros sont inutiles en cet endroit. Partant voilà mon grand nombre de 6480 reduit à celuy de 24. Voyons à quoy l'autre nombre sera reduit.

3
1 350
270 (5

Mon autre nombre, Seigneur Adelphe, est 1350, ie l'arrenge auec mon quotient, ou commun diuiseur qui est 270, de la sorte qu'ils sont à la marge. Puis ie dis

2 en 13 se trouue 5 fois, & restent 3, i'écris 5 à costé & pose 3 restant de 13 sur les mesmes 13 rayez, puis me seruant de 5 pour multiplier 7, ie trouue que 5 fois 7 acheuent iustement le nombre de 35 qui restent. De sorte que voilà mon second nombre de 1350 reduit à celuy de 5, & tous deux à la proportion de 24 à 5 qui sont les nombres radicaux.

Les nõ-
bres de
6480
&
1 3 5 0
reduits à
ceux de
24 à 5.

A D. Certes vous l'entendez, Engiston, & auez beaucoup d'auantage pour donner dans la Theorie de la Musique. Il y a encore deux choses à sçauoir, qui sont les proportions & les proportionalitez.

A D. Ie croy que vous ne les ignorez pas non plus.

E N. Pardonnez moy, Seigneur Adelphe, ie n'ay pas donné plus auant.

A D. Ie vous diray donc ce que i'en ay appris chez Clauius,

Engiston, le tout en vne Table qui fera le Chapitre suiuant.

CHAPITRE VI.

Des Proportions & des Proportionalitez.

ENGISTON. PRoportion, selon Clauius, n'est autre chose que *le raport & la disposition de deux quantitez de mesme genre.* Cet Autheur la diuise de la sorte. Pardonnez aux termes barbares.

- Proportion
  - Simple
    - Egalle, *Lors que le nombre se rapporte également. Exemple.* — 1 & 1. 2 & 2. 3 & 3.
    - Surparticuliere, *Dans laquelle le plus grand nombre contient vne fois le moindre, & en reste encore vne partie, & se nomment, sesqui altera, sesqui tertia, sesqui quarta.* — 3 & 2. 4. & 3.
    - Surpatiente, *Lors que le grand contient le moindre nombre vne fois, & restent encore plusieurs parties.* — 5 & 3. 8 & 5.
  - Composée,
    - Multiple simple, *Où le grand nombre contient le moindre plusieurs fois precisément. Exemple* — 2 & 1. 4. & 2. 6 & 3. 9 & 3. 12 & 3.
    - Multiple surparticuliere, *Où le grand contient plusieurs fois le moindre nombre, & en reste encore vne partie.* — 7 & 3. 10 & 3.
    - Multiple surpatiente, *Où le grand nombre contient le moindre plusieurs fois, & restent encore plusieurs parties. Exemp.* — 8 & 3. 12 & 5.

Voylà les proportions, voyons les proportionalitez, & le moyen d'en trouuer le milieu.

Proportio-
nalité.

L'estat ou la raison des proportions entr'elles fait la proportionalité, & tout ainsi que les nombres font les proportions, & qu'aucune proportion ne se fait à moins de deux nombres, de mesme aucune proportionalité ne se fait sinon du moins entre deux proportions & trois nombres. Neantmoins Aristote confond souuent la proportion auec la proportionalité, prenant ordinairement l'vn pour l'autre. Quoy qu'il en soit, Engiston.

Especes de
proportio-
nalité.

Il y a trois especes de proportionalitez qui regardent la Musique, la proportionalité Arithmetique, la Geometrique, & l'Harmonique, lesquelles se distinguent entr'elles par la proportion & la difference de leur milieu auec leurs extremitez. (Ne vous troublez pas, Engiston, ie m'expliqueray par des exemples.

Proportion
Arithmet.

Le milieu de la proportionalité Arithmetique est distant des extremitez par inégales proportions & par égales differences; entre 1 & 3 il y a 2 qui tient le milieu, lequel est distant des extremitez par la seule vnité, qui rend la difference égale; car 2 n'est different de 1 & de 3. que par 1, mais la proportion en est inégale, car de 1 à 2, c'est vne proportion multiple double qui forme le Diapason; & de 2 à 3 c'est vne proportion surparticuliere d'où se forme le Diapente, ou la Quinte, comme vous auez pû remarquer cy-dessus.

Le milieu
Arithm.

Pour trouuer donc le milieu de deux nombres, selon la proportion Arithmetique, il faut joindre les deux extremitez en vn, comme 1 & 3, en 4, dont la moitié fait le milieu: 2 est donc le milieu Arithmetique entre 1 & 3. De mesme 4 & 6 font 10, 5 en est le milieu.

Remarquez, Engiston, que si le nombre produit est impair, comme est 5, qui naist de 2 & de 3; ou il faut se seruir du nombre rompu, pour trouuer le milieu qui sera à l'égard de 5, deux & demy; ou il faudra multiplier les deux extremitez par eux-mesmes, comme de 2 en faire 4. de 3 en faire 6, & reünir les deux 4x en 12, dont la moitié & le milieu sera le nombre 6.

La proportionalité Geometrique, est celle-là dont le mi- lieu est distant des extremes par inégales differences & par égales proportions. Exemple, 2 est milieu entre 1 & 4 ; 2 est different de 1 par vne vnité, & de 4 par le nombre binaire, voylà la difference inégale. La proportion y est égale, puis que de 1 à 2 c'est la double, & de 2 à 4 est encore la double.

Or pour trouuer le milieu Geometrique entre deux nom- bres, comme entre 2 & 8, il les faut multiplier l'vn par l'au- tre, ils feront 16, & chercher entre les extremitez vn nom- bre lequel en soy multiplié, remplisse iustement le nombre de 16 : or entre 2 & 8, il n'y a que 4 qui le puisse faire, partant 4 est le milieu Geometrique entre les deux extremitez 2 & 8. D'où nous conclurons, Engiston, que de toutes les pro- portions & consonances de Musique, la proportionalité Geometrique ne se rencontre que depuis le Disdiapason en doublant tousiours par dessus. Sçauoir 2 entre 1 & 4 ; 4 en- tre 2 & 8 ; & 8 entre 4 & 16 : toutes les autres proportions comme la surparticuliere & la surpatiente, & mesme la mul- tiple, se diuisent par le milieu Arithmetique & Harmoni- que.

Proportio- nal, Geo- metrique.]

Le milieu Geomet.

Exemple de ce que dessus.

La proportion égale fait l'vnisson qui n'est pas proprement consonance, comme 1 à 1, 2 à 2, 3 à 3, &c.

La proportion surpar-tiale simple forme tous ces accords, qui se diuisent arithmeti-quement & harmoni-quement, mais non geometriquement.

Le Komma majeur	de 81 à 80.
Le semiton mineur, ou diese maieur & Chromatique	de 25 à 24.
Le semiton maieur,	de 16 à 15.
Le ton mineur,	de 10 à 9.
Le ton maieur,	de 9 à 8.
Le semiditon, ou tierce mineure,	de 6 à 5.
Le diton, ou tierce maieur,	de 5 à 4.
Le diatessaron, ou la quarte,	de 4 à 3.
Le diapente, ou la quinte,	de 3 à 2.

La proportion surpartiente simple forme, ces accords, dōt la diuision est Arithmetique, & harmonique, mais non Geometrique.
{
L'exachordon, ou la sexte mineure, de 8 à 5.
L'exachordon, ou la sexte maieure, de 5 à 3.
L'heptachordon, ou septiéme mineure, de 9 à 5.
L'heptachordon, ou septiéme maieure, de 15 à 8.
}

La proportion multiple forme ces accords; les 2 premiers desquels se diuisent arithmetiquement & harmoniquemēt seulement, & le dernier, qui est la double, se diuise encore geometriquement, & toutes les doubles qui suiuēt.
{
Le diapason, ou l'octaue simple se fait de 2 à 1.
Le diapason diapente, de 3 à 1.
Le disdiapason, ou l'octaue double, de 4 à 1.
}
Et ainsi des quadruples & octuples, en multipliant les nombres, tant en cette proportion multiple qu'en ses surpartiales & surpatientes.

CHAPITRE VII.

Diuision de la Musique en Diatonique, Chromatique & Enharmonique, auec vne Figure.

ADELPHE. Vant de commencer nostre Eschelle harmonique, Engiston, il faut sçauoir, qu'elle comprend trois especes de Musique, sçauoir la Diatonique, la Chromatique, & l'Enharmonique.

Musique Diatonique La Musique Diatonique est la plus commune, elle procede par vn semiton mineur & deux tons en suite. Exemple, Mi, Fa, Sol, La.

Chromat. La Chromatique n'est pas si vsitée, on s'en sert neantmoins pour donner grace & couleur à la Diatonique; elle procede par vn semiton mineur, vn semiton maieur, & vn semiditon, ou tierce mineure. Exemple, Mi, Fa, ♮ La.

L'Enharmonique est inchantable à la voix humaine, il n'y a que l'Instrument qui la puisse pratiquer, encore n'est elle pas agreable, dautant qu'elle procede par vne diuision de parties presque insensibles & imperceptibles à l'oüye, sçauoir par deux Diachismes (que Boëce appelle vne Diese) & vn diton en suite. Ie n'ay point de marques pour en exprimer vn exemple; vous la pourrez voir neantmoins dans la Table suiuante, qui est commune à ces trois sortes de Musique. *Enharmonique.*

TETRACHORDE

Diatonique.	Chromatique.	Enharmonique.
6144.	6144.	6144.
T O N	Se- mi di- ton,	D I
6912		T
T O N		O N
7776.	7296.	
	Semi ton maj.	
	7776	7776
Semi ton min.	Semi ton min.	Diascisme. 7938
8192	8192	Diaschisme. 8192

E N. Qu'entendez-vous, Seigneur Adelphe, par les termes de ton, semiton, semiditon, diton, diaschisme?

A D. Ce sont les noms des proportions & accords de Musique, lesquels consistent en deux sons differens par la pro-

portion de diuers nombres arithmetiques : ton, par exemple, est formé de deux sons differens par proportion de 8 à 9.
Et ainsi des autres, comme vous verrez maintenant par le
moyen du Monochorde, que les Grecs appellent Magade.

　EN. I'ay entendu parler du Monochorde, mais ie ne l'ay
point veu.

CHAPITRE VIII.

Du Monochorde & du Monoton, leurs Figures & leur Diuision.

ADEL-
PHE. **M**Onochorde, Engiston, est vn Instrument de Musique appellé tel, par Boëce
qui en est l'Autheur, dautant qu'il est
composé d'vne seule corde tenduë sur
vne table, & soustenuë de deux cheualets fixez aux deux
extremitez. Cette table est marquée de diuers chiffres qui
font la difference & la varieté des accords, desquels on fait
l'experience par le moyen d'vn autre cheualet coulant au
droit des nombres, & du battement de la corde, laquelle
estant couppée par ce cheualet, sans neantmoins souffrir aucune solution de continuité, rend l'oreille iuge de la verité
de ces nombres, ou proportions numeriques.

MONOCHORDE.

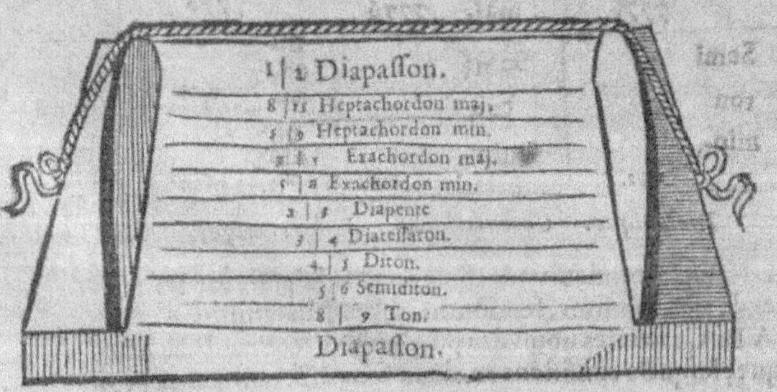

Mettez

Mettez donc, Engiston, le cheualet mobile sur le point d'entre 8 & 9, touchez la corde du costé de 8, vous entendrez vn son, que vous nommerez Ré : puis touchez - la du costé de 9, vous entendrez vn autre son vn peu plus aigu que le precedent, que vous appelerez Mi. Voyla vn Ton.

Continuez & posez vostre cheualet sur le poinct entre 5 & 6, touchez la corde du costé de 5, elle sera vn Ré : puis du costé de 6, elle sera vn Fà. Voyla le semiditon, ou la tierce mineure, & ainsi des autres.

Mais dautant que cet Instrument ne sçauroit nous donner la diuision du Ton en toutes ses parties, sans les confondre ensemble, à cause de sa petitesse : i'en ay graué vn autre où vous verrez, Engiston, iusques à ses dernieres diuisions : Vous trouuerez cette Inuention chez Seuerain Boëce, lequel excelloit en l'Art de Musique, comme il se voit par ce qui luy est attribué.

Le Ton donc, Engiston, consistant en raison de 8 à 9, qui est la proportion surparticulaire, laquelle n'admet point le milieu Geometrique, ne se sçauroit diuiser en deux parties égales.

Dix - huict Schismes le composent, qui sont iustement neuf Kommas ou quatre Diaschismes & demy, de sorte qu'on est obligé de partager le Ton en deux portions : l'vne de deux Diaschismes & demy, autrement de cinq Kommas, ou de dix Schismes, qui font le semiton maieur, nommé par les Grecs, Apotome : l'autre partie, de deux Diaschismes seulement, qui sont quatre Kommas & huict Schismes faisant le semiton mineur, appelé par les mesmes Grecs, Diese ou Lemma. Vous voyez par là, Engiston, que le Semiton maieur surpasse le Moindre d'vn Komma ou de deux Schismes.

Employez, Engiston, le moyen de la Soustraction, & vous verrez que de tous les nombres qui sont en marge de la Figure suiuante, les deux extremes racourcis feront iustement 8 & 9, tous les autres estans radicaux, dautant qu'ils se reduisent à l'vnité par la mesme soustraction. Voylà la preuve des anciens.

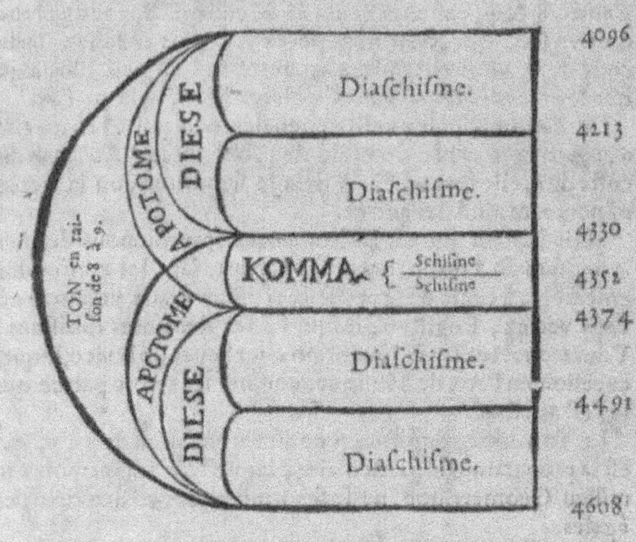

***

CHAPITRE IX.

De la Composition, Multiplication, Addition & Reduction des Nombres harmoniques, ou Consonances.

ES Modernes, Engiston, plus éclairez, ont trouvé à redire à cette diuision, ne trouvant pas leur compte dans la procedure des nombres, ils admettent ce Ton auec sa proportion de 8 à 9, & l'appelent Ton majeur; mais ils en adioustent vn autre Mineur, dont la raison est de 9 à 10, lequel est different de l'autre de la proportion d'vn Komma, ou de 80 à 81. Il est vray, Engiston, que cette distinction & varieté est de telle importance, qu'il est impossible de rencontrer iustement le Diton sans elle, lequel Diton est composé du Ton maieur & du Ton mineur, comme vous remarquerez ey-dessous dans la composition des accords que ie m'en vay vous exposer.

Ils ont aussi fait distinction du grand & du petit Comma. Ils ont adiousté aux deux Semitons grand & petit, vn troisiéme qu'ils nomment Moyen, & ont diuisé la Diese en grande & petite ; en voicy la composition. Souvenez-vous, Engiston, de multiplier le nombre superieur par l'inferieur. Premierement, toutes les figures superieures par la premiere des inferieures. Secondement, toutes les mesmes superieures par la seconde des inferieures ; allant à reculons. Exemple à la marge.

La Diese mineure, ou Enharmonique, est composée des

2025	2048	Comma mineur.
80	81	Comma majeur

0000	2048	Multiplication.
16200	16384	

161000	161888	Addition.

125	128	Reduction.

Le Semiton moyen est composé

24	25	Semiton mineur.
80	81	Comma majeur.

00	25	Multiplication.
192	200	

1920	2025	Addit.

128	135	Reduct.

Le Semiton majeur est composé des

125	128	Diese min. ou Enharmo.
24	25	Diese maj. ou Chromati.

500	640	Multipl.
250	256	

3000	3200	Addit.

15	16	Reduction.

Le Ton mineur est composé

	14	25	Semiton min.
	15	16	Semiton maj.

	120	150	Multipl.
	14	25	

	360	400	Addition.
9 à 10	9	10	Reduct.

Le Ton majeur est composé

	128	135	Sémiton moyen.
	15	16	Semiton maj.

	940	810	Multipl.
	128	135	

	1920	2160	Addit.
8 à 9	8	9	Reduct.

Sémiditon, ou Tierce mineure est composée.

	15	16	Semiton mai.
	8	9	Ton mai.

	120	144	Multip. & Addit.
5 à 6	5	6	Reduction.

Diton ou Tierce majeure est composée.

	9	10	Ton min.
	8	9	Ton maj.

	72	90	Multipl.
4 à 5	4	5	Reduct.

Diatessaron, ou quarte, est composée

	15	16	Semiton mai.
	4	5	Diton.

60	80	Multiplic.	
3	4	Reduct.	3 à 4.
Diapente , ou quinte , est composée			
5	6	Semidit ou 3. min.	
4	5	Diton, ou 3. mai.	
20	30	Multip.	
2	3	Reduct.	2 à 3
Hexachordon, ou Sexte mineure, est composée			
5	6	Semid. ou 3. min.	
3	4	Diatess. ou quarte.	
15	24	Multip.	
5	8	Reduct.	5 à 8
Hexachorde , ou Sexte maieure , est composée			
4	5	Diton, ou 3. mai.	
3	4	Diatessar. ou quarte	
12	20	Multipl.	
3	5	Reduct.	3 à 5
Hepptachorde , ou septiéme mineure , est composée			
5	6	Semidit. ou 3. min.	
2	3	Diapen. ou quinte.	
10	18	Multipl.	
5	9	Reduct.	5 à 9
Heptachorde, ou septiéme mai. est composée			
4	5	Diton, ou 3. mai.	
2	3	Diapent. ou quin.	
8	15	Reduction.	8 à 15

E e iij

Diapason, ou Octaue, est composée

	3	4	Diatessaron, ou quarte.
1 à 2	2	3	Diapente, ou quinte.
	6	12	Multipl.
1.	1	2	Reduct.

CHAPITRE . X

De la Musique practique.

E n'est pas mon dessein, Engiston, de m'estendre beaucoup sur le sujet de la Musique practique, dautant que plusieurs bons Autheurs en ont
traité à fond, i'en diray neantmoins ce que ie
croy estre necessaire pour la plus grande intelligence de la
Theorie.

Ie laisse donc à part mille petites choses en quoy elle consiste ; comme la Gamme (qu'on croit tirer son Etymologie
de la lettre G, premiere du nom de Guy Aretin Autheur de
la Gamme, laquelle il commence par G, vt, &c. adioustant,
aprés toutes les autres Clefs) les lignes, les clefs, les notes,
les interualles, les nombres & leurs figures, les valeurs,
les mesures, les pauses, toutes lesquelles particules sont les
elemens de cet Art, conduisant à sa fin, qui est, comme
nous auons dit, selon S. Augustin, *La faculté de bien chanter.*

Ie passe d'abord à sa diuision, & dis, aprés Nicomaque,
que la Musique estoit autrefois tellement simple, qu'elle ne
consistoit qu'en quatre sons ou cordes, d'où est sorty le mot
de *Tetrachorde* ; mais par le laps des temps, estant vne chose
facile d'adiouster aux Inuentions, on a fait monter l'estenduë de la Musique iusques à quatorze cordes qui composent
le grand Systeme, ou Disdiapason, y adioustant vne quinziéme corde, nommée pour cet effet, principale des principales.

Tettachorde est vn Diatessaron, autrement vne Quarte,
formée de quatre sons, que nostre Guy a marquée de ces

quatre caracteres ♯. C. D. E. & de ces quatre voix, Mi, Fa,
Sol, La, lesquelles ne font qu'vn demy ton & deux tons.
Voylà le premier Tetrachorde, dont la premiere corde se
nomme principale.

Le second Tetrachorde commence ou finit le premier, **Second Tetrach.**
changeant le La en Mi, & dit encore Mi, Fa, Sol, La, ayant
pour caracteres E. F. G. A. sa premiere corde s'appelle
moyenne.

Le troisiéme Tetrachorde, commence aprés le second, **Troisiéme Tetrach.**
dont les voix sont Mi, Fa, Sol, La, & les caracteres, ♯, C.
D. E. dont la premiere corde s'appelle disioincte, à cause
qu'effectiuemét elle est disioincte de la derniere du precedét.

Le quatriéme Tetrachorde commence où finit le troisié- **Quatriéme Tetrach.**
me, & dit encore Mi, Fa, Sol, La, marquez ainsi, E. F. G.
A a. dont la premiere corde s'appelle moyenne.

Or comme deux Tetrachordes n'acheuent pas le Diapason, il a fallu adiouster, sçauoir aux deux inferieurs vn Ré,
qui fait vn ton marqué A, & autant aux deux superieurs ; de
sorte que moyennant cette addition, deux Tetrachordes
remplissent le Diapason, ou le petit Systeme, qui est la plei- **Le petit & le grand Systeme.**
ne consonance. Cette corde adioustée est nommée par les
Grecs *Prosſambanomeni*, principale des principales.

Ils adioustent par dessus ces quatre vn cinquiéme Tetrachorde qu'ils appellent des excellentes. Vous les verrez tous
par cette Figure.

LE GRAND SYSTEME.

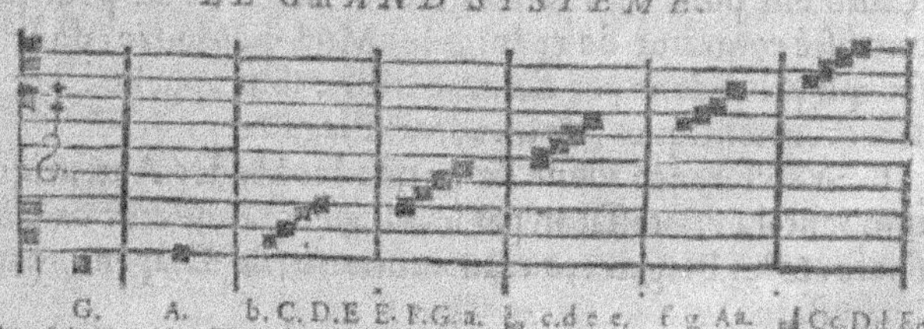

G.	A.	♭. C. D. E	E. F. G. a.	♮. c. d. e. e.	f. g. Aa.	♮ Cc. D.l E.e
Adiousté par Guy Aretin	Adiousté par les Anciens.	Premier Tetrach des principales.	Second Tetrachorde des moyennes.	Troisiéme Tetrachor. des disioin- tes.	Quatriéme tetrachor. les conn- es.	Cinquiéme Tetrachord. des excel- lentes.

CHAPITRE XI.

Diuision de la Musique practique.

E genre de Musique practique, Engiston, se diuise en deux especes, l'vne s'appelle le Plain Chant, ou Faux-bourdon : l'autre, Musique figurée. Sur quoy il y a quatre choses à considerer : Le mode, le temps, la prolation, qui sont communes aux deux especes, & la composition, ou contrepoinct, qui est particulier à la derniere.

Les Modes en la Musique ne sont autre chose que les diuerses especes consonantes du Diapason, que le mesme Guy Aretin a distinguées par lettres Alphabetiques. La premiere est en Aa. La seconde en Bb. la troisiéme en Cc. La quatriéme en Dd. La cinquiéme en Ee. La sixiéme en Ff. La septiéme en Gg.

Chacune de ces especes forme deux Modes, de sorte qu'il y en deuroit auoir quatorze ; mais il faut remarquer, Engiston, que les deux especes Bb. & Ff. n'ayant pas le Diapente & Diatessaron en iuste proportion, l'vn n'estant qu'vn Semi-diapente, ou fausse Quinte, l'autre ayant le Triton au lieu de Diatessoron, dissonances insupportables à l'oüye, ne sçauroient pour cela former aucun Mode, c'est pourquoy on a esté contraint de reduire les Modes à douze ; dont les six qui procedent par nombre pair, sont appellez par les Grecs Autentiques, les six autres Plagaux.

Leur difference vient de ce que les Modes Autentiques tombent du Diatessaron par le Diapente dans leur cadance finale, & les Plagaux tout au contraire, du Diapente par le Diatessaron.

Les Grecs leur ont donné les noms de leurs Prouinces à chacun en particulier. Aux Autentiques, ceux de Dorien, de Phrygien, de Lydien, Mixolydien, Æolien, Iustien ou Ionien. Aux Plagaux les mesmes noms, mais composez,

                                                    sçauoir

sçauoir Hypodorien, Hypophrigien, Hypolydien, &c.

Pour ce qui est du Plain Chant de l'Eglise, il a esté reduit à huict Tons differens; le premier & second en Dd. le troisiéme & le quatriéme en Ee. le cinq & le six en Ff. le sept & le huict en Gg. dont l'estenduë est differente, les vns en haut, les autres en bas. 8. Tons de l'Eglise.

Le temps & la mesure du Plain Chant sont presque tousiours égaux, excepté en certaines Proses qui se chantent à mesure triple. Mais la Musique figurée a le temps, la mesure, & les notes differentes. Le temps est tantost de nombre parfait, tantost imparfait, tantost binaire, & tantost ternaire, c'est à dire, contenant tantost deux notes & deux batemens de la main, tantost trois auec vn pareil mouuement, l'vne est plaine mesure, l'autre triple, lequel estant de notes noires, s'appelle Hemyolia. Temps & Mesure.

Des Notes, les vnes sont longues, les autres quarrées, les autres rondes, breues, noires & crochuës, autrement fuses & doubles fuses. Il y a de plus les pauses entieres, les soûpirs, demy & quart de soûpirs. Notes & Pauses.

Enfin, pour faire court, il y a le contrepoinct, ou la composition des accords entre plusieurs parties, lesquelles se reduisent à quatre, sçauoir, la Basse, ou base, le Tenor, ou la Taille, le Contra, ou la Contre-Taille, le Superius, ou le Dessus, chacune desquelles est marquée & distinguée par sa propre Clef. 4 Parties de Musique.

Le Contrepoinct consiste en consonances & dissonances, dont le mélange fait bien à propos, produit d'estranges effets dans nos ames par l'oüye, excitant les humeurs & les passions des hommes & des bestes, selon la qualité du Mode que l'on traite, à quoy ne contribuë pas peu le mouuement lent ou precipité de la mesure; mais sur tout la prolation, ou le port de la voix, auec l'articulation des paroles, tantost mourantes, & tantost r'animées, languisantes & tantost furieuses; que si les Instrumés y sont meslés joüant quelquefois seuls & quelquefois auec les voix humaines, c'est le moyen de tirer l'ame par l'oreille, & de charmer toutes les creatures qui en sont capables. Contrepoinct. Prolation.

Ff

Confonances parfaites.

Or de toutes les confonances, Engifton, les vnes font parfaites, les autres imparfaites. Les plus parfaites font l'Vnifon (fi l'Vnifon est pourtant vne confonance) le Diapente, ou la Quinte; le Diapafon, ou l'Octaue; la Douziéme, ou la double Quinte; la Quinziéme, ou la double Octaue, & ainfi en doublant.

Confonances imparfaites.

Les confonances imparfaites font, le Diateffaron, ou Quarte; le Diton, ou Tierce majeur; le Semiditon, ou tierce mineur; l'Exachordon, ou Sexte mineur, auec toutes leurs doubles.

Diffonances.

Les diffonances font, la Sexte majeur, les Septiémes majeures & mineures, les Secondes mineures & majeures; le Triton & la fauffe Quinte; le faux Vnifon & la fauffe Octaue, & toutes leurs doubles.

E. N. Quelle raifon a-t'on, Seigneur Adelphe, pour prouuer ce que vous alleguez?

A D. Deux, Engifton, le fens, qui eft l'oreille, & la proportion qui gift dans les nombres.

Les chofes les plus fimples, Engifton, font ordinairement les plus parfaites; ie ne m'arrefte pas à vous prouuer cette verité par autre exemple que par celuy de la chofe dont eft queftion. Vous allez voir par la Figure cy-deffous que les nombres les plus fimples font prefque icy les confonances plus parfaites, & les diffonances moins imparfaites.

Confonances.

Parfaites
- 1 à 1. 2 à 2. font l'Vnifon.
- 1 à 2. 2 à 4. Octaue & double Octaue.
- 2 à 3. 4 à 6. Quinte & Douziéme.

Imparfaites
- 3 à 4. 6 à 8. Quarte & Dixiéme.
- 4 à 5. 8 à 10. Tierce & double 3. mai.
- 5 à 6. 10 à 12. Tierce & double 3. min.
- 5 à 8. 10 à 16. Sexte & double Sex. min.

Diffonances.

- 3 à 5. 6 à 10. Sexte & double Sexte mai.
- 5 à 9. 10 à 18 Septiéme & double Sept. min.
- 8 à 9. 16 à 18 Seconde & double Seconde min.
- 9 à 10. 18 à 20. Seconde & double Seconde mai.
- 8 à 15. 16 à 30. Septiéme & double Sept. mai.
- 15 à 16. 30 à 32. Faux Vnifon & fauffe Octaue.

Aprés tout, Engisſon, ie croy que l'oreille eſt plus iuſte iuge de ces choſes, qu'aucune autre raiſon ou proportion.

Ie paſſe donc, & tais icy pluſieurs choſes touchant le contrepoinct, leſquelles ſont ſouuent en queſtion entre les Mai-
ſtres Muſiciens, ſçauoir ſi tels ou tels accords, telles ou relles rencontres ſe peuuent pratiquer, le moyen de traiter la
Quarte & la Sexte, comment ſe doit ſauuer le Triton & la
fauſſe Quinte, ſi c'eſt par la Tierce maieure & Sexte mineure; ſi deux Quintes de nature differente ſe peuuent admettre de ſuite, ou non. Si la ſincope & le poinct ont meſme pouuoir, comment & quand ſe doiuent faire les ſuppoſitions;
les diuerſes eſpeces de fauſſes relations, quels accords ſont
bons par degré conjoint & non par interualle. Le ſecret des
Canons & Fugues perpetuelles à pluſieurs parties; quand &
comment on peut ſortir du Mode & entrer dans vn autre,
de quelle façon il le faut traiter, & quelles cordes on doit
frequenter; les diuerſes cadances naturelles, feintes & rom-
puës; ce que c'eſt qu'vn poinct d'Orgue, l'adreſſe de bien
faire entrer & chanter les parties, l'inuention des belles ou-
uertures, & dés beaux iours en vne piece pour faire entendre les recits des Concordans, & mille autres choſes ſem-
blables qui regardent pluſtoſt ceux qui ſont dans l'exercice
de la pratique, que ceux qui s'occupent à la Theorie, leſquelles ie paſſe ſous ſilence afin de faire court.

Acheuons donc, Engiſſon, par où nous auons commencé,
retournous à la Theorie, ou pour mieux dire, pratiquons
l'vne & l'autre, ioignons y la pratique. Ie veux vous apprendre auant que ſortir de ce Traité, à dreſſer vne Melopée &
compoſer par nombres harmoniques vne piece de Muſique, laquelle par apres vous reduirez en Notes ordinaires,
où vous verrez la dépendance qu'il y a de l'vne à l'autre, &
la verité de la definition de Boëce alleguée au commencement de ce traité.

Voilà comment il faut dreſſer l'Eſchelle, & arranger les
nombres.

ESCHELLE HARMONIQVE.

C	C X	D♭	D♯	E♭	E	F	F X	F X X	G	G X	A	B♭	B♯
450													
900	864	810	800	750	720	675	648	640	600	576	540	506 1/9	500
1800	1728	1620	1600	1500	1440	1350	1296	1280	1200	1152	1080	1012 1/2	1000
3600	3456	3240	3200	3000	2880	2700	2592	2560	2400	2304	2160	2025	2000
7200	6912	6480	6400	6000	5760	5400	5184	5120	4800	4608	4320	4050	4000

CHAPITRE XII.

Le Moyen de faire une Melopée par nombres harmoniques.

C simple,
C X dieté,
D i Inferieur,
D s. Superieur,

A bemolisé
A becarré.

IL faut remarquer, Engisson, sur cette Eschelle, que les trois genres de Musique y sont compris. Le Chromatique se voit de C à C X, & de C X à D ♯. La Diatonique se voit du mesme C simple au mesme D ♯ immediatement. L'Henharmonique s'y voit de D ♯ à D ♭, & ainsi en suiuant. E b. E. F. font la Chromatique. F. F X ♭. F X ♯. g. font l'Enharmonique. F. F. G. font la Diatonique; g. g X, A b. font la Chromatique. b ♭ b ♯ ♮. font l'Enharmonique. g X. A. ♮. C. font la Diatonique.

Choisissez donc, Engisson, quel Mode il vous plaira pour composer; prenez, si vous voulez, pour sujet, l'Hymne de Nostre Dame *ave maris stella,* & sçachez que c'est ordinairement le Superieur ou la Taille qui chantent le sujet. Il le faut dresser le premier, puis aptes composer la Basse par dessous, & enfin les deux autres parties; vous auez l'Eschelle harmonique toute dreslée pour cet effet, où vous remarquez les trois genres de Musique. Voyez cy-dessus.

MELOPEE A QVATRE PARTIES.

810	864	810	720	675	720	675	720	810	720	864	810
Ddr	Ccx	Ddi	Ee	Ff	Ee	Ff	E.e	Ddi	E.e	Ccx	D.di
2160	2160	2160	1800	1800	1800	1800	1800	2160	2025	2160	2160
a	a	a	c	c	c	c	c	a	b7	a	a
2700	2880	2700	2400	2160	2400	2160	2400	2592	2400	2880	3240
f	e	f	g	a	g	a	g	f.x	g	e	d.r
3240	4320	3240	3600	2700	3600	2700	3600	3240	4800	4320	6480
d.r	A	d.r	C	f	C	f	C	d.r	G	A	D.r
A	ue	Ma	ri	Stel	la	De	i	Ma	ter	al	ma.
at	que	Sem	per	Vir	go	fœ	lix	Cœ	li	por	ra

Voylà qui va fort bien, Engiston, mais afin que vous ayez la satisfaction toute entiere, il faut reduire ces grands nombres par la diuision, aux plus petits & radicaux dont vous ferez l'espreuue sur le Monochorde.

Pour cet effet il faut dresser les nombres en ligne droite les arranger les vns apres les autres, les plus grands les premiers, les comparer les vns auec les autres, les diuiser iusques aux radicaux, & puis tirer des demy cercles par dessous, où vous poserez les mesmes radicaux que vous aurez reduits, suiuant la Figure suiuante.

6480. 4800. 4320. 3600. 3240. 2880. 2700. 2592.

6   5   10   9   6   5   10   9   9   8   6   5   radic. ra-

2400. 2160. 2025.   1800. 864. 810.   720. 675.
dic. 10   9   16   15   10   9 radic. radic. 10   9   16 15

Voylà, Engiston, la façon de composer vn motet en Musique par les nombres harmoniques, & de le reduire en Notes communes. Il est bien aisé de le faire ayant le grand Systeme deuant soy tout dressé comme vous l'auez, mais la difficulté gist à dresser cette Eschelle; ie vous en veux apprendre le secret dans le penultiéme Chapitre de ce Traité.

CHAPITRE XIII.

Le Moyen de dresser l'Eschelle harmonique.

POVR reduire en nombres harmoniques vne
piece de Musique écrite en Notes ordinaires,
Engiston, il faut mettre par ordre dans vne Eschelle toutes les Notes de cette piece, y compre-
nant toutes les parties; puis faire vne autre Eschelle en laquelle on changera ces Notes ordinaires en nombres harmoniques, chaque nombre répondant à sa Note. Et cette
Eschelle estant faite, il sera aisé de mettre en chaque partie
au lieu de la Note qui luy conuient, le nombre harmonique
répondant à ladite Note. Or pour faire cette Eschelle, l'on
peut proceder des petits nombres aux grands, en sorte que
les moindres nombres se treuuent à la Basse, & aillent croiss-
sans dans les autres parties à proportion qu'elles montent
plus haut; ou bien des grands nombres aux petits, si bien
que les grands nombres se treuuent à la Basse, lesquels vont
diminuans à mesure que les parties montent plus haut.

Pour faire cette Eschelle les petits nombres à la Basse, il
faut écrire les Notes selon les Lettres alphabetiques qui leur

contiennent, comparant chaque Note auec la precedente
& la suiuante : si bien que chaque Note est écrite deux fois,
excepté la derniere ; puis sous les Lettres alphabetiques il
faut mettre les interualles qu'il y a d'vne Note à la prochai-
ne par les nombres radicaux, mettant le petit le premier,
(c'est à dire du costé gauche) comme si ie voulois écrire
theoriquement

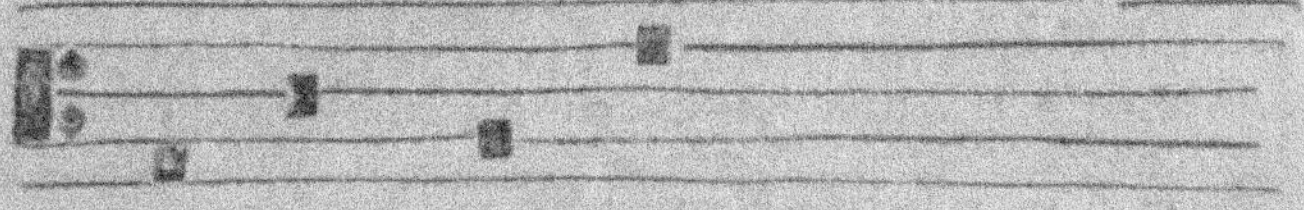

Il les faut écrire en la façon suiuante, diuisant les interuales
auec vne barre.

C	F	F	D	D	a
3	4	5	6	2	3

Toutes les Notes estant reduites en cet ordre, il faut comparer ensemble les deux nombres qui sont sous la seconde
Lettre de ladite Eschelle, comme en nostre exemple c'est
F, (& faut prendre garde qu'il n'importe pas que ces interuales comparez ensemble fassent quelque interualle harmonique ou non, cela ne fait rien en cet affaire) & voir s'ils sont
radicaux entr' eux, en sorte qu'il ne puissent estre reduits à
de plus petits nombres ; ce que l'on pourra voir par le moyen
de la diuision, diuisant tousiours le plus grand nombre par
le plus petit, iusques à ce qu'on ait vn commun diuiseur qui
diuise les deux extremes totalement, sans qu'il reste rien, &
lors les deux quotiens qui suruiendront de telles diuisions
seront les radicaux & premiers des deux extremes dont il
est question.

Si donc ces deux extremes écrits sous la seconde Lettre
de l'Eschelle, sont entr' eux les plus petits qu'ils puissent
estre ; il faut multiplier le plus petit par le plus grand, ou au
contraire, le plus grand par le plus petit, ce sera tousiours
mesme produit, lequel il faut écrire au dessous des interua-

les de la seconde Lettre, directement sous le premier nombre, ou entre les deux, y adiouſtant, ſi l'on veut, pour plus
grande clarté, la Lettre que ce nombre produit ſignifie (&
c'eſt vne regle generale que chaque produit ſignifiant vne
Lettre, doit touſiours eſtre écrit ſous le premier des extremes de ladite Lettre, ou entre les deux) comme en noſtre
exemple, ſous F, les deux extremes ſont 4 & 5 qui ſont radicaux, car ils ne peuuent eſtre reduits à de plus petits; ie
multiplie donc 4 par 5, ou 5 par 4, cela fait 20, que ie poſe
ſous le 4 qui eſt le premier des deux extremes. Exemple,

C	F	F	D	D	a
3	4	5	6	2	3
	F				
	20				

Que ſi ces deux nombres ne ſont radicaux entr' eux, il faut
les reduire aux plus petits en la façon ſuſdite, & ayant deux
quotiens qui ſoient les radicaux de ces deux nombres, il faut
par le plus petit des deux quotiens multiplier le plus grand
des deux nombres de cette ſeconde Lettre, ou bien par le
plus grand quotient multiplier le plus petit des deux nombres de ladite Lettre, cela fera meſme produit, qu'il faut
écrire ſous le premier nombre des deux qui ſont ſous cette
Lettre; comme ſi ie voulois mettre vn Tetrachorde Chromatique, il faut faire de la ſorte,

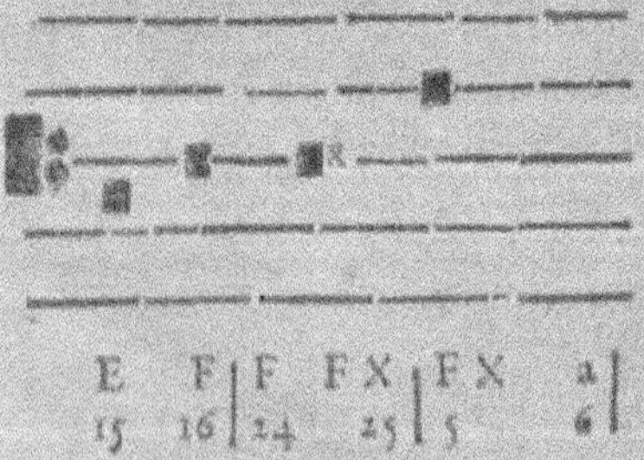

E	F	F	FX	FX	a
15	16	24	25	5	6

Compa-

Comparant donc 16 auec 24 , ie voy qu'ils ne sont pas radicaux , c'est pourquoy ie les reduits par la diuision aux plus
petits nombres qui sont 2 & 3 , puis ie multiplie 24 par 2 , ou
16 par 3 , cela donne 48 , que ie pose sous le premier nombre
des deux qu'à F , à sçauoir sous 16.

E	F	F	F	F	a
15	16	24	25	5	6
	F				
	48				

Cela fait , il faut voir combien de fois le premier nombre de
cette seconde Lettre ou Note , sous lequel on a écrit le produit , est contenu dans ledit produit ; & le nombre des fois
que ce premier nombre est contenu dans le produit , s'appelle quotient , & par iceluy quotient il faut multiplier le nombre de la premiere Lettre , & écrire le produit sous le nombre de cette Lettre , mettant aussi ladite Lettre , si l'on veut ,
pour plus grande clarté, comme en nostre premier exemple,
apres auoir posé 20 sous 4 premier nombre de la seconde
Lettre F , ie regarde combien 4 est de fois en 20 , & voyant
qu'il y est 5 fois , ie multiplie par 5 le nombre de C. qui est la
premiere Lettre , à sçauoir le 3 , cela donne 15 , que ie pose
sous ce 3 qui est le nombre de la premiere Lettre , en ceste
façon.

C	F	F	D	D	a
3	4	5	6	2	3
C	F				
15	20				

Or comme pour trouuer C contre F , ie me suis serui pour
F du premier nombre 4 , comme le plus proche de C ; de
mesme pour auancer & trouuer vn produit qui fasse le nombre de D , aprés F , ie me sers pour F , de son second nombre
5 , qui est le plus proche de 6 premier nombre de D , regardant combien de fois ce 5 est contenu dans 20 produit qui
fait F , & par ce qu'il y est 4 fois , ie multiplie par ce nombre
4 le premier nombre de D qui est 6 , cela donne 24 , que ie

Gg

pofe fous le 6 premier extreme de D , en cette forte.

C	F	F	D	D	a	
3	4	5	6	2	3	
C	F		D			
15	20		24			

Puis pour auoir le produit conuenable à a , ie regarde combien 2, fecond extreme de D , qui eft le plus proche de l'extreme de a. ou de fon premier , fuppofé qu'il en ait deux (ce qui feroit , s'il n'eftoit la derniere Note de l'Efchelle) eft contenu de fois dans le produit qui fait D , qui eft 24 ; & par ce qu'il y eft contenu 12 fois , ie multiplie par ce mefme 12 , l'extreme de a , qui eft 3 , cela donne 36 , que ie mets fou l'extreme de a , ou fous fon premier , s'il en a deux. Exemple

C	F	F	D	D	a	
3	4	5	6	2	3	
C	F	D			a	
15	20	24			36	

Il ne faut que pourfuiure toufiours de cette façon , & ainfi l'on aura tous les accords que l'on voudra par les plus petits nombres qui fe puiffent donner , les petits nombres commençans à la Baffe , & croiffans à mefure que l'on monte plus haut , comme il paroift dans les exemples precedens , & dans le fuiuant qui eft d'vne Octaue entiere auec le D inferius & fuperius.

C	Di	Di	Dš	Dš	E	E	F	F	G	G	a	a	♮	♮	c
9	10	80	81	9	10	15	16	8	9	9	10	8	9	15	16
C	Di		Dš		E		F		G		a		♮		c
72	80		81		90		96		108		120		135		144

Que fi dans le progrez de l'operation , apres auoir mis vn nombre produit conuenable à vne Note fous fon premier extreme , & voulant donner vn produit à la Note fuiuante , il arriue que le fecond extreme de cette Note qui a vn pro-

duit, ne soit pas totalement contenu dans ledit produit, si
bien qu'il reste quelque chose; comme par exemple 2 en 5
est bien deux fois, mais il en reste 1 ; de mesme 4 en 7 est vne
fois, mais il reste 3. Il faut pour lors reduire, par le moyen
de la diuision, ces deux nombres, àsçauoir ce produit & ce
second extreme aux nombres radicaux (s'ils n'y sont) &,
comme nous auons dit cy-dessus, multiplier par le plus petit
quotient le plus grand des deux nombres diuisez, ou au contraire le plus petit diuisé par le plus grand quotient, ce sera
tousiours mesme produit, lequel il faut mettre sous le produit de cette derniere Note : que si ces deux nombres
estoient les plus petits qu'ils peussent estre, il faudroit multiplier l'vn par l'autre, & mettre le produit sous celuy de la
derniere Note, comme en l'autre. Exemple.

G	A	A	♯	♯	C	C	Di	Di	D♯	D♯	E	&c.
9	10	8	9	15	16	9	10	80	81	9	10	
G	A		♯		C		Di					
36	40		45		48							

$$144 \qquad 160$$

Or ayant fait vn autre produit pour C, par ce qu'en celuy
qui y estoit, le second extreme du mesme C n'y estoit pas
compris totalement (ce qui est necessaire, si l'on veut poursuiure plus auant) tous les autres produits cy-deuant faits
pour les Notes precedentes, ne seruent plus de rien; mais il
en faut faire d'autres qui conuiennent auec le dernier que
l'on a fait, qui est écrit sous le produit duquel on n'a pû se
seruir. Et pour les composer, il faut voir combien ce produit
duquel on ne se peut seruir, est contenu de fois dans celuy
qui est dessous, & par ce quotient multiplier tous les autres
produits precedens, mettant le nombre produit par chaque
multiplication, sous celuy qui a esté multiplié; ce qu'il faudra faire toutes les fois que pour poursuiure, on sera contraint de changer de produits & quotiens. Comme dans nostre exemple, ayant mis pour produit de C, 144 au lieu de
48, qui ne peut seruir pour poursuiure vers D; ie regarde
combien 48 est de fois dans 144, & par ce qu'il y est 3 fois,

ie multiplie par ce quotient qui est 3 , tous les precedens produits. Exemple.

```
G  A | A ♯ ♮  C | C  Dĩ | Dĩ  D♯ | D♯  E | &c.
9  10| 8 9  15  16  9   10  80   81   9   10
G     A      ♮      C        Dĩ      D♯         E
36    40     45     48
108. 120.    135.   144      160
```

Pour poursuiure maintenant & passer outre vers D , il ne se faut plus seruir du produit qui a esté fait le premier, qui dans l'exemple posé est 48 , mais de celuy qui a esté mis au dessous, à sçauoir 144 , & regarder combien le second extreme de C 9 , est de fois dans ledit produit 144 , & parce qu'il y est 16 fois, il faut par ce mesme quotient 16 , multiplier le premier extreme de D qui est 10 , cela fait 160 , qu'il faut mettre sous ledit premier extreme de D , non au rang des premiers produits qui ne seruent plus de rien, mais plus bas dans l'ordre des seconds : & si l'on estoit contraint de recommencer pour vne troisiéme fois , tous les produits qui se feront aprés doiuent tousiours baisser d'vn rang , & estre posez en l'ordre des derniers faits , & ainsi poursuiure iusqu'à la fin de l'Eschelle que l'on pretend faire , recommençant tousiours quand la susdite occasion se presentera.

Pour composer l'Eschelle les grands nombres à la Basse, qui aillent diminuans à proportion que les Notes sont plus hautes, il n'y a point d'autres regles que celles de l'autre Eschelle precedente, qui a les petits nombres à la Basse , sinon qu'arrangeant les Lettres alphabetiques qui signifient les Notes , il faut mettre leurs interualles par les nombres radicaux , le plus grand le premier, c'est à dire du costé gauche. Exemple.

```
C  Dĩ | Dĩ  D♯  D♯  E | E  F | F  G | G  a | a ♯ ♭ c |
10 9  | 81  80  10  9  16.15  9  8  10  9  9  8 16.15
C    Dĩ        D♯       E       E       G      a   ♮      c
90   81        80       72
180  162       160      144     135     120    108  96    90
```

Si compoſant les petits nombres à la Baſſe, l'on veut faire vne Eſchelle contenant pluſieurs Octaues, eſquelles il n'y ait aucune Note qui ne ſe rencontre dans la premiere & plus baſſe de toutes; il ne faut que faire cette Octaue entiere, puis aller touſiours augmentant les nombres de moitié pour faire leurs Octaues, iuſques à la fin de l'Eſchelle.

Que ſi faiſant vne ſemblable Eſchelle, l'on vouloit mettre les grands nombres à la Baſſe, qui diminuent à proportion que les parties montent plus haut; il faudroit compoſer la derniere Octaue, c'eſt à dire la plus haute de toute l'Eſchelle; puis retournant à gauche, augmenter chaque nombre de moitié pour faire ſon Octaue, & aller ainſi d'Octaue en Octaue iuſqu'à la plus baſſe Note de l'Eſchelle.

CHAPITRE XIV.

Concluſion du Traité de la Muſique.

VOYLA, Engiſton, ce que i'auois à vous dire de la Muſique, laquelle, comme vous voyez, eſt proprement l'objet de l'oüye, & improprement l'objet de tous les ſens, dautant que, comme dit le Philoſophe, la meſme proportion qui ſe rencontre entre les ſons, ſe peut rencontrer entre les couleurs; & moy i'adiouſte, entre tous les objets de tous les ſens en general. La proportion en faiſant la varieté.

Les couleurs, par exemple, ſont les productions de lumiere; leur varieté ſe fait par la proportion inégale de ſes diuers degrez, ce que nous verrons clairement ſi nous en faiſons la compoſition, aſſignant à chaque couleur la quantité des degrez de lumiere qui luy conuient.

Le blanc tient plus de la lumiere qu'aucune autre couleur, donnons luy donc 24. degrez de lumiere, & aux autres couleurs en diminuant à proportion; au paſle 12; au iaune 16; à l'orangé 18; & ainſi des autres. Puis les comparant les vnes aux autres, nous verrons leurs raiſons & proportions.

Le pasle comparé au blanc fait 1 à 2, c'est le Diapason.
Le Iaune est en raison de   2 à 3, c'est le Diapente.
L'Orangé fait sa proportion de 3 à 4, c'est le Diatessaron.
Le Rouge de   4 à 5, c'est le Diton.
Le Bleu de   5 à 6, c'est le Semiditon.
L'Azur de   5 à 8, c'est l'Exachorde min.
Le Violet de   5 à 5, c'est l'Exachorde maj.
Le Verd de   5 à 9, c'est l'Heptach. min.
Le Pourpre de   8 à 15, c'est l'Eptach. mai.
Le Brun de   9 à 10, c'est le Ton mineur.
Le Noir de   8 à 9, c'est le Ton majeur.

Disons-en autant, Engiston, des Odeurs, des Saueurs, & des Qualitez tactiles. Entre les Fleurs odoriferantes le Lys aura, si vous voulez, 24 degrez d'odeur. La Rose 12. La Fleur d'Orange 16. Celle de Iasmin 18. Celles d'Oeillet, de Violette, &c. à proportion.

Entre les Saueurs tout de mesme. L'Amer, le Salé, l'Aigre, l'Aspre, le Vert, le Sur, le Fade & le Doux auront aussi leurs proportions.

Enfin, les qualitez tactiles n'en seront pas exemptes, comme le Dur, le Mol, le Rude, le Poly, le Tendre, & si vous voulez, le Froid, le Sec, le Chaud & l'Humide, feront la Musique à leur mode. Mais ie sens mes cordes lâcher, Engiston, ie croy qu'il est temps de quitter le Luth & la Musique pour parler d'autres choses.

E N. Me voilà sçauant en Musique, de vostre grace, Seigneur Adelphe, mais ie ne doute point qu'il n'y ait plusieurs Maistres qui s'en meslent, lesquels ignorent toutes ces maximes & ces fondemens.

A D. Cela est vray, Engiston, aussi n'est-il pas absolument necessaire de les sçauoir pour la pratique.

E N. qui sont ceux qui ont excellé en cet Art, Seigneur Adelphe?

A D. Les principaux Autheurs de la Musique, sans m'arrester aux Poëtes fabuleux, sont chez les Grecs, Homere, Hesiode, Platon, Aristote, Denis Halicarnasse, Ptolomée, Lucian, Cleonides, Diodore Sicilien, Suidas, & Plutarque. On y adiouste Heraclide, Aristoxene, Timothée, Nicomaque, & Philolaus.

Entre les Latins, Varron, Ciceron, Virgile, Terence, Horace, Quintilian, Pline, Saint Augustin, Boëce, qui en est le Choriphée, & lequel en a composé cinq Liures, qui ont esté long temps conseruez dans l'Abaye de Saint George en Suisse; Aulus Gellius, Macrobe, Apulée, Vitruue, Guy Aretin Autheur de la Game, & Reformateur du Systeme, Iean Pape onziéme du nom, Franquin, Feuin Aurelianois; & de nos derniers temps, Orlande, Claudin le Ieune, du Courroy, Bournonuille, & autres.

Glarean
en fa Pre-
face.

E N. Composoit-on en ces temps là comme on fait auiourd'huy, Seigneur Adelphe?

A D. Rien moins, Engiston, principalement en matiere de Musique d'Eglise, elle estoit pour lors bien plus graue, elle induisoit les Auditeurs à deuotion, éleuant le cœur à Dieu par sa Melodie; ce qui se voit par les anciens Motets, Hymnes, & autres pieces de Musique: mais maintenant chacun se donne liberté de faire chanter à sa guise & selon son caprice, tant les Chantres, que les Organistes, dont les pieces ressemblent, pour la plus part, à des Courantes, des Gauotes, des Bransles, Gigues & Sarabendes, plus propres aux Theatres, aux Tragedies & aux Balais des assemblées prophanes, qu'aux Chœurs & aux Eglises consacrées au vray Dieu, contre l'expresse defense de l'Eglise.

Concil.
Trid ff. 22.
de reform.

Et en effet, c'est vn abus insupportable, puis qu'autrefois, au rapport d'Athenée, les Lacedemoniens reprimenderent Timothée le Musicien, comme corrupteur de l'ancienne Musique, dautant qu'il se seruoit d'vn Systeme plus ample que l'ordinaire; & Boëce adiouste, que le mesme fut banny de leur societé, pour auoir adiousté vne seule corde à sa Lyre, au moyen de laquelle il rendoit la Musique effeminée, & corrompoit les bonnes mœurs de la jeunesse.

Athen. l.
14.

Boëce dans
fa Preface.

E N. Il est vray, Seigneur Adelphe, que vous m'auez plainement satisfait & l'oreille du corps & celle de l'esprit,

Gg iiij

par le Concert de voſtre agreable Muſique Pratique & Theorique, s'il vous plaiſoit paſſer de l'ouye à la veuë, & nous entretenir de la Lumiere & des Couleurs que vous dites en dépendre, nous vous ſerions infiniment obligez.

A D. Soit fait, Engiſton, ie veux tout tout ce que vous
voulez.

NEVFIE'ME TRAITE',
DE LA LVMIERE
ET DES COVLEVRS.

CHAPITRE PREMIER.

Ce que c'est que la Lumiere, ses Effets, & son Rayon.

ADEL-
PHE.

LES opinions sont differentes sur ce sujet, Engiston, les vns veulent que la Lumiere soit le mouuement des corps celestes ; les autres, que ce soit vne substance & vn corps tres-subtil, comme la flamme ; les autres, enfin, plus éclairez, asseurent que *c'est vn pur accident & vne simple qualité.*

La Secte des Epicuriens tient que la Lumiere est vn petit corps, tres-subtil, adherant au Soleil inseparablement, lequel ne s'engendre pas de nouueau, mais est le mesme qui a esté creé dés le commencement du monde par l'Autheur de toutes les Creatures ; ils disent que c'est la couronne du Soleil.

EN. Si la Lumiere estoit vn corps, Seigneur Adelphe, elle n'en penetreroit pas vn autre, comme elle fait l'air & le verre, car vous n'admettez pas la penetration des corps ?

Opinions touchant la Lumiere.

H h

A D. Vous dites bien, Engiston, nous n'admettons pas à la verité, la penetration des corps, mais il est pourtant vray qu'vn corps subtil se peut facilement introduire dans vn autre par les pores, comme fait l'eau dans vne esponge, & la lumiere mesme dans les corps disposez à la receuoir (vous verrez plus bas quelles sont ces dispositions) Il ne suit donc pas de vostre Argument que la lumiere ne soit vn corps. Et en effet, il y a toutes les apparences que la lumiere soit vne substance corporelle, puis que les affections du corps luy conuiennent, comme la grandeur, l'extension, la figure, le mouuement, & les propres dimensions; toutes lesquelles choses ne sont point tirées du sujet, comme il arriue aux simples accidens qui en dépendent absolument.

La lumiere retient tellement sa figure, Engiston, que si elle passe par vn trou quarré, elle ne l'en garde pas moins ronde, comme on peut remarquer au lieu où elle se termine. Quant à son mouuement, il paroist assez, lors qu'elle rejallit à guise d'vne balle à l'opposite d'vn corps poly & peu poreux, comme il se voit sur l'eau, & sur vne plaque de metail bien vni.

Elle nous charie toutes les influences celestes, attirant aussi les vapeurs de l'eau & les exhalaisons de la terre. Elle échauffe, elle brusle, & fait mille autres choses qui ne conuiennent nullemét à l'accident; car si c'estoit vn accident, il auroit vn sujet, & lors que son sujet seroit agité, la lumiere le seroit pareillement, ce qui n'est pas, comme on peut remarquer dans l'air; de plus, les accidens impriment tellement certaines choses dans le sujet, qu'elles ne s'effacent pas en vn moment; ils ne s'engendrent pas & ne passent non plus de lieu à autre en vn instant, comme fait la lumiere; il faut donc, ce semble, Engiston, que la lumiere soit quelque petit corps.

Or pour entrer dans les sentimens des Epicuriens, sur ce sujet, il faut dire que si la lumiere est corporelle, son corps ne sçauroit estre que la flamme du feu celeste; car tout ainsi que la lumiere du feu materiel est la flamme qui luit obscurément dans la fumée; de mesme la lumiere du iour est

l'expreſſion de la flamme du feu celeſte, tres-épurée & im-
materielle, laquelle remplit l'air de ſa clarté; l'experience
enfait foy.

L'Eau, Engiſt. s'extenuë en vapeurs par la chaleur, & eſtant
ainſi rarefiée, elle moüille bien moins qu'auparauant; & derechef ſe condenſe & reprend ſa forme au haut d'vn Alãbic,
par le moyen de la fraiſcheur; de meſme la flamme celeſte
s'extenuë en rayons & en lumiere, & ainſi extenuée, échau-
fe moins que la flamme laquelle eſt plus ſolide; & derechef
cette lumiere révnie dans le fond d'vn miroir concaue, reprend ſa forme de flamme, & bruſle comme auparauant.

E N. Cette experience eſt belle, Seigneur Adelphe, &
vos raiſons trop autentiques pour en douter; neantmoins ie
ne ſçaurois comprendre comment vn corps, quel qu'il ſoit,
puiſſe occuper tant d'eſpace de lieu en vn inſtant, côme fait
la lumiere, pouuant penetrer en vn clain d'œil depuis le Ciel
iuſques au centre de la terre, s'il y auoit vne ouuerture iuſques là; & d'ailleurs, ſi ie dis que la lumiere n'eſt qu'vn accident, ie ne voy pas comment vne ſimple qualité puiſſe
paſſer ſi promptement d'vn ſujet à vn autre, cela me met en
perplexité?

A D Il y a ſujet de douter de part & d'autre, Engiſton,
voicy en mon auis ce que nous en deuons croire, ſuiuant le
ſentiment des plus habiles, nonobſtant ce que i'en ay dit.

La lumiere, ſelon l'Ariſtote, eſt fort bien definie *L'aſte*
d'vn corps tranſparant, ou vne qualité receuë dans vn corps
diaphane; mais il faut adiouſter, *exiſtante dans le ſujet*
ſans en dépendre; car c'eſt ce qui conſtituë ſa difference d'a-
uec les autres accidens & qualitez; & pour le dire en vn mot,
Engiſton, ie croy que la lumiere tient le milieu entre la ſubſtance & l'accident, entre le corps & l'eſprit; qu'elle eſt
neantmoins plus ſpirituelle que corporelle, & moins ſubſtance qu'accident; d'où vient qu'elle repugne à la matiere
& demande vn ſujet qui en ſoit beaucoup détaché, ſçauoir
le corps lucide ou tranſparant, dont la nature eſt d'auoir peu
de matiere ſous vne grande extenſion.

Le Ciel eſt le corps le moins materiel & le plus eſtendu,

c'eſt pourquoy le Ciel eſt le corps le plus tranſparent ; l'air vient aprés ; l'eau ſuit & les corps qui en ſont formez, comme la glace, le verre, le cryſtal, leſquels corps ſont lucides à proportion qu'ils ſont détachez de matiere : car pour ce *Corps opa-ques.* qui eſt de la terre, comme c'eſt vn element fort preſſé & fort peſant, il en eſt dautant plus opaque, n'ayant que fort peu de pores, & ſes parties eſtant confuſément liées les vnes entre les autres, auſſi bien que les corps qui en ſont compoſez, comme ſont les metaux deſquels les plus peſants ſont les moins lucides & les plus opaques, témoins l'or & le plomb.

La lumiere, Eng. eſt donc vne certaine qualité toute particuliere, dependante du ſeul Soleil, côme de ſon ſujet & de ſon principe, & non de l'air ou d'autres corps lucides, ou neantmoins elle eſt receuë & ſouſtenuë comme ſi c'eſtoit ſon propre ſujet, qu'elle quitte & occupe en vn inſtant, qui n'eſt ny creée, ny produite de nouueau, qui ne perit comme les autres accidents, eſtant touſiours la meſme qui a eſté creée dés le commencement, par l'Autheur de toutes choſes, afin de recreer & feconder tout l'Vniuers.

Trois eſpe-ces de qua-litez. En quoy vous pouuez reconnoiſtre, Engiſton, qu'il y a diuerſes eſpeces de qualitez & d'accidents : les vns ſont tirez du ſujet ſans lequel ils ne peuuent ſubſiſter, & en dependent abſolument, comme la blancheur du papier ; les autres ſubſiſtent ſans ſujet, mais par miracle, comme les eſpeces du Pain & du Vin dans l'Euchariſtie ; les autres, enfin, ſont ſouſtenus par vn ſujet duquel ils ne dependent pas, ny quant à leur production, ny quant à leur conſeruation, comme la lumiere dans le corps tranſparant.

E N. Qu'eſt-ce que le Rayon de lumiere, Seigneur Adelphe ?

Le Rayon de lumiere. A D. *Le Rayon de lumiere, Engiſton, n'eſt autre choſe que le point d'vn corps luiſant, continué en droite ligne, comme vne pyramide, portant l'image & la ſplendeur du corps d'où il procede.*

E N. Pourquoy tous les corps ne reçoiuent ils pas la lumiere également & d'vne meſme façon ?

A D. dautant que les vns sont opaques, & les autres transparants.

E N. Donnez m'en, s'il vous plaist, la difference ? mais dites-moy auparauant si le Soleil est le seul corps qui possede la lumiere, ou si les autres Astres en ont aussi ?

A D. Quelques-vns disent que la lumiere n'est pas toute dans le Soleil, mais que les Cieux & les autres Astres en possedent en propre, outre celle qui leur vient du Soleil, lequel pourtant ils confessent en auoir plus luy seul que tous les autres ensemble, & taschent de prouuer leur opinion par la lumiere qu'ils croyent voir dans la Lune rougeastre au temps de l'Eclipse, qui ne luy vient point du Soleil, à cause de l'interposition de la terre.

A D. Acheuons ce Chapitre, Engiston, & disons en peu de paroles, que *la Lumiere est vne qualité réelle, materielle, passible, occupant le milieu* ; c'est vne qualité, & non pas vne substance : réelle, & non pas vne espece intensionelle : materielle, estant de la puissance du sujet : passible, à la difference des autres especes de qualité : occupant le milieu, à la difference de la lueur qui est attachée à vn corps lucide, comme celle d'vne *Chandelle & d'vn Diamant*, &c.

✥✥✥✥✥✥✥✥✥✥✥✥✥✥✥✥✥✥✥✥✥

CHAPITRE II.

Des Corps Opaques, & des Corps transparans.

ADELPHE. **T**OVS les corps sont poreux, Engiston, mais les vns le sont plus, les autres moins, les vns d'vne façon, & les autres d'vne autre ; quelques corps sont polis en leur superficie, les autres raboteux ; les vns sont formez de choses liquides, & les autres engendrez de choses épaisses. Les vns ont toutes leurs parties également rares & droitement vnies les vnes aux autres ; les autres au contraire, sont plus épais en vne partie qu'en vne autre, & ont leurs parties vnies entr' elles obliquement & auec confusion.

Difference
de corps.

H h iij

Qualitez d'vn corps transparât.

Or les qualitez d'vn corps diaphane, ou transparant sont celles-cy ; premierement, que le corps soit beaucoup poreux, & composé d'vne matiere tres-subtile, car la matiere est le siege des tenebres ; les corps les plus luisans sont les plus transparans ; le Ciel, le Feu, l'Air, l'Eau & ce qui en est composé, comme la Glace, le Diamant, le Verre, le Crystal, naturellement sont corps transparans, bien que par accident ils puissent deuenir opaques, comme le feu dans la fumée, l'air rempli de broüillards, l'eau troublée, le Diamant brutte & non poly, le Verre broyé, ou coloré.

La seconde qualité d'vn corps transparant, est que sa matiere soit pure & vniforme en sa substance, car le corps mixte n'est iamais tellement lucide qu'il ne retienne quelque opacité ; le Vin purifié est beaucoup plus luisant que le nouueau, dans la substance duquel est encore la lie, le verre qui est composé de plantes, de pierres, & de metaux, ne seroit pas luisant, si le feu n'auoit separé ce qui est en luy d'estranger, & ne l'auoit simplifié de la sorte. Le laict, le sang, & l'encre sont opaques pour cette raison.

En troisiéme lieu, il faut que la superficie du corps soit égale, vnie, polie, sans tache & sans peinture ; l'Ambre estant coloré n'est pas transparant.

Enfin, il faut que les pores & les parties du corps soient continuës & jointes droitement les vnes aux autres, & non obliquement ny auec confusion, car le rayon & la lumiere se communiquent tousiours en droite ligne ; le verre est de cette nature, c'est pourquoy il est transparant & se casse bien net, ce que ne font pas les metaux.

EN. Vous excellez, Seigneur Adelphe, dans l'éclaircissement de ces matieres, mais il me reste encore quelques doutes, sçanoir pourquoy l'eau estant vn corps diaphane, la glace l'est aussi, & non la neige, quoy que toutes deux en soient engendrées ?

Difference entre la neige & la glace.

AD. La cause materielle est bien la mesme, Engiston, mais non pas l'efficiente. Le grand froid sec resserre l'eau, la purifie, la rarefie & en fait la glace transparante. Le froid mediocre & humide épaissit l'eau dans le milieu de

l'air & fait la neige, au lieu de pluye, ainsi l'air y estant meslé
rend ce corps mixte, composé & impur, & par consequent
opaque, iusques à ce que le feu, ou la chaleur, ayant chassé
l'air de dedans, l'espure & le reduit en sa premiere forme.

E N. Pourquoy le beurre, l'huile, la cire, & quantité
d'autres matieres sont-elles transparantes estant liquefiées,
& opaques estant espaissies ?

A D. Dautant que ces matieres estant composées de particules tenaces & gluantes, n'admettent pas beaucoup de
porres si le feu ne les rarefie, car il faut remarquer que tout
corps transparant est ou liquide, ou fait d'vn corps liquide
congelé. Or tout liquide est agité d'vne matiere subtile qui
fait facilement les pores.

E N. Pourquoy le Liege, l'Esponge, le Papier & la Toille
qui sont choses poreuses, ne sont-elles pas transparantes ?

A D. Le Liege & l'Esponge, Engiston, sont des corps
fort grossiers & raboteux en leur superficie, c'est qourquoy
le rayon ne penetre pas. La Toille & le Papier quoy que por-
reux, n'ayant pas les pores droits & nets, mais recourbez,
l'huile & la cire liquefiées, rendent leur superficie plus polie, flechissent leurs filamens, & rectifient leurs pores.

E N. Pourquoy l'œil frappé fait-il paroistre du feu ? pourquoy les Chats & les Hiboux voyent-ils mieux la nuict que
le iour ? pourquoy les Lempyrides, le bois, & la graisse
pourries luisent-ils dans les tenebres ?

A D. L'œil est fort plein d'esprits, principalement en certains animaux ; or les esprits de leur nature sont luisans, voylà pourquoy l'œil frappé estincelle, à cause du mouuement
violent ; ce que font aussi les roües des chariots roulans auec
precipitation. Les yeux de certains animaux luisent pendant la nuict plus que le iour, à raison de l'antiperistase ; &
comme c'est le propre de la crainte de r'allier les esprits, lesquels estans vnis deuiennent plus actifs : la Lampyride qui
est vn petit ver luisant, tousiours craintif, brille à nos yeux
dans les tenebres. L'esprit du bois & de la graisse putrifiez,
dégagez par ce moyen de la matiere, se font paroistre dauantage par cette lueur qui en sort.

Le beurre,
l'huyle, la
cire.

Le siege,
l'esponge,
le papier, la
toille,

L'œil est
plein d'es-
prits.

La Lampy-
ride.

Il y a aussi d'autres corps, Engiston, qui sont tousiours opaques, soit qu'ils soient condensez, soit qu'ils soient liquisiez, dautant qu'ils sont formez de parties extremement crasses, comme sont les metaux, enfans de la terre, qui n'ont que peu ou point de pores, c'est pourquoy la lumiere ne les penetre iamais.

CHAPITRE III.

De la Couleur en general.

L A Couleur, Engiston, selon quelques-vns, est le terme & l'extremité d'vn corps illuminé, definy & determiné, & ne differe en rien de la lumiere, sinon que la lumiere se considere en vne chose indeterminée, comme est l'air & le Ciel, & la couleur se termine au sujet, comme au paroy, & au papier, &c.

Aristote la definit, *la differente temperature de la lumiere & de l'ombre.* Cartesius dit que ce n'est autre chose qu'*vne lumiere modifiée.* Keplerus veut que ce soit *la lumiere en puissance, laquelle a besoin de celle du iour pour sortir en acte,* ne plus ne moins que la chaleur des espiceries a besoin d'vne humeur pour se faire paroistre & ressentir.

Mais auant d'en rien arrester en general, il faut, en mon aduis, faire distinction de lumiere & de couleur, distinguer la lumiere en *lumiere externe,* & en *lumiere interne,* approchant en cela de l'opinion de Keplerus; & les couleurs, en couleurs *apparentes & fugitiues,* & en couleurs *fixes, veritables, ou réelles.* Parlons premierement de la lumiere. L'externe n'est autre chose que celle du Soleil & du feu. L'interne, est celle que chaque corps contient en effet; car il n'y a point de corps, Engiston, qui ne soit transparant ou plus ou moins, & par consequent lumineux à proportion; voylà pourquoy il y a de l'apparance que toutes choses ont leur couleur natiue renfermée au dedans selon la disposition des parties, & c'est ce qu'on appelle *coloré au premier acte,* laquelle

quelle couleur est de soy visible, subsiste & ne s'efface pas dans les tenebres, mais ne paroist pas pour cela, si la lumiere externe ne la frappe, car pour lors elle sort, & la chose en est dite colorée au second acte.

N'est-il pas vray, Engiston, que la neige & l'escume paroissent blanches dans l'obscurité ? que si vous demandez pourquoy les autres couleurs ne paroissent pas, ie répondray qu'elles sont trop debiles, & que tirant plus sur le noir, elles ont besoin de la lumiere externe, de mesme que la chaleur naturelle du corps de l'animal a souuent besoin de celle du feu ou du Soleil, ou de quelqu'autre corps externe pour faire ses fonctions.

Enfin, Engiston, il faut confesser que la lumiere & la couleur estant de mesme espece, suiuent la qualité du corps qui leur sert de sujet, si le corps est plus ou moins transparant, il en est plus ou moins luisant & coloré. Le Ciel brille, l'air est blanchastre, l'eau est verte ou bluastre ; la terre estant par tout opaque l'est plus & moins en certaines parties qu'en d'autres, c'est pourquoy icy elle est grise, ailleurs jaune, ailleurs rouge & ailleurs noire, selon qu'elle a plus ou moins de perspicuité & de lumiere.

E N. Voylà qui va fort bien, Seigneur Adelphe, mais ie voudrois sçauoir comment vne mesme partie & nature de terre produit des choses dissemblables en couleur, par exemple, les plantes, les fleurs & les fruicts, les metaux & les mineraux, comme l'or, & l'argent, le marbre blanc & noir, &c.

A D. Il faut sçauoir, Engiston, qu'il y a des corps qui successiuement reçoiuent en eux de l'humeur plus ou moins cruë & elabourée, d'où ils reçoiuent du changement & en leur substance & en leur couleur, comme les plantes, les fleurs & les fruicts. D'autres qui changent de couleur, non naturellement, mais par quelque rencontre de couleur qui leur vient d'ailleurs, comme la pierre & les metaux ; ainsi le marbre blanc differe du noir en couleur, comme font aussi les metaux ; voyez le traité que nous en ferons cy-aprés.

Nous auons veu, Engiston, la distinction de la lumiere

Ii

en externe & interne ; nous auons parlé de la couleur natiue, réelle & permanente de chaque chose, reste maintenant à traiter de la couleur fugitiue & apparente.

Les couleurs fugitiues & apparentes, comme sont celles de l'Iris, & celles d'vn verre trigone contre vn paroy, naissent de trois diuerses causes ; sçauoir, de la reflection que fait la lumiere, de la refraction d'elle-mesme, & d'vn corps de telle ou telle figure, qui en est comme le sujet.

L'Iris nous seruira d'exemple. Vne nuë grossiere & raboteuse se forme dans l'air, la lumiere la frappe, reflechit & se rompt contre elle. Vn verre trigone est exposé à la lumiere ; il en reçoit les rayons & les renuoye, dautant que son corps est epais ; il les rompt, dautant qu'il est trigone ; voylà pourquoy tant de belles couleurs se voyent dans l'Iris, & contre le paroy à l'aspect d'vn verre trigone.

Ce n'est donc pas, Engiston, la seule reflection de la lumiere qui fait la variete des couleurs, car si cela estoit, le drap rouge regardé diuersement par le Soleil, deuiendroit varié dautant de couleurs qu'il seroit regardé diuersement.

Ce n'est pas non plus la seule disposition du sujet (que les Epicuriens soustiennent deuoir estre composé de petits globes ou atomes spheriques, afin d'estre capable de produire des couleurs,) puis que les corps dont on se sert pour la teinture & la peinture, estans broyez, concassez & puluerisez, ne laissent pas de faire le mesme effet. C'est donc & la reflection & la refraction tout ensemble de la lumiere contre vn corps tel que ie l'ay dit cy-dessus.

CHAPITRE IV.

Des Couleurs en particulier, & de leur varieté.

ADEL-
PHE.
Outes les Couleurs, Engiston, sont de mesme nature & condition, comme il se voit par experience. Le rouge passant à trauers le crystal & tombant sur vn autre rouge le rend plus éclatant; il s'en peut faire neantmoins vne mixtion, puis que le mesme rouge passant par le crystal & tombant sur le bleu, compose auec le bleu vne couleur moyenne, les Peintres le font tous les iours sur leurs palettes, & les Teinturiers dans leur chaudieres.

Il faut remarquer, Engiston, que les corps qui font les couleurs comme le cinabre, le vermeillon, l'outre-mer, le vert de gris, &c. doiuent estre chauds & humides; humides pour faire liaison & vnion de leurs parties entr'elles-mesmes; & chauds afin d'ouurir les pores du sujet sur lequel ils sont appliquez & s'y incorporer. Mais de dire que les couleurs naissent des quatre premieres qualitez des Elemens, du chaud, du froid, de l'humide & du sec jointes auec la perspicuité, l'opacité, & la lumiere, selon le sentiment de quelques-vns, ie ne sçaurois comprendre comment ces qualitez elementaires puissent contribuer à la production de cet effet.

EN. Combien y a t'il d'especes de couleur?

AD. Le nombre en peut estre infiny, par le diuers mélange qui s'en peut faire. Mais on les diuise ordinairement en couleurs simples, & en couleurs composées. Les simples sont le blanc & le noir (si pourtant ils se peuuent appeller couleurs, car il semble que le blanc soit au regard des couleurs, ce que l'vnité est au respect du nombre; & que le noir soit plustost negation de couleur qu'vne veritable couleur) quoy qu'il en soit, nos Auteurs les nomment couleurs sim-

Les couleurs sont de mesme nature.

Corps chauds & humides.

Couleurs simples.

I i ij

Les Epicu-
riens & Pe-
ripateti-
ciés Fabry. ples, à la difference de toutes les autres qui en sont composées. Escoutez le docte Fabry sur la confection & composition des couleurs.

La Lueur. Le Luisant, dit-il, consiste en la continuité non interrompuë des rayons de lumiere sur vn corps poly.

Le Blanc. Le Blanc naist de la quantité de lumiere dans vn sujet qui
la renuoye à l'air sans interruption des rayons, lequel sujet
doit estre composé de petits corps ou atomes spheriques,
propres à receuoir & renuoyer la lumiere, comme sont la
neige & l'escume.

Le Noir. Le Noir tout au contraire ; car lors qu'il n'y a aucune reflection de lumiere, sont les pures tenebres, & la noirceur
qu'on nomme negatiue ; & lors qu'il y en a quelque peu,
c'est la noirceur réelle & positiue.

Le Rouge. Le Rouge tient le milieu entre le blanc & le noir, vnis
par vne exacte mixtion qui tend iusques à la confusion, mais
il faut que ces deux soient fort luisans & éclatans, car s'ils
Le Cendré. sont debiles, ils ne feront que la couleur cendrée par leur
mixtion. Cela prouient de ce que les rayons qui frappent
nos yeux sont alternatiuement reflechis & interrompus
dans le sujet : exemple, le fer est noir, & la flamme blanche
de leur nature, l'vn & l'autre meslé produit le rouge, que
nous voyons au fer ardent. Le drap noir exposé au grand Soleil paroist rougeastre.

Le Iaune &
le Verd. Le Iaune est entre le blanc & le rouge, comme le verd est
entre le rouge & le noir, mais tous deux tiennent plus des
extremes que du milieu ; voicy comme quoy naissent ces
couleurs. Le corps qui renuoye à l'œil deux rayons dans vne
seule interruption, l'vn blanc & l'autre rouge, produit la
couleur jaune, qui tient plus du blanc que du rouge. Le
corps qui souffre deux interruptions, ne renuoyant à l'œil
qu'vn seul rayon, produit la verde, laquelle tire plus au noir
qu'au rouge.

Le Doré.
Le solaire.
Le Celeste.
Le Pourpre La couleur d'Or est entre le jaune & le rouge ; la Solaire
entre le jaune & le blanc ; la bleuë entre le verd & le jaune,
& le Pourpre entre le rouge & le verd. Ce qu'ils disent se
remarquer par l'experience d'vn mélange de couleurs exa-

ctement meslées & composées : Ie m'en rapporte.

Ce qu'il faut obseruer de plus certain, Engiston, c'est que les couleurs les plus composées & temperées, comme sont le Iaune, le Pourpre, le Bleu, & le Verd, sont plus agreables à la veuë, que les plus simples.

Vous voyez donc, Engiston, que selon ces Autheurs, la couleur n'est autre chose que la lumiere, modifiée & temperée par reflexion, & refraction contre vn corps disposé à la receuoir, & la rendre diuersement.

Les autres plus probablement, disent que les couleurs & leur varieté naissent de la lumiere diminuée, & apportent l'exemple de l'Iris qui semble le plus autentique, car c'est en luy où se distinguent & se remarquent les couleurs les plus viues, c'est là où la lumiere les estalle dans leur rang, premierement le Iaune, lequel approche plus de la lumiere & de la blancheur (& c'est icy que l'on peut remarquer que le blanc & le noir ne sont pas proprement des couleurs, mais en sont les termes & les extremitez.) Le Rouge le suit & s'éloigne d'vn pas de la lumiere, le verd tient comme le milieu, puis le bleu & le pourpre qui sont plus ombragez, tirent à l'autre extremité qui est le noir, l'obscurité & les tenebres.

L'experience s'en fait encore au coucher, & leuer du Soleil, où ces diuerses couleurs paroissent & se succedent les vnes aux autres selon l'aproche où l'éloignement du Soleil.

Disons donc, Engiston, pour acheuer, qu'il faut admettre du moins cinq couleurs simples & primitiues ; le Blanc, le Noir, le Rouge, le Bleu, & le Iaune, d'où les autres sont composées par vn mélange bien proportionné ; & que les couleurs, du moins les fugitiues & apparentes, sont engendrées de la lumiere diminuée.

DIXIE'ME TRAITÉ,
DES ELEMENS.

CHAPITRE PREMIER.

Definition des Elemens, & de leurs qualitez premieres.

ADEL-
PHE.

*Corps sim-
ples.
Exemple.*

ES Elemens que vous deman-
dez *sont quatre corps simples, desquels tous les autres corps mixtes
sont composez, & ausquels ils se re-
soudent.* L'Exemple d'vn bois
vert ardent vous le fera connoistre ; la flamme qui tend en haut,
marque le Feu ; l'Air se connoist par la fumée ; l'Eau par l'humeur qui en distille ; & la Terre par la cendre qui en reste.

*Premieres
qualitez.*

Il y a aussi quatre premieres qualitez dans la Nature, le
chaud, l'humide, le froid, & le sec, dont le mélange varié
en quatre façons, nous fait voir qu'il n'y a que quatre Elemens, ny plus ny moins, ausquels lesdites qualitez conuiennent. La plus grande chaleur auec la moindre secheresse
conuient à l'Element du feu ; la grande humidité & la
moindre chaleur à l'air ; la plus grande froidure auec la
moindre humidité à l'eau ; & la plus grande seicheresse auec
la moindre froidure s'attribuë à la terre. Partant il y a quatre
Elemens.

E N. Quelques-vns doutent, ce me semble, qu'il y ait du

feu Elementaire, puis qu'on ne le voit pas, & qu'il luy faudroit vn trop grand aliment, la terre n'ayant pas aſſez d'exalaiſons, ny les eaux de vapeurs pour le nourrir, il viendroit à brûler les Cieux & conſommer toute la nature.

A D. Ie répond à cela, Engiſton, premierement, qu'il faut admettre l'exiſtance du feu Elementaire, puis que l'extreme chaleur ne conuient à aucun autre qu'à luy; ſon lieu eſt le concaue de la Lune, vers lequel tend touſiours le noſtre, impur & materiel, qui ne ſubſiſte ſur la terre & dans elle, que par les alimens qu'elle luy fournit. Secondement, ſi on ne le voit pas dans ſa ſphere, c'eſt qu'il y eſt beaucoup plus pur & rarifié que n'eſt l'air & le vent, qui ne laiſſent pas d'eſtre encore qu'ils ſoient inuiſibles. En troiſiéme lieu, c'eſt que cette pureté & rarefication oſtent beaucoup de ſon actiuité, qui eſt encore temperée par les influences celeſtes; c'eſt auſſi la raiſon pourquoy il n'a pas beſoin d'aliment dans ſon centre, s'y maintenant par ſa grandeur & la temperature de ſon actiuité. Il y a vn feu Elementaire.

E N. Si les Elemens ſont corps naturels, quoy que ſimples, il faut qu'ils ſoient compoſez de matiere & de forme, ſelon voſtre propre doctrine ?

A D. Il eſt vray, Engiſton, bien que quelques-vns croyent qu'ils n'ont point d'autres formes que les qualitez tactilles & motrices; mais il eſt aſſeuré qu'ils en ont d'autres, & que ceſdites qualitez ne ſont que leurs proprietez.

E N. Comment definit-on ces quatre premieres qualitez?

A D. *Le chaud, c'eſt ce qui aſſemble les choſes de meſme ordre, que la Philoſophie appelle Homogenées, & ſepare celles qui ſont d'vn ordre different, ou Heterogenées,* comme l'or ſe ſepare en la fournaiſe des autres metaux, auec leſquels il eſtoit meſlé; ſi ce n'eſt que les choſes Heterogenées ne tendent à la compoſition d'vne meſme nature, comme ſont diuerſes ſortes de viandes ramaſſées dans l'eſtomac, leſquelles ſe reduiſent par la chaleur naturelle en vn ſeul aliment de chile & chime, qui paſſent par aprés en la nature de l'animal, ou comme la cire & la poix meſlées enſemble dans vn vaiſſeau, deuiennent vn ſeul corps par la chaleur. Le Chaud. L'exception.

Le Froid. Le Froid est, *ce qui presse & resserre tant les Homogenées,*
comme l'eau glassée, que les Heterogenées, comme les pierres,
le bois, la chair & le sang, les os, &c. qui sont de differente
nature, & pourtant sont pressées & resserrées par la gelée &
par le grand froid.

Le Sec, Le Sec, est *ce qui se contient facilement dans ses bornes ou*
en son terme, & difficilement ailleurs, comme la pierre ou
bien la terre, &c. qui sont en repos dans leur centre, & ailleurs en estat violent.

L'Humide, Enfin l'Humide, est *ce qui a peine à se contenir en son ter-*
me, & se contient facilement en celuy d'autruy, comme l'eau
& autres liqueurs qui coulent toussiours dans leur propre
lieu, & se contiennent dans vn vase.

EN. Il y a donc plusieurs qualitez ou proprietez dans les
Elemens?

AD. Sans doute, Engiston, voyez les au Chapitre suiuant.

CHAPITRE II.

Des qualitez secondes des Elemens.

ADEL-
PHE.
 IL y a deux sortes de qualitez dans les
Elemens, les vnes qu'on nomme
premieres ou alteratiues, à cause
qu'elles s'alterent, & celles-là sont
les quatre susdites: les autres qu'on nomme secondes, qui
sortent des quatre premieres, elles sont en grand nombre,
il y en a de motrices, comme la grauité & la legereté, d'où
procedent les couleurs, odeurs & saueurs, les sons, la dureté,
la mollesse. Il y en a d'autres non motrices, comme la trans-
parance, l'espaisseur, la rareté, &c.

Où vous remarquerez en passant, Engiston, que les quatre premieres sont propres aux Elemens, tant en leur centre
que hors d'iceluy; mais les motrices ne leur sont propres
que hors de leur centre, si l'eau estoit pesante dans son lict,

ceux

ceux qui plongent profondement n'en pourroient suppor-
ter la hauteur d'vne pique comme ils font, & nous voyons
qu'vn feau n'est pesant que lors qu'il fort de l'eau pour entrer dedans l'air.

E N. Quelle est l'ordre dans la situation des Elemens,
leurs prerogatiues, & figure?

A D. Ils font de figure fpherique, ou ronde, conforme à
celle du concaue de la Lune; la Terre est ronde, non en ti-
gueur Mathematique, à caufe des Ifles & Montagnes qui
luy caufent des eminences; mais c'est fi peu de chofe au refpect d'vn fi grand corps, que la Terre & l'Eau qui l'enuiron-
nent ne font qu'vn globe rond. Le feu est le plus haut & le
plus estendu; fa chaleur, fa lueur, fa fubtilité, fon actiuité,
&c. luy affignent le premier rang. L'air vient apres, le commun aliment des animaux; les nués, les pluyes, les zephirs,
& les vents qui fe forment en fa region la rendent extremement recommandable. L'Eau a fes proprietez & vtilitez
merueilleufes, elle est pourtant moins grande que la Terre,
quoy que plus estenduë en fa fuperficie. La Terre est au def-
fous de tous comme le fondement immobile & inébranlable, finon par accident en quelqu'vne de fes parties.

E N. Comment s'accordent-ils enfemble, veu qu'ils ont
des qualitez oppofées?

A D. L'Autheur de la nature qui les a compofez, y a pourueu; car fi ils diffymbolifent en quelques-vnes de ces qualitez, ils fymbolifent dans les autres; fi le feu conuient auec
l'air en chaleur; ils difconuiennent en feicherefle & en humidité; fi l'air s'accorde auec l'eau dans l'humide, ils fe con-
trarient en chaleur & en froidure; fi l'Eau s'ajufte auec la
Terre en froidure, elle luy est contraire en humide lequel
combat fa feicherefle. Car pour les Elemens qui fe combattent en toutes leurs qualitez, comme le Feu & l'Eau, l'Air
& la Terre, ils ne font pas immediatement vnis les vns aux
autres, y en ayant toufiours vn entre deux qui les tempere,
comme est l'Air entre le Feu & l'Eau, & l'Eau entre l'Air &
la Terre.

E N. Les Elemens font-ils tellement d'accord enfem-

K k

Ordre, fi-
gure & fi-
tuation des
Elemens.

Accord des
Elemens.

ble qu'ils ne viennent pas quelquefois au combat?

A D. Pardonnez moy, Engiston, ils se combattent tellement que souuent ils s'alterent & se corrompent; l'vn s'introduit au lieu de l'autre, & mesme quelquefois l'vn estant
surmonté par l'autre, il en naist vn troisiéme.

E N. Monstrez moy cela par exemple?

A D. Les Elemens symboliques, comme sont le Feu &
l'Air, l'Air & l'Eau, l'Eau & la Terre, la Terre & le feu, en
combatant se transforment les vns aux autres tres-facile-
ment. Par exemple, le Feu & l'Air qui symbolisent en chaleur, ne se combattent qu'en tant que l'vn est sec & l'autre

humide; or si le Feu vient à vaincre l'humide de l'Air, il n'y
a rien qui l'empesche de s'y introduire, de mesme à l'opposite, & ainsi des autres.

Mais quant aux Elemens dissymboliques, comme sont le
Feu & l'Eau, l'Air & la Terre, ils ne se transmuent que difficilement les vns aux autres à cause de leurs contraires qualitez tout à fait opposées, car de celuy qui est vaincu naist
ordinairement vn troisiéme; par exemple, le Feu agissant
contre l'Eau ne la conuertit pas en Feu, mais l'ayant corrompuë la fait euaporer en air. De mesme la Terre agissant contre l'Air renfermé dans son sein, ne le transforme pas en sa
narure, mais souuent la fait distiller en eau.

S'il arriuoit, Seigneur Adelphe, que le combat fust tel
entre les Elemens que l'vn & l'autre fust destruit, qu'arri-
ueroit-il pour lors?

A D. Si cela arriuoit, comme il peut arriuer, par exemple,
que le feu & l'eau combatant se destruississent l'vn l'autre, &
fussent effectiuement destruits, il naistroit de là vn certain composé de l'humide de l'eau, & de la chaleur du feu,
ou la forme de l'air s'introduiroit facilement, lequel air
estendroit cet humide, & restraindroit le chaud selon sa
propre temperie.

CHAPITRE III.

Du Flux & Reflux de la Mer.

ENGI-
STON.

D'OV vient le Flux & Reflux de la mer, est-ce vn effet de ce combat elementaire?

A D. Non, Engiston, quelques-vns disent qu'en ce flux & reflux il arriue à la mer ce qui arriue au laict, à l'huile, & à l'eau mesme, qui estant des choses condenses de leur nature, venant à estre mises sur le feu, se rarefient & s'enflent tellement qu'elles sortent du vaisseau dans lequel on les a mises ; voylà vn bel effet, mais icy où en est la cause ? il faudroit vn beau feu pour faire boüillir tout l'Ocean. Raisons du flux & reflux de la mer.

Les Stoïciens ont vne autre pensée ; ils disent qu'il faut considerer cet Vniuers comme vn grand animal, dont les narines sont au fonds de la mer, par lesquelles il jette son souffle & le retire, ce qui cause le flux & reflux de la mer ; belle chimere !

Saint Thomas, aprés Pline & plusieurs autres, l'attribuë aux vertus secretes de la Lune, de laquelle le flux & reflux suiuent reglément les periodes. La Lune, dans son iour naturel de 24. heures, a son leuer, son midy, son coucher, son minuit ; le flux est depuis son leuer iusques à son midy, le reflux depuis son midy iusques à son coucher ; le flux est encore depuis son coucher iusques à son minuict, & le reflux depuis la minuict iusques à son leuer. S Tho. in 2 d. 14 q 1. Pline l. 2. 49.

De plus le flux est plus grand en la plaine Lune & à proportion ; le flux retarde chaque fois, dautant que la Lune retarde & ne fait pas son cours si promptement que le Soleil, qui le fait en 24. heures iustement.

E N. Mais si la Lune agit ainsi sur les eaux de la mer, pourquoy non sur les fleuues & les fontaines ? La Lune n'agit que sur la mer.

A D. Ie vous demande, Engiston, pourquoy l'Aimant

L'Aimant
n'attire que
le fer.

L'Euripide

n'attire que le fer, & non pas tous les autres corps, c'est à cause des dispositions qui se rencontrent en celuy-cy, & qui ne sont pas en ceux-là, & si l'Euripide refluë sept fois le iour, comme l'on dit, c'est que le lieu est cauerneux, qui receuant la mer par des meandres sousterrains, la reflue iusques à sept fois le iour, c'est ce qui a donné à penser au pauure Aristote, sans y auoir pû rien comprendre.

E N. Mais d'où vient que la mer est si amere & si salée, & non pas les autres eaux ?

Pourquoy
la mer est
amere.

Obserua-
tion.

Aristote. sect.
27. de ses
problesm.

A D. Dieu l'a faite de la sorte de crainte qu'elle ne se corrompist, & afin qu'elle fust plus forte pour porter les vaisseaux, pour cet effet, il y a meslangé plusieurs exhalaisons brûlées, & la conserue dans ce sel par l'aspect du Soleil, d'où vient qu'elle est bien plus salée sur la superficie que dans le fond, comme l'experience fait voir, & selon la pensée de l'Aristote.

CHAPITRE IV.

De quelques qualitez merueilleuses de l'Eau.

Il se trouue
de l'eau sur
les monta-
gnes.
S. Tho. in 2.
dist. 14.

ENGI-
STON

Omment est-ce qu'il se trouue de l'eau sur les hautes montagnes, veu que l'eau ne monte iamais que par artifice ?

A D. Saint Thomas tient qu'elle y est attirée par la force des influences celestes pour le bien commun de la nature, & si cette eau n'est pas salée, encore qu'elle vienne de la mer, c'est qu'elle passe par les entrailles de la terre où elle est purifiée, à moins qu'elle ne rencontrast des veines mineralles, car pour lors elle en contracte les qualitez, & s'en ressent au goust.

L'eau mi-
neralle.

Merueilles
dans la na-
ture.

L. premier
de la Cité
de Dieu, 7.

Mais il y a bien d'autres merueilles dans la nature qui sont cachées à nostre connoissance, dont ie rapporteray icy quelques exemples, comme d'vne fontaine chez les Garamantes, dont Saint Augustin fait mention, qui esteint vn flambeau & le r'allume; d'vne autre qui est froide pendant le iour, & boult pendant la nuict. De deux autres qui sont dans la Prouince de Boëce, dont l'vne donne la memoire, & l'autre l'oubliance. D'vne autre dans l'Ethiopie qui cause la folie. De celle qui est proche d'Edimbourg en Escosse, qui a certaines gouttes d'huille sur sa superficie, qui ne croist, ny ne décroist pour tant d'eau qu'on en puise.

Des Fleuues Mileus, & Cileus, dont le premier rend les brebis, qui s'en abreuuent, toutes blanches, & l'autre les fait toutes noires. De diuers Lacs, l'vn nommé Myrtoun dans la Prouince de Gallouidie au susdit Royaume d'Escosse, dont vne partie est tousiours liquide, & l'autre glacée. D'vn autre en la mesme Prouince, dont les poissons n'ont point d'arrestes, dôt les ondes sont agitées dâs la plus grande tranquillité, & sur lequel certaines petites Isles vont flottant auec les troupeaux qui y paissent. D'vn autre, tout proche d'Armac Prouince d'Vltonie en Hybernie, dans lequel si vous fichez vn pieu, la partie qui est dans la bourbe deuient fer, celle qui est dans l'eau se petrifie, & celle qui est hors de l'eau demeure en sa nature.

Celuy qu'on appelle Asphaltique, c'est à dire fangeux, où estoit autrefois le Pentapole, deuenu fameux pour son infamie, qui ne nourrit ny poissons ny oyseaux, qui demeure immobile pour les vents & tempestes, qui engloutit tout ce qui n'a pas vie, qui ne souffre aucune matiere sur son dos si elle n'est frottée d'Alum, qui porte tous les corps des animaux viuans, tant de ceux qui sçauent nager, que des autres indifferemment.

D'vn certain flot, & gros bouillon, qu'on nomme Mascaret, lequel monte de temps en temps sur la riuiere de Dordoigne depuis le Bec d'Ambez iusques bien haut deuers sa source, contenant toute la largeur de ladite riuiere, auec vn tres-grand bruit.

D'vn Tombeau de pierre commune, qui est entre mille autres dans le Cimetiere de l'Eglise de Saint Seuerin à Bourdeaux, éleué d'vn bon pied de terre, & couuert d'vne autre grande pierre qui fait que la pluye n'y entre aucunement, & qui pourtant est remply d'eau en pleine Lune, & va décroiss.

K k iij

fant à mesure qu'elle décroit, iusques à estre tout à sec à la nouuelle Lune ; dont i'ay beaucoup de fois fait experience.

D'vne certaine Roche, longue de 12. ou 15. pas , qu'on nomme sourde , en la Prouince de Coylon en Hybernie , d'vn costé de laquelle si vous faites vn grand bruit , mesme d'vne canonade , il n'est aucunement entendu de l'autre costé. De toutes lesquelles choses & vne infinité d'autres , il faut plustost se taire & admirer , que d'en presumer trouuer la raison.

E N. Ie desirerois fort sçauoir , Seigneur Adelphe , la diuision de ces deux derniers Elemens.

A D. Vous pourriez satisfaire vostre curiosité , Engiston , par la lecture de tant d'Autheurs , Hydrographes & Geographes , Ptolomée , Mercator , Athlas , Pline , & vn nouueau qui s'appelle le Monde ; vous auez le petit Cluuer qui en est vn abbregé ; neantmoins pour vous contenter , ie vous en feray vn preslis en peu de mots.

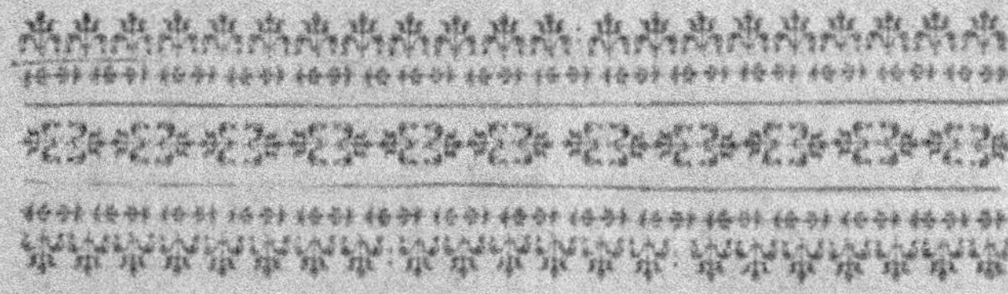

ONZIE'ME TRAITE',

DE

L'HYDROGRAPHIE

ET GEOGRAPHIE,

OV DE LA DESCRIPTION DE L'EAV
& de la Terre, tant dans l'Estat Ecclesiastique, que
Seculier.

CHAPITRE PREMIER.

La Diuision de l'Eau & de la Terre en general.

ADEL-
PHE.

NOVS auons dit, cher Engiston, que l'Eau auec la Terre ne font qu'vn corps spherique ; or ce corps se mesure par Degrez, par Lieuës, par Milliers, par Stades, & par Pas. Il faut 125 Pas pour faire vne Stade chez les Grecs. Huict Stades font vn millier de Pas & vn ject de pierre en Italie. Quatre milliers n'en font qu'vn d'Allemagne, & vne Lieuë Françoise & Espagnolle ; il faut quinze Lieuës pour faire vn Degré du Globe, qui en contient 360 en sa circonference, & par consequent il faut que la Terre fasse cinq mille quatre cens Lieuës de tour.

Mesure de
la Terre

Nous auons dit aussi, que l'Eau est moindre que la Terre, quoy que plus estenduë en sa superficie, car elle en couure la plus grande partie & laisse l'autre découuerte, se glissant entre deux, d'où elle prend des noms differents.

La Mer donc dans sa grande estenduë, se nomme generalement parlant, Ocean (voyez les Poëtes qui le disent fils du Ciel & de Vesta, mary de Thetis) en particulier elle prend les noms des terres qu'elle costoye. Vers l'Allemagne, elle s'appelle Germanique; vers l'Angleterre, Brittanique; vers l'Affrique, Atlantique; au delà de la Ligne, Æthiopique; aprés le Cap, Orientalle, Arabique, Indienne, Chinoise, Occidentalle, Tartarique, & Septentrionalle.

L'Ocean entrant dans les terres, donne l'estre & le nom à plusieurs Mers, Seins, & Golphes. Premierement, passant par Gibraltar, il fait la Mediterranée ou mer basse, le Sein Adriatique ou Golphe de Venise; le Golphe de Lepante, ou de Corinthe, l'Archipelague, l'Euripide, l'Hellespont, le Propontide, le Bosphore de Thrace; le Pont-Euxin, le Bosphore Symmerique, le Palus Meotide; la Mer de Sel, Caspienne ou Hircanique; celle-cy ne semble pas auoir communication auec l'Ocean.

Par ailleurs, il fait la Mer Rouge ou le Sein Arabique; le Sein Bassorat ou Persique, les Golphes Bengala & du Gange, l'Archipelague de Saint Lazare, le Golphe de Nanquin, le Destroit Anian, la Mer Blanche & Glacée; la Mer Baltique auec les Seins Boldique & Finnique, par son entrée au Pas de Sund, sans faire autre mention des Lacs & des Fleuues qui sont en tres-grand nombre, dont on pourra parler dans la description de la Terre.

Mais premier que d'entrer plus auant dans ce discours, il faut assigner quatre Plages ou parties du monde; *l'Orient*, où naist le Soleil; *l'Occident*, où il meurt; *le Midy* & le *Septentrion*, où il court de trauers: ces quatre parties font comme vne Croix, & donne lieu aux quatre Vents principaux, qui se diuisent par aprés, d'où tous les autres sont composez. Les Grecs les nomment *Anadole, Disis, Arctos, Mesmera,* ou *Mesembria;* les Italiens, *il Leuante, il Ponente, la Tramontana,*

montana, & il Mezzodi. les Allemans, *l'Est, l'Oest, le Nord, & le sud;* cela posé, venons à la description de la Terre, autrement Geographie.

Quant à ce qui est de la Terre, il semble qu'elle se deuroit diuiser en autant de parties qu'elle en a qui paroissent hors de l'Eau ; neantmoins sa premiere diuision se fait seulement en trois grandes Isles, c'est à dire, Engiston, en trois pieces de terre que l'eau enuironne de toutes parts (à la difference des Quersoneses ou Presqu'Isles, qui sont aussi des portions de terre dedans l'eau, mais qui sont attachées au continent plus ou moins par des Istemes ou Langues de terre. Ie les appelle grandes Isles, à la difference des petites qui sont presque sans nombre dans les Mers & dans les Riuieres : nous parlerons des principales cy-aprés. Ces trois Isles sont, celle qui contient l'Europe, l'Asie, & l'Affrique ; celle qui contient l'Amerique, & celle qui contient la terre Australe inconnuë.

La seconde diuision de la Terre est celle qui se fait en quatre parties, sçauoir l'Asie, l'Affrique, l'Europe, & l'Amerique. L'Asie est separée de l'Affrique par la Mer rouge & par l'Istme qui est entre cette mer & la Mediterranée. La mesme Asie est separée de l'Europe par l'Archipelle, l'Hellespont, le Propontide, le Bosphore de Thrace, le Pont-Euxin, le Bosphore Symmerique, le Palus Meotide, le Fleuue Tanais, & vne ligne tirée de là à l'embouchure du Fleuue Obij dans la Mer blanche vers le Nord.

L'Affrique est separée de l'Europe par la mer Mediterranée depuis le destroit Gibraltar au couchant, iusques à l'Egypte inclusiuement au Leuant.

L'Amerique est separée des deux dernieres parties par vn grand traiect de l'Ocean ; de l'Asie par le destroit d'Anian vers le Nordest, & enfin de la terre Australle par le destroit Magellan vers le Midy.

La troisiéme diuision de la Terre est celle qui se fait par les Estats, les Royaumes, & les Prouinces qui sont en elle.

Diuision de la terre en Isles & presqu'-Isles.

En quatre parties.

LI

CHAPITRE II.

DE L'ASIE.

L'ASIE ayant esté la premiere terre habitée, ie commence à la diuiser par le Nord, où se voit la grande Scitie ou Tartarie, diuisée par le Mont Imaus, autrefois le sejour des Massagetes; ces Peuples sont les plus farouches & les plus barbares du monde; ils tiennent vne des Sectes de Mahomet, & quelques-vns sont Idolatres; le Fleuue Tartar leur donne le nom.

La partie la plus deserte consiste en Hourdes ou Cantós vagabonds, riches en troupeaux, dont plusieurs obeïssent au grand Duc de Moscouie; Turquestan, Astracan & Grustine, sont les Villes principales de leur commerce & habitation: il y a parmy eux des Antropophages.

La partie la plus policée & la meilleure de ce grand Païs, est le Royaume du Catay, au Nordest; la Ville principale est Cambalu, tres-opulente & magnifique, c'est proprement l'Empire du grand Cam, plus fertile que toute l'Europe.

Les Fleuues plus celebres sont Obius, Tarrar, Chesel, Icha, ou Volga, le Borysthene, Tyra, Hypan, Patissa, Paroparpisus.

La Chine vient aprés tirant vers le Midy, separée de la Tartarie par la longue muraille de quatre cens lieuës. Ptolomée l'a connuë, Marc Pol Venitien en a parlé auantageusement: on y compte dix-huict grandes Prouinces, deux cens quarante belles Villes, & vne infinité de Bourgs: cet Autheur rapporte que la Ville de Quinsay a vingt-cinq lieuës de circuit & deux mille Ponts de pierre. Ces gens sont fort bien policez, mais Idolatres; l'Euangile commence à y prendre racine, on y enuoye des Euesques & Missionnaires d'Europe pour y prescher la Foy. Elle obeït à vn seul Prince; on croit que le Tartare y a fait irruption, & s'en est emparé depuis peu, auec bon succez de la Religion Catholique.

Au Couchant de la Chine se trouue l'Inde Orientalle diuisée par le Gange, païs tres-riche en Mines d'Or, en Perles & Espiceries, autrefois le sejour des Bracmanes, Gym-
nosophistes & Gangarides Philosophes de ce païs là. Alexandre n'osa les attaquer; on croit que le Pere Liber y porta
ses armes & les subiuga, & depuis peu les Portugais y ayant
enuoyé Guascogama, y ont basty des Forteresses sur la mer;
l'Apostre Saint Thomas y planta la Foy; il y est resté depuis
ce temps là quelques Chrestiens dans la Ville de Meliapur;
c'est vne habitation de Iuifs, de Persans, de Scites, d'Arabes, de Hollandois, & de Portugais à cause du commence.
Les principaux Royaumes sont ceux de Narsinga, de Mala-
bar, d'Orixa, Bengala, Pegu, Sian & Camboya; le grand
Mogor est au Septentrion. La Ville de Goa est sur la coste
Occidentalle au dessous du Cap Comorin. Là sont les Fleuues Indus, le Gange, Hydapsen, & Hypasin.

La Perse suit immediatement; cette Monarchie com-
mença par les Assyriens, puis vint aux Medes, apres aux
Perses sous Cyrus; en suite aux Macedoniens sous Alexandre, de ceux-cy aux Romains, & puis aux Sarazins, & enfin
derechef aux Persans sous l'Empire des Sophys. Elle consiste en quatorze Prouinces, les Villes principales sont Tau-
ris, Niniue, Persepolis, Siras, Ctesiphon, Cassaim, & la
grande Hyspahan; c'est vne autre Secte de Mahomet.

A cet Estat est contigu le Royaume d'Ormus, autrefois la
Caramanie, dont la Ville de mesme nom est size dans vne
Isle du Sein Persique qui appartient aux Espagnols; c'est vn
excellent Magazin pour les Perles & Drogues aromatiques
de tout le Leuant.

Tout ce qui reste de l'Asie obeït au grand Tuc, comme
l'Albanie ou la Georgie, l'Iberie, la Colchide ou Mongre-
lie, qui sont entre le Pont-Euxin & la mer Caspienne, là est
aussi le Mont Caucase, l'Armenie, diuisée par l'Euphrate en
majeure & mineure, dont les peuples sont Catholiques; le
Mont Taurus les separe de l'Assyrie & Mesopotamie. Les
Fleuues plus fameux sont, le Tygre, l'Euphrate, Chaboras,
& Soacheras.

Natolie. — Natolie, ou Asie mineure, qui est entre le Pont-Euxin & la Mediterranée, contient les Prouinces de Capadoce auec les villes Trebisonde, Comane, Cesarée, Neocesarée, Sebaste & Icone.

Galatie ou Frigie, & Paphlagonie. — La Galatie, ou Gallogrece, ainsi nommée des Gaulois qui arriuerent iusques là, aprés auoir fait passer Rome par le fer & le feu ; c'estoit autre fois la Frigie, & la Paphlagonie. Les Villes de marque sont, Anigre, Synope d'où sortit Mitridates, Cybelle, & le Mont Dindyme.

Le Pont & Bithynie. — Le Pont & Bythinie reduits en vne seule Prouince, a les Villes Calcedon ou Scutari, vis à vis de Constantinople, Nicomedie, Apamée, Heraclée, Nicée, Burge ou Lybissie où perit Annibal. Toutes ces Prouinces sont sur le bord Meridional du Pont-Euxin.

L'Asie proprement dite. — L'Asie proprement dite, comprend la Phrygie majeure & mineure auec les Villes de Synnade, de Celene, d'Ilium, ou Troye la grande, & d'Alexandie.

La Misie. — La Misie majeure & mineure au droit de l'Hellespont & du Propontide, où sont les Monts Olympe & Ida ; les Villes de Pergame, Trajanople, Parium d'où se tire le marbre le plus fin, d'Ardanus & Abydus.

La Lydie. — La Lydie arrousée du Pactole au sable d'or, auec les villes Tyatire, Sardes & Philadelphe, mentionées dans l'Apocalypse.

La Carie. — La Carie, où coule Meandre, dont les villes sont Tripoly, Laodicée, Antioche, Magnesie, Statonice & Milet au riuage, jadis recommandable chez les Grecs.

Eolie, Ionie & Dorie. — Eolie, Ionie & Dorie d'où sont sortis trois Idiomes Grecs ; là sont les Villes de Smirne, Halicarnasse, Colophon cité d'Homere, Ephese auec son Temple de Diane basti par les Amazones, consacré par Xerxez, brûlé par Herostrate lequel y mit le feu pour se mettre en reputation.

La Lycie. — La Lycie où est le Mont Chimere à la teste de Lyon, au flanc de Bouc, & au pied de Serpent ; ses Villes sont Patare mere de Saint Nicolas, & Myre d'où il fut Euesque.

La Pamphilie. — Pamphilie, où commence le Mont Taurus, qui diuise toute l'Asie en sa longueur, ses villes sont Seleucise, Antioche & Perga.

Cilicie ou Caramanie, dont les villes sont Selene, Pom-
peiople & Tarse, naissance de l'Apostre Saint Paul. *La Cilicie ou Caramanie.*

A l'Orient de Cilicie vient la Syrie qui se diuise en Pale- *Syrie.*
stine ou Iudée, ancien seiour des Philistins & Cananeens, *Palestine*
les villes sont Hierusalem & Bethlehem, illustres pour la *ou Iudée.*
mort & naissance du Fils de Dieu, Hierico, &c. Là coule le
Fleuue Iourdain, des deux Fontaines Ior & Dan, & le Lac
Asphaltite encore tout fumant de son impureté.

Elle se diuise encore en Idumée ou Edom auec la ville de *Idumée.*
Gaza iadis si opulente.

En Samarie, où est le port de Ioppe, ou Iaffa.

En Galilée, où est Nazareth, sainte pour la Conception *Samarie.*
du Verbe Diuin. Voyez vne plus ample description de la *Galilée.*
Terre Sainte à la troisiéme partie de cet ouurage, auant le
Traité du Messie.

En Phenice, où sont Tyr & Sydon, maintenant Zar & *Phenice.*
Trypoly.

En Comagene auec sa ville Samosate mere de Lucian. *Comagene*

En Cœlesyrie où est la ville de Damas recommandable *Cœlesyrie.*
pour la fabrique des armes, & la trempe du fer. Et en Pal- *Palmyre.*
myre derniere Prouince.

La Mesopotamie, Babylone ou Caldée, entre le Tygre *Mesopota-*
& l'Euphrate, auiourd'huy Bagdet, ou autrefois regna Se- *mie ou Cal-*
myramis, maintenant sujet de guerre continuelle entre le *dée.*
Turc & le Persan. Là est l'ancienne ville d'Vrchoa d'où sortit Abraham.

Entre le Sein Persique & la Mer Rouge sont les trois Ara- *Les Ara-*
bies, la deserte, la petreuse à cause de la ville Petram, & *bies.*
l'heureuse, Iardin aromatique, où sont les villes d'Eden,
Zibit, Mecca & Medina, le Berceau & le Sepulchre du
Prophane Mahomet.

Les Isles de l'Asie dans la mer Egée, sont celle de Cypre, *Les Isles de*
jadis consacrée à Venus; ses habitants sont tres-lascifs; là est *l'Asie.*
le mont Olympe, les villes anciennes de Paphos & Salami- *Cypre.*
ne; les nouuelles, Nicosie & Famagouste; Ptolomée en fut
le dernier Roy; les Romains l'occuperent; depuis Richard
Roy d'Angleterre, puis les Genois, & aprés eux les Venitiés,

enfin les Turcs s'en rendirent les Maistres sous leur Empereur Selin.

Rhode.   Celle de Rhode où estoit le Colosse du Soleil d'Airain de 70. coudées de haut; elle eut ses Roys, puis les Romains, les Grecs, le Souldan d'Egypte, les Cheualiers Chrestiens, & enfin les Turcs sous Soliman 2.

Le Iapon.   Les Isles plus notables de l'Asie dans l'Ocean, sont le Iapon vers le Nordest, elle obeit à plusieurs Princes Idolatres; les Missionnaires y souffrent grande persecution. Bongo, & **Les Philipines.** mille autres petites, tirant vers le Midy. Les Philippines, trouuées sous Philippes Roy d'Espagne. L'Archipelle de Saint Lazare, Celebes, Borneo, Sumatra, Zeilan & les Maldiues.

Les Eueschez d'Asie, de Grece, d'Egypte & d'Affrique, sont auiourd'huy presque inconnus, ayans esté changez par le laps des temps & par les Escriuains; le nombre en est tres-grand sous plus de trente-deux Archeueschez & Primaties, dont les principales sont celles-cy

ARCHEVESCHEZ OV PRIMATIES.

De Grece.	Sarrance.	Apamée.
Patras.	Trianople.	Hieraple.
Corinthe.	Verisense.	Bosra.
Athenes.	Constantinople.	Anarzabe.
Thebes.	Rhode ou Colos-	Seleucie.
Neoparras.	se.	Damas.
Larissée.	*D'Asie & de Syrie.*	Hierusalem.
Thessalonique.	Anthioche.	Cesarée Palestine.
Heraclée.	Tyr.	Nazareth.
Andrinople.	Tarse.	Canubi au Mont
Philipense.	Edesse.	Liban.

Dans l'Isle de Cypre.

Nicotie estoit sa Metropolitaine, laquelle auoit sous soy trois Suffragans, Famagoste, Limochien, & Bassa. Mais anciennement c'estoit Salamine qui en estoit Metropolitaine ayant sous soy treise Suffragans.

CHAPITRE III.

DE L'AFFRIQVE ET DE SES ISLES.

L'AFFRIQVE est la plus grande & plus deserte partie du monde, elle est enuironnée de la mer de toutes parts, excepté l'Istme ou langue de terre que nous auons dit estre depuis le bout du Sein Arabique, iusques à la mer Mediterranée, contenant seulement 25 lieuës. La rareté des Fleuues & autres eaux, iointe à l'intemperie du Ciel qui la couure, la rend en plusieurs lieux inhospitable, sans parler de ses Monstres d'Animaux, dont on ne reconnoist pas l'espece. Ses parties les plus habitées sont sept, l'Egypte, la Barbarie, Bildugerid, Le Desert de Sara, les Negres ou Nigrites, les deux Ethiopies, sçauoir la superieure & l'inferieure.

Commençons par l'Egypte, & suiuons la coste de la mer Mediterranée. L'Egypte la plus ancienne & plus ingenieuse terre du monde, est faite en forme de Delta, jadis sous le Roy Amasa on y comptoit vingt mille villes; elle vint aux Romains, & puis aux Grecs, aux Vandalles, aux Sarazins & Arabes, & puis aux Turcs. Ses villes sont Alexandrie, ou est ce Phare merueilleux, Roset auec sa forteresse, Pelise ou Damiette, toutes sur le bord de la mer; le grand Caire tres-opulent en riches marchandises & en grandeur, proche lequel se voit la Materea, seul Iardin planté d'arbres portãs le Baume; on y void encore les pyramides d'vne hauteur épouuentable; le fleuue Nil qui la trauerse & la feconde tous les ans par son innondation. Saint Marc y prescha l'Euangile, il y a encore des Chrestiens Schismatiques qu'on appelle Cophtes. Proche de là estoit la grande Thesbe & ses Deserts, le Seminaire d'vn nombre innõbrable d'Anachoretes sous les Archimandrites, Anthoine, Pachome, Hilarion & plusieurs autres.

La Barbarie se diuise en six parties. La Region de Barce où il n'y a rien de recommandable.

Tunis auec la ville de mesme nom, bastie des ruines de Carthage; là estoit le Fort de la Goulette basti par les Chrestiens. Tripoly de Barbarie, Bonne, autrefois Hippone Euesché de S. Augustin; & Constance au dedans du païs.

Tremisen où est Alger, ville de pyrarerie & de Corsaires, imprenable pour ses munitions, elle reçoit du Turc vn Bassa auec sa Religion, & se gouuerne par sa milice.

Le Royaume de Fez sis au destroit Gibraltar, auec sa ville de mesme nom, le Roy est tributaire du grand Turc dont il professe la Religion. Les villes de Tanger, Sebta, & Arzilla sur le mesme Destroit, obeïssent au Roy d'Espagne & sont bien fortifiées.

Le Royaume de Maroc & sa ville autrefois fort fameuse.

Le Royaume de Darance, sa principale ville est Dara autrefois Cesarée. Il y a aussi Melilla qui est au Roy d'Espagne sur la mer. Voilà tout ce qui est le long de la coste depuis l'Egypte iusques à Gibraltar; au derriere & dans les terres sont les Regions.

Bildulgerit ou Region de Dattes ou de palmes qui contient depuis l'Egypte iusques à la mer Atlantique, presque toute deserte; là sont les Royaumes de Targa, Bordao, Goaga; les Bourgs de Lempta, Hair, Zangea, &c. Auançant dans les terres sont les deserts Sarra, & les Nigrites, où il y a quelques Villages miserables, aprés quoy suit

L'Ethiopie superieure, Royaume des Abissins où est le preste-Ieans il confine à la mer Rouge au Leuant, à l'Egypte & à la Nubie au Septentrion, au Monomotapa du costé du Midy, & du couchant à l'Ethiopie inferieure. Il contient quantité de Royaumes, & fort peu de villes. Ces gens & le Roy mesme habitent sous des Tentes. Il n'y a qu'vne forteresse où sont mis les enfans du Roy en asseurance.

L'Ethiopie inferieure consiste aux Royaumes de Congi, Monomotapa, Zangibar, & Aian. Elle à la mer Oceane au Leuant, au Midy & au couchant; & au Septentrion le pays des Abissins.

Le

Le Congo contient six Prefectures, sçauoir Bamba, Son-
go, Sundi, Pango, Batta, Pemba ; la principale ville est
Saint Sauueur ; ce pays est Chrestien & fort baigné de Fleu-
ues. Congo.

Monomotapa, qui signifie Empereur, est assez fertile ; les
Fleuues coulent d'or, & les Forests blanchissent de l'Yuoi-
re de leurs Elephans ; il est au Cap de bonne Esperance. Monomo-
tapa.

Zangibar contient les Caphres à la coste de l'Ocean
Oriental ; Mozembique, Quiloa, Mombaza, & Melinde.
Les Portugais ont basty diuers forts sur ces costes. Zangibar.

Aian contient deux Royaumes, Del, & Adea Magaduzo
sur le Sein Arabique. Aian.

LES ISLES DE L'AFFRIQUE.

Les Isles principales de l'Affrique sont vers l'Orient, celle
de Madagascar ou de la Lune, autrement de Saint Laurent,
cultiuée maintenant par les Europeans, auec vne infinité
d'autres petites Isles tout au tour. A l'Occident sont celles
de Nobon, de Saint Thomas sous la Ligne, celle du Prince
de Fernando, de Saint Mathieu, de l'Ascension, de Sainte
Helene, de la Trinité, de Martin Vaz. Vers le Nord sont
les Hesperides ou Gorgades, à present les Isles du Cap verd.
Tirant vers Gibraltar, les Isles Fortunées ou Canaries, où
sont les Espagnols. Dans la mer Mediterranée se voit la
seule Malthe, bouleuart de la Chrestienté contre ses enne-
mis, sejour des Cheualiers de Saint Iean de Hierusalem. Madagas-
car & au-
tres.

Hesperides

Les Cana-
ries.

Malthe.

L'AFFRIQUE.

Orientale, qui est l'Egypte,	gans.　　　VII.
contient IX. Metropol.	3. Cabasene auec Suffragans.
	X.
Prim. Alexandrie auec Suf-	4. Oxircene auec Suffragans.
fragans.　　XVI.	X.
1. Peluse ou Damiete auec	*Antinoide.*
Suffragans. XIV.	1. Metrop. de Thebaïde, auec
2. Leontopolis auec Suffra-	Suffragans VIII.
	Mm

Ptolemaïde.	Les autres Prouinces vont
11. Metrop. de Thebaï a Suf-	selon l'ancienneté.
fragans. XIV.	Tripoli a de Suffragans.
Ptolemaïde Lybienne.	IV. marquez, &c.
1. Metropol. de Pentapol. a	Bizace a de Suffragans,
de Suffragans XIII.	V. marquez, &c.
Daranse.	Numidie a d'Eueschez
11. Metropol Libyenne a	VII. notables.
Suffragans VI.	Moritanie a d'Eueschez
	IV. connus, &c.
L'Affrique Occidentale.	Moritanie Cesarienne a d'E-
Carthage, Proconsulaire & Pri-	uesques notables
matie, contient de Suf-	VII.
fragans asseurez.	Moritanie Tingitane a d'E-
IX.	uesques V. marquez, &c.

❀❀❀❀❀❀❀❀❀❀❀❀❀

CHAPITRE IV.

DE L'AMERIQVE ET DE SES ISLES.

L'AMERIQVE prend son nom d'Americ Vespuce Florentin, qui la découurit enuiron l'an 1497 sous les ordres de Dom Emanuel Roy de Portugal, au mesme temps que les Indes Orientales furent aussi trouuées. Platon dans son Timée, & Diodore Sicilien semblent témoigner que ce nouueau Monde auoit esté autrefois connu aux Europeans.

Elle se diuise en Septentrionalle, ou Mexique; & en Meridionale ou Peruuienne par vn Isthme ou langue de terre.

Mexique & ses Pro-
Le Canada.
La Mexique est ainsi dite de sa principale Ville Mexico; elle contient le Canada, terre assez fertile. Ses habitans sont ingenieux & propres aux Arts Mechaniques; ils sont vestus de peaux, & obeyssent au Roy de France. Il y a des Mines d'or; c'est où se peschent les Mouruës, & d'où viennent les peaux de Castor.

Nouuelle France.
La nouuelle France découuerte sous François premier,

infertile & du tout inutile, dont la seule Ville est Norum-
bega.

La Virginie, jointe à celle-là, encore plus infeconde; Elle est au pouuoir des Anglois, sa Ville est Medano.

La Floride découuerte par l'Espagnol le iour de Pasques Fleurie; elle est assez feconde & temperée, mais les habitans sont barbares, & se nourissent de Serpens, de vers, & de toutes sortes d'insectes, & d'immondicitez.

La nouuelle Grenade auec sa ville; ses habitans sont les plus francs de tous ceux du pays.

La Californie, sterile & deserte, est entre la Mer rouge de ce pays là & la Mer pacifique.

La nouuelle Espagne, où est la susdite Ville de Mexico, la premiere de toute l'Amerique; là est l'Archeuesché, & le Siege du Viceroy d'Espagne; il y a aussi Imprimerie & on y bat monnoye.

Iucatan est vne presqu'Isle, dont les habitans sont fort guerriers & le pays tres-fertile.

La nouuelle Galice, où sont diuerses colonies Espagnoles.

L'Amerique Meridionale ou Peruuienne; prend son nom du Peru excellente Prouince; sa forme tire sur le triangle; ses Prouinces sont au riuage de la Mer; la Castille d'or qui n'a rien que des miniers d'or, non plus que le Peru & Potosi qui en sont abondans aussi bien que de celles d'Argent. Lima est la ville Archiepiscopale & le Siege du Viceroy. Cusco est la plus belle; cette partie arrosée des deux grands Fleuues Maragen ou des Amazones, & Del Rio de la Plata, ou Fleuue d'Argent.

Chili, dont la Ville est Saint Iacques.

Chica est la Region des Patagons qui ont du moins neuf ou dix pieds de haut, ils habitent le destroit Magellan.

Le Brasil, la plus vaste Region de toue l'Amerique, produit le plus excellent Sucre; sa principale habitation est le port de Toussains, siege du Prefect, là est aussi le port celebre de Fernemboue.

Les Isles de l'Amerique plus celebres sont,
L'Espagnole, sa ville est Sainct Dominique.

Cuba auec son Bourg, Saint Iacques, & Hauana, le port
le plus celebre de toute l'Amerique.

Iamaique, dont la ville est Seuille & enfin Oristan.

Il y quatre Archeueschez & Primaties, auec 25. Suffragans
dans l'Amerique

LA MEXIQVE.

Mexique Arch. & Primatie
  comprend dix Suffragans.
Antequera.
Chiappa,
Guadalaxara,
Guatimala ou Santiago,
Truxillo,
Mechoacan, ou Vailladolid.
Merida, dans le Iucatan.
Nacara, ou Leon,
Pacence, ou Vera pax,
Tlaxcala, ou Angelople.
   Au Golphe de Mexique.
Santiago Archeuef. Primat.
  comprend quatre Suffrag.
Corense.
Santiago de Cuba.
San Iuan de Puerto Rico.
L'Isle de Sainte Marguerite.

LE PERV.

Lima, Archeuef. & Primat.
  comprend huict Suffrag.
Arequipa.
Castilla de Oro.
Cuzco.
Leon,
Guamanqua.
Panama sur l'Isthme.
Quito.
Truxillo.

   La Grenade.

Sainte Foy, Archeuesché &
  Primat. trois Suffrag.
Carthagene.
Papayan.
Sainte Marthe.

Acheuons, Engiston, par où nous aurions deu auoir commencé, par l'Europe que nous habitons.

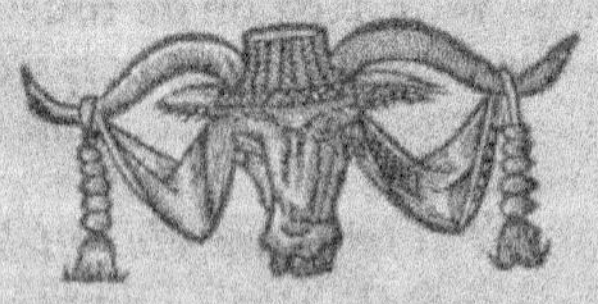

CHAPITRE V.

DE L'EVROPE ET DE SES ISLES.

L'EVROPE est la plus petite partie du Monde, mais la meilleure en toutes choses. Elle contient les Royaumes & Prouinces qui suiuent.

L'Espagne au Midy, ainsi dite de la Ville d'Hispal, qui comprend les Royaumes & Prouinces des Castilles la vieille & la nouuelle dans son milieu, dont les Villes sont Vailladolid, Tolede, & Madrid. L'Escurial Maison Royalle.

Le Royaume & la ville de Leon. Galece & la ville Compostelle. Le Portugal auec Lisbone. L'Algarbe. L'Andalusie auec Seuille. L'Extremadur, la Granade, & Murcie auec les Villes de mesme nom. Valence & sa Ville. Aragon auec Saragoce, la plus opulente de toute l'Espagne. Catalogne & sa ville Barcelonne. Nauarre & Pampelune. La Biscaye & Victoria. Les Asturies mauuais païs. Tous sont Catholiques.

Les Fleuues principaux sont l'Ebre, Guadalquiuir, la Guadiane, le Tage, Duero, Segre & Mino.

Les Academies sont Salamanque, Complute ou Elcala de Henarez. Conimbre en Portugal.

Il y a en Espagne & en Portugal onze Archeueschez, ou Primaties sous soixante-un Eueschez.

Tolede comprend **VI.** Suffragans.	*Burgos* III.	Lugo.
	Calahorra.	Mondonhedo.
	Palença.	Ciudad Rodrigo.
	Pampelone.	Badajos.
Cartagene,		placenza.
Cordoue,	*Santiago Compo-*	Salamanca.
Iaen,	*stel* XIII.	Thuy.
Segoüie,	Auila.	Samora.
Siguença,	Astorga.	Leon.
Valladolid.	Coria.	Ouiedo.

Braga IV.

Lamego.
Miranda.
Viseo & Porto.

Lisbone XI.

Coimbra.
Guardia.
Leyra.
Portalegre.
Angra dans l'Isle Tercere capitale des Azores.
Sain Sauueur au *Bresil.*
Congo dans l'Ethiopie infer.
Funchalo en l'Isle Madere.
Santiago aux Hesperides.
Saint Thomas dans son Isle sous la Ligne.
Ceuta en Affrique sur le Destroit Gibraltar.

Euora III.

Eluaz.
Silues.
Tanger.

Seuille III.

Cadis.

Canarie, dans les Fortunées.
Malaga.

Grenade II.

Almeria
Guadix.

Valence III.

Oruelha.
Mallorca.
Segorue.

Tarragone VIII.

Barcelone.
Solsona.
Tortosa.
Perpinian.
Girone.
Lerida.
Vich.
Vrgel.

Saragoce VI.

Albarazin.
Balbastro.
Iacca.
Huesca.
Teruel.
Tarassona.

La France suit vers le Nord, autrement les Gaules, qui s'estendoient autrefois bien auant vers le Nord, maintenant la France contient,

La Bretagne haute & basse auec ses principales Villes Rennes & Nantes, vers l'Ouest. Et tirant vers le Nord suiuent,

La Normandie, Rouen; la Picardie, Beauuais, Amiens, &c. Le Valois, auec ses Villes Crespy, &c.

La Champagne, Troys, Rheims, &c.

La France, Paris & Saint Denis.

La Beauce, Orleans. Le Berry, Bourges. Le Blesois, Blois.

Le Maine, Mans. La Touraine, Tours. L'Anjou, Angers;
Poictou, Poictiers. Saintonges, Xaintes. Perigord, Perigueux. Limousin, Limoges. Bourbonnois, Bourbon & Mo-
lins. Bourgongne, Sens & Authun. Quercy Cahors, Guas-
cogne, Bourdeaux, Bazas, Condom, Agen en Agenois,
Montauban. Languedoc, Toloses & Montpellier, Beziers,
Narbonne, Pezenas, Carcassonne. Prouence, Aix, Marseille, Castres, Arles, Nismes. Dauphiné, Grenoble, & la
grande Chartreuse. Le Comté d'Auignon est au Pape.

Les Fleuues plus recommandables sont la Meuse, l'Es-
caut, la Seine, Marne, Garomne, Dordongne, le Rosne,
la Saone, Loire, Loiret & son agreable Caubré qui fait vn
Paradis terrestre.

Les Academies sont Paris, Caen, Angers, Orleans, Bourges, Poictiers, Bordeaux, Tolose, Montpellier.

Le Duché de Sauoye & le Piedmont tirant à l'Est auec *La Sauoye.*
ses principales Thurin & Chambery, &c.

Les Grisons & les Suisses suiuent, ces derniers ont treize *Les Suisses.*
Cantons, les vns sont Catholiques, les autres Heretiques,
Zuric, Bern, Lucern, Vry, Suuits, & la ville Constance.

La Flandre, ou Germanie inferieure; autrement la basse *La Flandre*
Allemagne, consiste aux prouinces suiuantes. *& ses Pro-*
uinces &
Le Comté de Flandres, dont les Villes principales sont *Academies*
Gant, Brugge, Tournay, Cortriie, Doüay, l'Isle, Rysel,
Issel, Ypre, Niuport, Sluys, Dunkerque, Ostende, &
Grauelinga.

L'Artois, Arras, Saint Omer, le Comté de S. Paul. *L'Artois,*
LE Haynault, Mons, Valenchienes. Cambray qui fait le *&c.*
Cambresis.

Namur, auec sa Ville de mesme nom.

Luxembourg, & sa Ville.

Limbourg & sa Ville.

Brabant, Anuers, Bruxelles, Louuain, Breda, Malines, &c. *Brabant,*
Zelande, a Mildebourg & Vlissinge, c'est vne Isle. *Zelande.*

Hollande, grand commerce, Amsterdam, Leyden, Delft, *Hollande.*
Rotterdam naissance d'Erasme. Dordrecht & Dort principale de toute la Hollande. Haghe, ville du Conseil du païs.

  Les deux Isles de Texel, & Flielandt ou abordent les vaisseaux.

Vtrecht, &c.
  Le Comté d'Aigmont, & la Baronnie de Vianen.

  La Prouince d'Vtrecht, auec ses villes Vtrecht & Amersfort.

Frise, &c.
  Gueldres Duché, auec ses villes Ruremonde, Geldre, & Venloo.

  Zutphen Comté. Transsalanie prouince. Frise & sa ville Lieuarden; Groninge prouince, ils sont meslez de Religion.

  Les Vniuersitez de ce pais sont Louuain, Doüay, Leyden, Franiz, & Groninge.

La France ou les Gaules contiennent vingt-quatre Archeueschez
ou Primaties sur cent trente Eueschez.

Bourges,
1. Primatie d'Aquitaine contient de Suffragans XI.
Alby.
Cahors,
Castres,
Clermont,
Saint Flour,
Limoges,
Mende en Giuaudan,
Le Puy en Vellay,
Rodez,
Tulle,
Vabres.
 Bordeaux,
2. Metrop. d'Aquitaine, contient de Suffragans IX.
Agen,
Condom,
Engoulesine,

Luçon,
La Rochelle,
Perigueux,
Poictiers,
Xaintes,
Sarlat,
 Aufch,
3. Metrop. d'Aquitaine, contient de Suffragans IX.
Aire,
Acqs,
Bayonne,
Conserans,
Cominge,
Laictoure,
Oleron,
Tarbes,
Basas,
 Narbonne,
1. Metropol. de la Gaule Narbonoise contient de Suffra-

gans IX.
Agde,
Aleth,
Beziers,
Carcassonne,
Lodeue,
Montpellier,
Nismes,
S. Pons de Tomiers,
Vsez,
 Aix,
2. Metropol. de la Gaule Narbonoise contient de Suffragans V.
Apt,
Cisteron,
Freius,
Riez,
Gap.

Tholose

Tolose,

3. Metropol. de la Gaule Narbonoise contient de suffragans VII.
ramiers,
Lombez,
Mirepoix,
Montauban,
Rieux,
Saint papoul,
Lavaur.

Vienne,

1. Metropolit. du Viennois contient de Suffragans V.
Die, vni à Valence,
Geneue,
Grenoble,
S. Iean de Maurienne,
Viuiers.

Arles,

2. Metropolit. du Viennois, contient de suffragans IV.
Orange,
Marseille,
Toulon,
S. paul Tricastrin.

Auignon,

3. Metropolit. du Viennois, contient de Suffragans III.
Carpentras,
Cauaillon,
Vaison.

Ambrun,

Metrop. des Prouin. Maritimes, contient de Suffragans VI.
Digne,
Glandeue,
Grace, jadis Antibe,
Nice,
Sennez,
Vence.

Tarantais,

Metrop. des Alpes contient de Suffragans II.
Aoste,
Sion.

Lyon,

1. Primat. Metrop. de la Gaule Lion. contient de Suffragans IV.
Autun,
Chaalō sur Saone,
Langres, Duché & Pairie,
Mascon.

Roüen,

rtim. de Normandie 2. Metrop. du Lyonnois contient de Suffrag. VI.
Avranches,
Bayeux,
Coutances,
Evreux,

Lisieux,

Seez.

Tours,

3. Metropolit. du Lionnois contient de Suffragans XI.
Angers,
Saint Brieu,
Le Mans,
Kymper,
Dol, jadis Archeuesché.
S. paul de Leon.
Saint Malo,
Nantes,
Rennes,
Triguier,
Vannes.

Sens,

4. Metropolit. du Lionnois contient de Suffragans III.
Auxerre,
Neuers,
Troyes.

Paris,

Archeuesché démembré de celuy de Sens, contient de Suffragans III.
Orleans,
Chartres,
Meaux.

Besançon,

Archeu. contient de Suffragans III.
Basle,

Bellay,	Chaalons, Comte	*Malines,*
Losane.	& Pair de France.	4.Metropol. Belg.
Treues,	Laon, Duc & Pair	contient de Suf-
1. Metropol. de la	de France,	fragans V.
Gaule Belgique,	Noyon, Comte &	Bruges,
contient de Suf-	pair de France.	Gand,
fragans III.	Senlis.	Ipres,
Mets,	Soiffons, premier	Ruremonde,
Toul,	de tous les Suf-	Bolduc.
Verdun.	fragans.	*Vtrecht,*
Rheins,	*Cambray,*	5. Metrop. Belg.
2.Metrop. Belg. 1.	3. Metrop. Belg.	contient de Suf-
Pair de France,	contient de Suf-	fragans V.
contient de Suf-	fragans IV.	Deuenter,
fragans VIII.	Aras,	Harlem,
Amiens,	Saint Omer,	Groningue,
Beauuais,	Namur,	Leuarden,
Boulogne,	Tournay.	Middelbourg.

L'Allemagne & ses Prouinces, ses Fleuues, ses Academies & Euefchez. — *La Germanie ou Allemagne* deçà le Rhein comprend la prouince du Liege, nommée le paradis des Clercs, le Fort Huy & le Duché de Bullion; l'Euefque en est Seigneur.

Le Duché de Iuliers & sa ville Iuliers, Aix la Chappelle le Sepulchre de Charlemagne : la est la Couronne de fer où l'Empereur est auguré.

Electorat. — l'Archeuefché de Cologne, Electorat de l'Empire sur le Rhein.

le Duché de Lorraine, où sont Mets, Verdun, Toul, & Nancy, vny depuis peu, par don, à la Couronne de France.

Electorat. — La prouince d'Austrasie, qui comprend le Diocese de Treues auec sa ville Treues, & Coblents à l'embouchure de la Moselle dans le Rhein, & l'Archeuefché auec la ville de Mayence, tous deux Electeurs du Saint Empire.

L'Alsace ou austrasie — La prouince d'Alsace se diuise en deux Landgrauiats superieur & inferieur, qui ont les villes Colmar, Selestad, Rufec, & Strasbourg.

Le Comté de Montbeliard, auec sa ville, & Mumpelgard.

La prouince de Brisgavv delà le Rhein, où sont Fribourg & Breisach. Brisgavv & la Sueue.

La Sueue, où est Ausbourg sur le Danube, Vlm, Nord-linguen, &c.

Le Duché de Vvirtenberg où sont Gastat & Sturgat.

Franconie ou France Orientale, l'Euesque en est le Duc, de là sont sortis les François, la Riuiere Salia a donné le nom à la Loy Salique; ses villes sont Herbipole on Vvirtsbourg, Francfort sur le Fleuue Main, la plus considerable du monde pour les Foires. L'Euesché de Bamberge. Franconie & Loy Salique.

Le Palatinat du Rhein a Heidelberg, & le Marquisat de Baden, celuy-cy est aussi Electeur du Saint Empire. Electorat.

Le haut Palatinat a Nurnberg la plus superbe de toute l'Allemagne, Neubourg, &c.

Le Duché de Bauiere a Munchen, Ingolstad, Passauu, & Ratisbone où se tiennent les Estats de l'Empire, l'Archeuesché de Saltzbourg y est compris. La Bauiere.

Le Tirol a Inspruc, Brecenoble Euesché, & Trente, celebre à cause du dernier Concile œcumenique. Tirol.

La Croatie, le Veimare, la Carniole, la Carinthie, la Stirie & l'Austriche, où est Vienne sa ville Imperiale; le Royaume de Boheme auec sa ville Prague; la Slesie & Glagau sa ville, partie de Hongrie où est Passau. Ce sont autant de Prouinces qui obeissent à la maison d'Austriche maintenant, autrefois des portions de Pannonie. Boheme Electorat.

Le Marquisat de Brandebourg auec sa ville, & celle de Francfort sur le fleuue Oder; Berlin ville Ducale; c'est vn Electorat du Saint Empire. Electorat.

La Pomerelie, Prouince d'où sont sortis les Vvandales. Vvandales.

La Pomeranie sur la mer Baltique est vn Duché qui en contient sept autres, terre fertile; Stetin en est la principale ville.

Le Duché de Meclebourg a Lubek tres-opulente.

La Holsase, ou le Duché de Holstein dépend du Dannemark, là est Hambourg sur la riuiere d'Elbe, & Gottrop siege des Ducs. Holstein.

Le Duché de Lunebourg auec sa ville, & celle de la Comté de Duneberg.

L'Archeuefché de Bremen auec fa ville, & celle de Stade.

Les Sicam-
bres.
La Frife Oriëtalle auec fa ville d'Emden, c'eft vne Comté.

La Vveftphalie, qui a Monfter & beaucoup d'Euefchez & Comtez.

Le Duché de Cleue auec fa ville, & celles de Vvefel, Emmerix, Mours.

Le Landgrauiat de Heffe qui a Caffel, & Marpurg.

Vveterauie où eft le Comté de Naffau d'où eft forty le Prince Maurice.

Fuld Ab-
baye.
Duchouie, où eft Fuld l'Abbaye la plus celebre de l'Europe.

Martin
Luther.
Thuringe, le plus noble Landgrauiat a Erfurd, belle Vniuerfité où lifoit autrefois Martin Luther, & Veimar fiege du Prince; elle obeit au Saxon.

Mifnie eft Marquifat où refide le Duc de Saxe Electeur de l'Empire; là eft Leipzig tres-belle ville, Naumburg, & Dresden; là eft auffi la Principauté de Sneberg.

Electorat.
Le Duché de Saxe a Magdebourg, Vvittemberg, & le Comté de Mensfel qui en contient quatre autres.

Brunsvvich
Le Duché de Brunsvvich & fa Ville auec Halberftad & Hyldeshein, &c. Ils font tous meflez en matiere de Religion, la plufpart Catholiques, les autres Caluiniftes & Lutheriens, &c.

Academies
Les Academies d'Allemagne font, Baal, Fribourg, Heidelberg, Tubing, Ingolftad, Altorf, Prague, Vienne, Francfort, Gripsvvold, Roftoch, Helmftad, Vviremberg, Lipfe, Ien, Erford, Marpurg, Giaffe, Coloigne.

Fleuues.
Les Fleuues principaux font, le Rhein, Necker, Mein, Lippe, Ems, Vvefer, Elbe, le Traue, l'Oder, la Viftule & le Danube, le plus grand de l'Europe.

Les Allemagnes contiennent fix Archeuefchez ou Metropolitaines fur XXXIV. Euefchez.

Mayence,	Strafbourg,	Aufbourg,
1. *Metrop. Electorat*	Conftance,	Coire aux Grifons,
contient de Suffrag.	Vormes & Spire.	Aifchefter,
fur le Rhein IV.	*Dela le Rhein IX.*	Halberftat,

Vvirtzbourg,
Hildeshein,
Paderborn,
Ferden,
Bamberg.
　Treues,
2. *Metrop. Electorat.*
a de Suffragans le
seul Liege.
　Saltzbourg,
3. *Metrop. contient*
de Suffrag. XII.
Brixen,
Chiemse,
Frisingen,

Gurez,
Goritz,
Lauenmonde,
Passau sur le Da-
nube,
Ratisbone,
Seckavv,
Laubach,
Neustat,
Vvienne.
　Prague,
Metrop de Boheme,
a de Suffragans II.
Litomissel,

Olmutz en Mora-
uie.
　Magdebourg,
Metrop. a de Suf-
fragans III.
Brandebourg,
Hauelbourg,
Mersbourg.
Bremen jadis Ham-
bourg, a de Suffra-
gans III.
Lubeck,
Ratzenbourg,
Svvrin.

Le Royaume de Dannemark contient la Presqu'Isle Iutland, jadis Cimbrique, où est Flensberg, attachée au continent d'Allemagne; de plus la Scandie & Noruegue pais de bois, de montagnes & rochers inhospitables; c'est où se peschent les balaines & où se trouuent les monstres marins.

L'Isle Sielande auec plusieurs autres dans la mer baltique; la principale ville est Copenhagen, Elsenor, Cronenbourg au pas de Sund, d'où se tire le plus beau reuenu de la Couronne; Là est Frederibourg maison de plaisance. De ce pais sortirent autrefois les Cheualiers Tutons. Ils sont Lutheriens.

Le Royaume de Suede est par dela la mer baltique; ses Prouinces sont la *Bothnie,* & la *Gothie;* ses principales villes sont Stokolm bastie dans les marais sur des pieux, Vpsal Archeuesché, Calmar port de mer, Nicopen, tous lutheriens. Les Huns sous Attila, sont sortis de ce pais, aussi bien que les Gots & Vvisigots.

Le Dannemarck & la Suede contiennent III. Archeueschez sur vingt-quatre Eueschez.

Londen, Metropol. Danoise contient de Suffragans VII.	tient de Suffr. vnze.	*Vpsal, Metropol. de Suede contient de Suffragans six.*
Arhufen,	Bergen,	Abo, en Finlandie,
Alborg,	Riuen,	Arot,
Ottenzée,	Grauelam en Groenland,	Lincopen, en O-strogotlande,
Rip,	Hammar,	Scare, en Vestro-gorlande,
Roschilt,	Opslo,	Strengennes,
Slezvvich,	Kirkvval,	Vvero ou Velli-men.
Viborg.	Sure,	
Dronteim, Metrop. de Noruegue con-	Nisland,	
	Stafanger,	
	Hola,	
	Scalhot en Islade.	

L'*Italie* entre la mer Mediterranée, & celle de Venife; confiste maintenant en Histrie Marquifat, auec ses villes, Pola & Capo d'Histria.

Le Frioul Duché, la ville principale Vdene, & Goricia.

La Marche Triuifane, fes villes Treuifo, Venife la riche baftie fur des pilotis dans la mer; c'eft vne Republique. Padoue celebre Academie, Verone, & Vincenfe. Et dans la Lombardie, Brixie, Bergamo, Crefme & Pefcheria.

La Lombardie, tres-grace & fertile, contient les Duchez de Milan fa ville des plus celebres d'Europe, Cremone ele-gante en baftimens, Come, Pauie, &c. là eft le fleuue Pô, ou Eridanus.

Mantouë Duché, baftie dans vn Lac, famille des Gon-fagues.

Parme, & Mutine Duchez, là font Parme, Plaifance, Mutine & Regio. Mont-ferrat Duché.

La Riuiere de Genes, autrefois Ligurie, le long de la mer Mediterranée, Republique, fa fuperbe ville de Genes, Sa-uone, Vintimiglia, & Sarrezzane.

Le grand Duché de Tofcane, où fe voit Florence la belle,

& la plus belle de l'Europe aprés Anuers ; ce Duché contient la Republique & ville de Luque ; la ville de Pise presque deserte, Ligorne port de mer ; Sienne autrefois Republique, prato & Poggio lieux de plaisance.

Le patrimoine de Saint Pierre ou l'Estat de l'Eglise a Oruietto, Aquapendente , Horti , Viterbe, Ciuita vechia port de mer, & le Duché d'Vrbin. La Romagne où est Boulogne la grace, Rauenne, autrefois l'Exarcat , le Duché de Ferrare. La Marque d'Ancone où est Nostre Dame de Lorete. La Campagne de Rome & sa ville autrefois le chef de tout le monde pour la guerre , maintenant pour la paix & la Religion, seiour du Pape. Le Duché & la ville de Spolette.

Le Royaume & la ville de Naples la noble & la gentille , Capuë, Salerne, Amalfi, où a esté inuenté la Bouxolle marine. La Poüille auec la ville Barrium où est le corps du grand S. Nicolas, & la Calabre; ces deux Prouinces font le bout de la *Botte* d'Italie. Là est aussile Mont Vesuue qui jette flammes vis à vis du mont Ethna de Sicile qui les vomit aussi.

Les Academies d'Italie sont Padoüe , Bouloigne , Pise, Sienne , Peruse, Turin, Ferrare, Rome, Firma , Naples, Salerne , & Macerat.

Les Fleuues principaux sont le Pô, qui en reçoit plus de trente autres , dont les plus apparans sont , Dora, Sessia, Tesin, Tanar , & Reno, Il y a de plus en Italie les Fleuues Adese, Arno ,le Tibre, Chiana , Nera , Teuerone , Garigliano, Volturno, Silaro , Cochile , Crati , Tosanto , Pescata , & Metro.

Les Archeuesches d'Italie & des Isles voisines sont au nombre de XXXIV, sur CXC. Euesches.

Rome,	Les Cardinaux Euesques.	Albano,
Atcheues. Patriar. le Souuerain Pontificat, le Vicariat de Iesus-Christ, la Papauté , a pour Suffragans,	Ostie, Porto, Sauina, Palestrina, Frascati, Tuscul.	& 68 autres Eueschez simples. Signe VI. Florence VI. Pise VI. Gennes VII.

Turin IV.	Venise V.	Otranto VII.
Surrento IV.	Boulogne VII.	Brondusi I.
Amalfi V.	Rauenne XII.	Bari XII.
Salerne IX.	Vrbin V.	Trani II.
Conza V.	Fermo VI.	Manfredonia III.
Cirenza VII.	Beneuent XXII.	Lanciano o.
Cosenza III.	Capouë XIII.	Nazarete o.
Reggio XIII.	Naples VI.	Ciuita di Chieti
Milan XV.	San Seuerin V.	VIII.
Vdene, dans le	Rossano o.	
Frioul XVII.	Tarento II.	

La Pannonie & ses Prouinces.   *L'Ancienne Pannonie* qui contient aujourd'huy les Provinces suiuantes : la Carniolle, la Croatie, le *Viennois* & sa ville Imperiale *Vienne*, la Carinthie, la *Stirie*, vne partie de l'Austriche, la moitié de la Hongrie, la Sclauonie, la Bosnie, partie de la Seruie.

Ses Fleuues principaux sont le Danube, le Draue & la Saue.

Elle se diuise en superieure, inferieure, & *Valerie* entre les susdits Fleuues. Ses villes plus remarquables sont *Siseck*, Pettauv. Vnterlaubac, Vienne, Presbourg, Scrabing, Sirmie, Belgrad & Passavv. L'autre partie de la Hongrie occupée par le Turc, contient les villes Temisuar, Chonad, Varadin, Bude, Agria, Strigonie, Albe Royale, les cinq Eglises.

La Dalmatie.   La Dalmatie ou l'Illirie, & Liburnie est le long du Golphe Adriatique, appartient aux Venitiens, dont les villes sont Zara, Segna, Noua Sabenico, Ragouse libre en payant tribut au Turc, Scutari & Scardena occupées par le Turc.

En Pannonie & Prouinces circonuoisines y a de Metropolitains
VIII. sur L. Suffragans.

Gran de Strigonie maintenant   Iauarin,
Dirne Primat. & Metropol. de   Berzenze,
Hongrie a de Suffragans VI.   Funtkirchen,
Agria,   Vatz, & Vesprun.

Coloss

Coloss,
2. *Metropol. Hon-*
groise a de Suffra-
gans dix.
Bossena,
Chonad,
Nander,
Sirmich,
Albe, en Transsilu.
Hermanstad,
Vvaradin,
Bathense,
Zagabria, sur le
  Saue.

Zara au Golphe
  Aciat.
1. *Metrop. de Dal-*
matie a de Suffra-
gans III.
Arba, Isle,
Ossero, Isle.
Veggia, Isle.

Spalato & Almiza,
2. *Metrop. de Dal-*
matie a de Suffra-
gans dix.
Modrussa,
Lesine, Isle,
Noua,
Scardona,
Sabenico,
Zegma,
Tina,
Travv,
Sanadria,
Ottodria.
Ragnse la nouuelle,
Metropol. d'Epidore
a de Suffrag. VIII.
Budoa,
Bossenne,
Carzala,
Castelnuouo,
Stagno,
Curpola Isle,
Stephano,

Tribigna vny à
Marcana.
  Durazzo,
Metrop. a de Suf-
fragans V.
Alba,
Benda,
Canonia,
Croïa,
Cisia.

  Antibar,
Metrop. a de Suf-
fragans VII.
Aleniense,
Drisvaste,
Polastroi,
Sapaten,
Scutari,
Scerbicense,
Soacino.

  Corsou Isle,
Metrop. a de Suf-
fragans II.
Cephlagona Isle,
Zantes Isle.

La Grece, autrefois grande Monarchie, maintenant presque deserte sous l'Empire du Turc, est comprise entre la
mer Egée ou l'Archipelle, la mer Ionienne & de Crete qui
est la Mediterranée, & les prouinces de Mysie & de Trace
tirant vers le Nord. Elle comptend l'Epire où estoient les
villes d'Argos, Cassiope, &c.

Le Peloponese ou Morée pen'Insule, comme vne feüille
de plantin, sà est l'Accaye auec la celebre Corinthe sur l'Istme mesme. Messenie, Arcadie, l'Aconique auec Lacede-
mone ou Sparte, la fleur de Grece. Et Argie auec Argos &
Epidaure cité du fameux Esculape.

La Grece proprement dite, contient l'Etolie, Doris,

La Grece, ses Prouin- ces, ses Fleuues, ses Villes & ses Euesches.

Spartes ou Spartiates.

O o

Locris, Megaris, Attique & Boëce, dont les principales villes sont, Lepanthe sur le Golphe, Delphe sous le mont Parnasse, Cheronée naissance de Plutarque. Thebes nourrice d'Hercule & de *Bacchus*. Salonichi, tres-marchande. Croye, illustrée par Scanderberc le genereux.

Thessalie lieu agreable, où sont Tempe & les Champs Pharsalles.

Macedoine illustrée par Philippe & son fils Alexandre natifs de la ville de Pella, là est la region des Muses, Pieria. Les villes Durazzo, & Stragie naissance d'Aristote.

Les Montagnes. Les montagnes celebres, sont Acroceron, Pindus, Helicon, Parnasse, Hymettée, Olympus, & Athos que Xerces nauigua auec son armée.

Les Fleuues. Les Fleuues principaux de la Grece sont, Acheron, Achelous, Peneus, Inachus, Cephissus, Asopus, Ismanus, Sperchius, Penée, Aliacmon, Erigon, Axius, Chabris, Strymon, Celidnus, Alpheus, Panisus & Eurotus.

Les Eueschez de Grece sont joints auec ceux d'Asie & d'Egypte.

La Trace. *La Thrace* ou Romanie, fascheuse Region, terre maligne, & peuple difficile, là sont les villes de Constantinople ou Stambol, jadis Bizance, la plus grande & plus peuplée ville de l'Europe, le seiour de l'Empereur Turc, jadis le siege de l'Empire du monde bastie par Constantin. Aprés vient Andrinople, Sestus & Abydus. Les Fleuues de Thrace sont Neslus, Hebens, Athyrras, & Bathynias.

La Mise. *La Misie* suit tirant vers le Septentrion, Region encore plus maligne que la precedente, là sont les six grandes embouchures du fleuue Ister ou Danube dans le Pont-Euxin, aprés auoir coulé depuis l'Allemagne, & receu soixante fleuues dans son sein. Elle contient les deux anciens Royaumes de Bulgarie & de Seruie où sont les villes de Senderouie, Vidna, Bodon, & Nouograd, auec Sophie en Bulgarie.

La Scythie & ses Prouinces. Les Getes & Amazones. *La Scythie* de l'Europe comprend outre les Troglodites, les Prouinces Dacie, delà le Danube, nation barbare que Pline appelle Getes, c'est proprement vne partie de Hougrie : puis la Transsiluanie, la Valachie, & la Moldauie, dont les Princes se nomment Vaiuodes, sujets ou tributaires du grand Turc.

La petite Tartarie, où est Precopen, ville dans la Chersone-se Taurique & Krym dans la Crymée, ce peuple farouche & vagabond obeït à vn seul Prince, là sont les fleuues Tanais ou Don, & le Boristhene. *Precopen.*

La Sarmatie ou l'Hyperborée, ses fleuues sont Chronus, ou Niemen, Tanais ou Deine, Vvelix, & Lovvat. *Sarmates.*

La Pologne se diuise en majeure & mineure, l'vne & l'au-tre est dite du mot Pole, champ ou campagne raze. Dans la majeure sont les villes de Posna & Gnesna, Kaliz & Plotzko. Dans la mineure, sont Kracouie sur la Vistulle qui trauerse tout le Royaume ; Vvarsouie où se font les Diettes ; Lublin & Sendomir. La Poloigne contient main-tenant le Duché de Lituanie où est Vilna, Nouigred, Kisovv sur le Boristene. *La Poloi-gne, ses Prouinces, Fleuues, A-cademies & Eueschez.*

La Russie noire auec sa ville Leopol ou Lembourg.

La Podolie toute champestre, où le fourage est si auanta-geux que les beufs en ont iusques aux cornes, la principale ville est Camieniecx bastie sur vn rocher inexpugnable.

La Volinie, Podelassie, Masouie, Samogitie où il n'y a que du miel. La Liuonie sur la mer Baltique, où sont les vil-les de Riga, considerable sur ladite mer, Reuel, & Mem-mel, cette partie obeït au Suedois, la Curlandie est au polonois. *La Prusse & ses Estats*

La Prusse Royale & Ducale, la premiere est à l'embou-cheure de la Vistulle dans la mer Baltique où est la fameuse & riche ville Danzig. Thoorn, Elbing, Marienbourg, Cul-me & Grodents.

La Prusse Ducale où est Konisberg obeït au Marquis de Brandebourg ; suit la Duché de Cassubiy qui n'a rien de ce-lebre. Le Roy se fait par election. Ils sont meslez de Reli-gion. Il en sort quantité de froment. Il n'y a que trois Ar-cheueschez & quinze Eueschez en tout ce grand païs.

Les Academies de Poloigne sont deux, Cracouie & Re-giomontana. *Academies*

O o ij

Fleuues. | Les Fleuues sont principalement la Vistule, & quelques autres petits.

Les Archeuesschez de Poloigne sont au nombre de III. sur XXVIII. Euesschez.

Gnesna, *Primat. & Metrop. de Poloigne contient de Suffrag. XIII.* Camin en Pomeranie. Cracouie, Culm, Lebus dâs le Marquis. Brandeb. Kutzko, en Volinie, Plosko, Pozna, Vilne en Lithuanie, Vvladislavv, Breslavv en Silesie,	Varmie, en Prusse, Miednixi, en Samogitie. Venden, en Liuonie. *Riga, Archeuesc. Metrop. de Liuonie contient de Suffrag. VI.* Oesel, dans vne Isle, Ruthene, en Moscouie, Semgal, Toorn, en Prusse, Derpt, Varinie.	*Leopol ou Lembourg Archeuesc. Metrop. contient de Suffragans IX.* Chelm, *en Russie,* Kamemeck, *en Podolie,* Kiovv, *en Volinie,* Premizlaovv, *en Russie,* Lutzo, Piusken, Polotzo, eresenvisl. Vvlodomier, *quelques - vns de ceux-cy sont Grecs Schismatiques.*

La Moscouie & ses Prouinces Les Sarmates. | *Le grand Duché de Moscouie,* ou la Russie blanche, est la derniere & la plus vaste Region de l'Europe, peuple grossier, perfide & esclaue. Elle se diuise en diuers Duchez qui portent le nom de leurs villes, dont la principale est Moskauv, toute bastie de bois hors la maison Ducale & quelques forteresses; Vsting, dans les terres, est la plus marchande. Saint Nicolas & Saint Michel sur la mer Baltique. Bieleisero bastie dans vn Lac, où le grand Duc tient ses tresors cachez: il a tousiours vingt mille hommes de garde qui habitent dans son Chasteau, & qu'il nourrit. Ils sont Chrestiens à la façon des Grecs Schismatiques, & reconnoissent le Patriarche de Constantinople.

En Moscouie y a III. Primats sur VIII. Suffragans.

Moscua, Rostov,		Smolensko, sur le
Nouogrodek,	Casan,	Boryslene.
Primat & Metrop.	kolon,	Susdal,
de Moscouie schis-	Gortise,	Tuer,
matiques, contient	Kezan,	Vvologd.

Les Isles de l'Europe sont dans la Mediterranée.

Les Isles de la Grece sont, celles de Corfu, Cefalogna, Les Isles de l'Europe. & les Zantes seiour d'Vlisse.

Dans l'Archipelle il y en a vne infinité ; les principales sont, le Negrepont, Sciro, Lemnos, Metelline, Scio, Nicaria, Palmossa ou Pathmos, Còs ; les Cyclades les Sporades dans le milieu.

L'Isle de Crete tres-fameuse dans l'Antiquité, mere de la Crete ou Candie. Musique, de l'armée à cheual, & naualle sous le Capitaine Minos. Elle estoit nommée bienheureuse à cause de la temperie de l'air, & auoit autrefois cent villes. Ses principales sont, Gortyne, Cydon, maintenant Candia, Canée, Rhecimo & Sittia, ou Suda. Elle appartient aux Venitiens : son peuple est extremement vitieux. Saint Paul les appelle ventres paresseux, mauuaises bestes.

La Metropolitaine de cette Isle est Candie, qui a sous soy sept Suffragans.

Arcadie,	Mellipetamo,	Ierapetra &
Canée,	Rettimo,	Sittia vnis.
Cheronesso,	Siechimo,	

Les Isles Acolies qui ont trois grands trous fumants, que Acolies. les Poëtes disent estre la boutique de Vulcain.

La Sicile est la plus grande & la meilleure de toutes ; elle La Sicile. est en forme de triangle, c'est le Grenier d'Italie pour sa fecondité. Elle appartient à l'Espagnol. Ses villes plus celebres sont Messine, Toarmine, Catane, Syracuse ou Syracusa, Agragas ou Agringente, Palerme principale & Tyndare. Là est le mont Ætna ou Gibel, qui vomit des flammes la nuict.

Sardaigne aussi fertile , mais pestilentieuse : ses villes sont Caglia, Palma di Sole , Oristane & Sassaris. Elle appartient à l'Espagnol.

Corse presque inculte , il n'y a que des Villages , Calui est le plus considerable à cause de son port. Elle appartient au Genois.

Les Baleares à cause de la Fronde , maintenant Majorque & Minorque. Ebuse ou Yuique fait la troisiéme , où il n'y a aucun animal nuisible ; & enfin Gades ou Cadis par delà le destroit Gibraltar , toutes à l'Espagnol.

Il y a trois Archeuesc. Metrop. dans la Sicile sur VII.
Eueschez.

Palerme,	*Messine,*	*Monte Reale,*
contient de Suffra-	*contient de Suffra-*	*contient de Suffra-*
gans trois.	*gans deux.*	*gans deux.*
Gergenti,	Cifalu,	Catania,
Mazara,	Lipari & Palti,	Siracosa.
Malthe , dans son	vnis.	
Isle.		

La Sardaigne & la Corse contiennent trois Archeueschez
Metrop. sur sept Suffregans.

Cagliari,	*Sassari,*	*Arbora,*
Primat de Sard. &	*2. Metrop. a de Suf-*	*3. Metrap. n'a pas*
Corse, a de Suffrag.	*fragans quatre.*	*de Suffragans , mais*
trois.	Algieri,	*on y a vnis les E-*
Solci & Villa	Castro Aragone-	*ueschez*
Yglesias.	se,	Sancta Iustina,
Lessa , ou Monte	Bosi,	& Vissella.
Reale,	Empurias.	
Doli.		

Isles d'Europe dans l'Ocean.

L'Angleterre & l'Escosse ne font qu'vne Isle , quoy que deux Royaumes. Le premier se diuise en cinquante-vn Shi-res ou Comtez , où sont deux Archeueschez , Cantorbery & d'Eborace sur vingt-quatre Eueschez ; les villes principa-

les sont Londre sur la Tamise, chef du Royaume & tres-
marchande.

En Escosse est Edimbourg ville Royale, Glasco, & Saint
André Archeueschez, sur treize Eueschez. Aberdon port
de mer; suiuent les Hybrides & Orcades petites Isles.

Les Fleuues principaux sont la Tamise, Sauerne & Hum-
ber. Les Academies d'Angleterre sont Oxford & Cam-
bridge. Celles d'Escosse, Saint André, & Aberdon.

L'Hybernie ou Irland, n'a aucun animal veneneux, c'est *L'Hyber-*
vn peuple grossier & assez bon; la terre est feconde en fou- *nie.*
rage pour les bestes. Elle contient trente-trois Comtez
& des Bourgs plustost que des Villes, excepté Armagh &
Dublin Archeueschez sur douze Eueschez; Arglas est port
de mer. La Religion y est tellement confuse qu'il n'y en a
aucune pour y en auoir trop. L'Academie d'Hybernie est
Dublin.

Island, Groesland, & Frisland sont les dernieres Isles de *L'Island,*
l'Europe tirant vers le Pole Arctique. Dans la premiere qui *&c.*
est l'ancienne Tulle, se voit le mont Hecla qui jette le feu.
toutes trois sont au Danois, & ne luy rapportent que de la
laine, de l'huile de Balaine & du Poisson, dont il y a grande
pesche.

L'Angleterre, l'Escosse, & l'Hybernie contiennent huict
Metaopol. sur LIX. Suffragans.

Cantorbery,	17 *VIII. sans l'ad-*	La Lesbury,
1. *Metrop. d'Angle-*	*neu du Pape.*	Vvorcester,
terre a de Suffra-	Cicester,	Vvincester,
vingt-vn.	Ely,	Vinton.
Saint Asaph, ou	Excester,	*Torck,*
Asse,	Herfords,	2. *Metrop. d'Angle-*
Banger,	Landaff,	*terre, a de Suffra-*
Bath & Vvel vnis,	Lichfeld,	*gans trois.*
Glocester,	Lincolne,	Carlile ou Carrel,
Oxford,	Londres,	Cester,
Piter bourg. *Ces*	Saint Dauids,	Durham.
trois derniers ont	Norvuich,	
esté erigez par Hen-	Rochester,	

Saint André,
1. *Metrop. d'Escosse a de Suffrag. huict.*
Aberdain,
Brechin,
Cathnes, jadis
　Dornok,
Dunckell.
Dumblain,
Mourray, jadis
　Eglin,
Rosse,
L'Insulaire pour les Isles d'Orrnay.
Glasque,
2. *Metrop. d'Escosse a de Suffrag. trois.*
Argile,
Gallouvay,
Sura dans les Hy-
　brides.

Armach,
1. *Metrop. d'Hybernie a de Suffr. sept.*
Ardrée,
Dovvne auec
Cronner & Dro-
moore vnis,
Kilmore & Clo-
cher vnis,
Navan.
Rapho & Dirry
vnis.
Dondalek & Ki-
loom vnis.
Dublin,
2. *Metropol. d'Hybernie a de Suffrag. IV.*
Glandalack,
Kildare,
Laghlin & Ferns
vnis,
Osray & Kilken-
nie vnis,

Cassyl. Commel &
Emmelen vnis,
3. *Metropol. d'Hybern. a de Suffrag. V.*
Ardat,
Korke, Clon &
Yougall vnis.
kynsalle & Rosse
vnis.
Limricke,
Vvaterford & Lis-
mor vnis.
Toam,
4. *Metro. d'Hybern. a de Suffrag. huict.*
Achoury,
Kilmacullo,
Clonfert,
Kyllaloë,
Meore,
Moy en Moyo,
Olfin,
Roscoman.

EN. Voylà qui est merueilleux, Seigneur Adelphe, quand vous auriez parcouru toutes ces parties, vous n'en parleriez pas auec plus de clarté, & de facilité, mais de grace, qui en a fait ainsi la diuision?

AD. Les Enfans de Noé aprés le Deluge vniuersel, voulurent escalader le Ciel par le moyen de la Tour de Babel, d'où s'ensuiuit la confusion de langue, Dieu leur ayant changée, pour faire échoüer en l'air leur dessein. Ce qui fit qu'ils se separerent, Sem prit la partie qu'on appelle Asie, Iaphet vint en celle qu'on nomme Europe, & le malheureux Cham, comme maudit, habita la plus malheureuse qui est l'Affrique. Mais passons aux corps mixtes & imparfaits.

TRAITE'

DOVZIE'ME TRAITÉ,
DES METEORES,
MINERAVX, DEMY MINERAVX,
& Sucs endurcis.

CHAPITRE PREMIER.

De la cause des Meteores , de leur generation & varieté dans la premiere region de l'air.

ADEL-
PHE.  E MONTONS dans l'Air , Engiston, & le diuisons en trois re-
gions; en superieure, en moyenne & en basse, & voyons comme
quoy se forment les Meteores;
puis aprés nous dirons des Mineraux.

1. Regions de l'Air.

EN. Qu'est-ce que Meteore ?

A D. Meteore est en Grec *vne chose sublime*, & en Latin *c'est l'expression de quelque chose*. Or il se fait des expressions dans l'air , les vnes de l'air mesme, les autres d'eau, les autres de feu, c'est ce que nous appellons Meteores.

Meteores que expressions.

Dans la plus haute region de l'air se font les expressions de feu, comme sont les Cometes, les Pyramides, les Iauelots, les Chevrons, les Estoiles tombantes, &c. Dans la moyen-ne se forment celles d'air & d'eau, comme les Nuës, l'Iris,

De Feu.

D'Air & d'Eau.

P p

les Parelies & Paraselines qui sont plusieurs Soleils & plusieurs Lunes en apparence, la Pluye, la Neige, la Gresle, les Vents, les tempestes & Tourbillons, le Tonnerre, l'Esclair & le Foudre.

D'eau & de feu.

Dans la plus basse s'engendrent les expressions d'eau & de feu, comme, les Feux folets qu'on nomme *Castor, Pollux, & Helene, autrement feu de Saint Elme*, les Broüées, les Rosées, les Bruines & les Glaces.

Causes des Meteores.

E N. Quelles sont les causes de tous ces effets?

A D. Le Soleil est l'efficiente, par le moyen de ses rayons; la materielle sont les exhalaisons de la terre & les vapeurs de l'eau.

E N. Dites-moy, s'il vous plaist, comment cela se fait?

A D. Le Soleil darde ses rayons contre la terre & contre l'eau; la reuerberation, comme nous auons dit ailleurs, échauffe ces rayons, & fait qu'ils attirent certaines fumées dans les diuerses regions de l'air, lesquelles fumées, tirées de la terre, sont de qualité seiches & chaudes & se nomment *exhalaisons*; celles qui sont tirées de l'eau sont de qualité chaudes & humides & se nomment *vapeurs*. Voilà ce qui engendre les expressions ou meteores.

Exhalaisons, & Vapeurs.

E N. Discourez, s'il vous plaist de chacune en particulier pour les donner mieux à connoistre?

Formation des Meteores. Haute Region de l'air.

A D. Les expressions de feu, comme sont les Cometes, &c. se forment d'vne exhalaison attirée par le rayon, laquelle monte naturellement iusques à la plus haute region de l'air, où elle s'enflame par le mouuement du Ciel tres-rapide, ou bien par la proximité de la sphere du feu, & prend diuerses formes & figures selon la disposition & la quantité de la matiere.

E N. D'où vient, Seigneur Adelphe, que l'on craint à l'aspect d'vn Comete, & qu'on en prognostique du malheur pour l'auenir?

Comete mauuais pronostique.

A D. Cela n'est pas sans fondement; en voicy la raison. Le Comete est vn corps fort espais & composé de quantité d'exhalaisons, qui estant tirées de la terre, tant pour sa formation que pour son entretien, la desseichent & la rendent

arride; puis ce corps venant à ce dissiper, les cendres acres
& veneneuses, tombant dans l'air & sur la terre infectent
l'vn & l'autre, causent les pestilences & les sterilitez, alterent les fruicts & les eaux, irritent mesme les humeurs & les
esprits des hommes & les portent aux querelles, aux armes
& aux guerres d'où suiuent toutes sortes de malheurs. Voilà,
Engiston, pour ce qui est de la plus haute region de l'air,
mere des expressions de feu de cette sorte. Descendons
maintenant à la moyenne.

CHAPITRE II.

Des expressions de la moyenne & plus basse region de l'air.

CErte region est froide accidentellement, dautant
que le rayon n'y fait point de reflection, & que
la reflection de la terre n'y sçauroit arriuer pour y
porter la chaleur, & mesme elle est plus froide
dans le plus grand esté par l'Antiperistase, causée par la chaleur de la haute & la basse region.

C'est donc pour cette raison, que les vapeurs de l'eau y
estant attirées s'estendent & se congellent en nuës qui sont
tousiours candides de leur nature, si ce n'est que l'exhalaison
s'y mesle & les agite alterant leur candeur, comme la fumée
rend la flamme obscure & rougeastre.

L'Iris ou l'Arc en Ciel, se fait par vn certain regard que
jette le Soleil sur la nuë. Ainsi se fait la parelie & la parase-
ne, ces Astres multipliant leurs corps en apparence, lors qu'ils
multiplient leurs diuers regards sur vne nuë disposée à cela
comme il nous arriue souuent dans vn miroüer.

La pluye est la dissolution & resolution de la nuë en gouttes d'eau causée ou par les rayons du Soleil, ou par l'agita-
tion du vent.

La Gresle se forme en esté au lieu de pluye, dont les gouttes tombant par la moyenne region de l'air, pour lors tres-
froide à cause de l'Antiperistase, se congelent en grains

Moyenne
Region de
l'air.

L'Iris.
La parelie.
La parase-
lune.

La Pluye.

La Gresle.

comme nous les voyons tomber.

La neige est en hyuer, pour la raison contraire, cette moyenne region n'estant pas si froide, & n'estreignant pas si fort les gouttes de pluye.

Le vent est vne exhalaison, laquelle estant de sa nature seiche & chaude, rencontrant l'humide & le froid de la moyenne region de l'air, est combatuë & rejettée en bas & à costez piroüetant dans cette basse region. Que si en retombant ainsi elle rencontre vne autre exhalaison montant, c'est lors que se font les tourbillons & les orages; comme aussi les tremble-terres, lors que cette exhalaison se trouue renfermée dans les entrailles de la terre, & fait effort pour en sortir.

Le Tonnerre, l'esclair & le foudre se font lors qu'aprés qu'vne nuée s'est formée dedans l'air, vne exhalaison vient à s'éleuer, & aprés cette exhalaison vne vapeur qui fait vne autre nuë; de sorte que l'exhalaison seche & chaude se trouue renfermée entre les deux nuageuses vapeurs chaudes & humides, où le sec combatant contre l'humide il se forme vn bruit qu'on appelle le tonnerre, ne plus ne moins que celuy qui se fait à proportion lors qu'vn fer chaud est jetté dedans l'eau. Or du choc & collision de ces deux qualitez, naist la langue de feu ou l'éclair qui nous paroist.

Il est à remarquer que lors que les matieres de l'exhalaison sont fort subtiles, les éclairs se font sans bruit de tonnerre, & sans foudre; mais au contraire, lors qu'elle est grossiere & épaisse, il s'en forme vn carreau ou pierre, qui venant à rompre la nuë, est lancée icy bas, & fait diuers effets selon les qualitez dont elle est engendrée. Si l'exhalaison est huileuse, visqueuse & sulphurée, ce foudre enflamme ce qu'il touche, & infecte l'air par où il passe. S'il est formé d'vne exhalaison plus terrestre & grossiere, il ne fait que noircir & éclater ce qu'il rencontre sans inflammation; & enfin s'il est engendré d'vne exhalaison tres-subtile, il fait les merueilles qu'on en raconte, comme de liquifier l'espée dans le fourreau, &c.

Enfin il faut venir à la plus basse & derniere region de l'air

où se forment les feux follets, appellez par les Mariniers
Castor, Pollux, & Helene, ou feu de Saint Elme, qui
paroist autour des antennes & des cordages des vaisseaux au
temps d'Esté, & dans les Cimetieres & gibets, que la chaleur de la saison fait naistre des exhalaisons grasses & huileu-
ses de ces lieux; & quelquefois de la sueur des animaux cou-
rans, ou échauffez à la luite, comme il se voit autour des
roües des chariots la nuict.

Les Broüées ou broüillards qui se forment des vapeurs de
l'eau, lesquelles ne pouuant monter plus haut à cause de la
debilité des rayons du Soleil, s'estendent & demeurent icy
bas.

Les Rosées & les Bruines sont des vapeurs qui ne s'éleuent que fort peu pour la mesme foiblesse des rayons, &
principalement à cause de la fraischeur de la nuict, qui la fait
distiller en gouttes de rosée dans le Printemps, & lors que le
froid est plus grand c'est de la bruine, dont les gouttes tombantes sont demy glacées.

La Glace se forme de l'eau par la fraischeur de l'air & de la
terre; Voilà, Engiston, en peu de discours tout ce qui se
peut dire sur cette matiere. Car pour ce qui est de certains
sucs, comme *le Miel & la Manne*, ce n'est pas la saliue ny la
sueur du Ciel, comme ont voulu dire quelques-vns. Mais
ce sont certaines petites parties de terre qui s'attirent auec
la vapeur, & se meslant auec son humide, découlent par
aprés en liqueur miellée, & quelquefois se cuit & s'arrondit
en petits grains de manne, qui se recueillent sur les feüilles
d'arbres, sur les rochers, & sur la terre mesme.

EN. Ie vous en remercie, Seigneur Adelphe, & vous prie
de continuer touchant les Mineraux, ainsi que vous l'auez
promis.

CHAPITRE III.

Des Mineraux, de leurs causes, generation, & varieté.

ADEL-
PHE. Our ce qui est des Mineraux, il y en a de trois sortes, premierement les Metaux, comme l'Or, l'Argent, l'Airain, le Fer, le Plomb, l'Estaing & le Mercure. Secondement, les Pierres precieuses & communes.

Troisiémement, les demy Mineraux & les Sucs endurcis, comme le Sel, le Nitre, &c. or tout cela, ou la pluspart, se forme dans le sein de la terre & de la mer.

E N. Dites m'en, s'il vous plaist, les causes ?

A D. Les sept Planettes en sont l'efficiente, & sur tout le Soleil. Le Soufre & le Mercure vnis & sublimez, en sont la materielle & la formelle.

E N. Qu'est-ce que Soulfre & Mercure, & comment se fait cette vnion ?

A D. L'eau & la terre ne faisans qu'vn corps, il se rencontre dans le sein de la terre des vapeurs & exhalaisons. Le rayon du Soleil penetrant là dedans, & venant à trouuer l'exhalaison, la conuertit comme en terre bruslée, qui s'attache aux pores de la terre, voylà le Soulfre. Le mesme rayon rencontrant la vapeur, qui s'estoit condensée par la fraischeur de la terre, la fait resoudre en eau & la sublime, voilà le Mercure ; ces deux choses ainsi disposées & preparées s'vnissans dans les veines de la terre, produisent les Metaux d'autant plus purs que le lieu se trouue épuré dans lequel ils se forment. Nous parlerons plus amplement du Soulfre & du Mercure au Chapitre des demy Mineraux cy-dessous.

L'Or se fait du Soulphre & Mercure jaunes, tres-purs & tres-subtils. Il est attribué principalement au Soleil.

L'Argent se forme du Mercure & du Soulphre blancs & tres-purs, & est attribué à la Lune.

L'Airain ou Cuivre s'engendre de Soulphre jaune & gros- *L'Airain.*
sier, & de Mercure semblable. Et c'est l'ouurage de Venus.

Le Fer est attribué à Mars, fait de Mercure & de Soulphre *Le Fer.*
tres-impur & ardent.

Le Plomb, a Saturne, formé de Soulpre & de Mercure *Le Plomb.*
tres-sale & fangeux.

L'Estain, a Iupiter, composé de Mercure & de Soulphre *L'Estain.*
blanc & jaunastre.

Le Mercure, à Mercure mesme, qui naist de l'humide & *Le Mercu-*
du chaud de l'air meslez ensemble & condensez. Voilà pour *re.*
ce qui est des Metaux.

E N. Trouue-t'on ces Metaux dans les entrailles de la terre tout disposez & prests à mettre en œuure?

A D. Quelquefois, Engiston, mais c'est en certains lieux *Le metail*
particuliers & rares, ou la nature se trouuant mieux dispo- *parfait na-*
sée qu'ailleurs, accomplit son dessein par soy-mesme, sans *turellement.*
en donner la peine à l'artifice; car pour l'ordinaire les Metaux se trouuent meslez ensemble & attachez aux pietres &
à la terre dans les lieux où ils sont, de sorte qu'il faut employer l'artifice pour separer les corps externes de la veritable substance des metaux.

E N. Quel est cet artifice?

✻✻✻✻✻✻✻✻✻✻✻✻✻✻✻

CHAPITRE IV.

De l'Alchimie.

ADEL- **L**E plus ordinaire artifice est le feu, le *Le four-*
PHE. fourneau & la copelle. La copelle *neau, & la*
est vn certain petit vaisseau de terre *copelle.*
bien cuite & dure afin qu'il resiste au
feu, dans lequel on met la matiere minerale pour la resoudre
par la force du feu dans le fourneau.

Il y a certaines vaines minerales dont la matiere est si dou- *Difference*
ce, & si facile à se resoudre, principalement de celle d'or & *de Mines.*

d'argent, qu'il ne faut autre chose que le feu & la copelle pour faire la separation de la terre & du vray metail; mais il s'en trouue d'autres si seiches, si terrestres & arides qu'on n'en sçauroit tirer aucune chose si on n'y mesle des choses fusiles, par le moyen desquelles on en tire ce qu'on pretend.

Choses fusiles.

Ces choses fusiles sont ordinairement du plomb, ou quelque autre metail, du verre & du marbre pilé, de l'escaille de fer, & certains autres sucs & pierres, lesquels se liant auec la matiere mineralle, la font refondre & en empesche l'euaporation.

Preparatió de la matiere.

Or pour mieux reüssir dans cette operation, il faut preparer la matiere mineralle par des purgations & lotions, aprés l'auoir brisée en pieces, afin d'en separer l'impureté, la faisant mesme passer par le feu d'vn fourneau ordinaire pour en desseicher les moisteurs, la crasse & le limon, auant de la mettre dans le creuset & la faire dissoudre. Où il faut aussi remarquer que le feu du fourneau doit estre tantost lent, & tantost ardant, tantost fait de charbon & tantost de bois sec & flambant, selon la nature de la matiere, que le braue Alchimiste ne doit pas ignorer.

Resolution de matiere.

Cette matiere se resout donc par le feu, ce qui est de mestail se liquifie, & ce qui est de terrestre se puluerise & demeure au fond du creuset comme de la cendre, ou bien souuent s'euapore en fumée, de sorte qu'il ne reste que le metail épuré. Cela est commun à tous les metaux, excepté

Le fer est excepté,

au fer seulement, lequel ne se liquifie pas dans le fourneau, mais ce qui est d'impur & de terrestre estant reduit en cendre, il reste vne masse mollasse, laquelle estant tirée de la fournaise & mise en pieces, est derechef mise dans la forge, & puis sous le marteau, où elle reçoit la forme de lames ou de verges, dont on fait les ouurages necessaires.

EN. Vous n'auez point parlé du Bronze, de l'Assier, du Laton & du Fer blanc?

AD. Ces choses ne sont pas metaux legitimes, ce sont plustost des monstres en matiere mineralle & metallique.

Sympat'e des metaux

Il faut sçauoir, Engiston, qu'il y a certaine sympatie & dispatie entre les metaux, aussi bien qu'en toutes autres choses.

L'or

L'Or ne se peut vnir qu'auec l'Argent & le Cuiure ; l'Argent ne compatit qu'auec l'Or & le Cuiure fin. Le Plomb a tres-grande correspondance auec l'Estain, & non auec autre metail. L'Estein symbolise auec le Cuiure, leur vnion fait le Bronze ; il faut sept ou huict liures d'Estain sur cent liures d'Airain pour faire le Bronze commun, dont on fait les pieces de grosse artillerie, les statuës & autres ouurages, l'Airain deuenant doux & facile à traiter par cette mixtion, mais plus dur & plus difficile à rompre. | Bronze.

L'Acier, n'est autre chose que le fer r'affiné artificiellement par le feu & par le mélange des choses fusiles, puis jetté dans l'eau froide lors qu'il est plus ardent, & de nouueau repassé par le feu puis reietté dans l'eau alternatiuement : ainsi l'aridité naturelle du fer venant à s'engraisser de quelque humidité par vne telle mixtion, ses pores estans dilatez par le feu, puis tout à coup restreins par l'autre extremité, qui est la grande froidure de l'eau, ce composé deuient beaucoup plus blanc & plus dence qu'auparauant, & change sa nature de fer en celle d'acier par le moyen de cette trempe. La qualité de l'eau fait beaucoup à la bôté de l'acier, mais la temperature de la chaleur & de la froidure ny contribuë pas moins. L'excellent ce fait en la ville de Syrie nommée Damas. | L'Acier. / La trempe.

Le Laton est aussi le cuiure raffiné par artifice, & rendu plus traitable par le moyen de certaine mixtion de terre minerale jaune, que les Italiens nomment *Giallamina*, & du verre pilé, le tout fondu ensemble change la couleur rougeastre du cuiure en jaune, & son ardeur brusque & fascheuse en vne nature plus douce propre à faire mille sortes d'ouurages necessaires à la vie humaine ; mais cela se fait sans aucune trempe, à la difference de l'acier. | Le Laton.

❈❈❈❈❈❈❈❈❈❈❈❈❈❈❈❈

CHAPITRE V.

Des Pierres.

Les pierres communes, minerales & precieuses.

LES Pierres tiennent le second lieu parmy les Mineraux, les vnes sont communes, dont on se sert pour la construction des bastimens. Les autres sont minerales, & tiennent quelque chose des Metaux. Les autres sont precieuses.

Entre les pierres il y en a d'vtiles, comme la pierre de touche, la pierre d'Aymant, la pierre de ponce, le Corail, & quantité d'autres dont on ignore la vertu. Ces deux dernieres sortent de la mer, auec la Perle qui se forme dans sa nacre de la rosée du Ciel.

Il y en a qui sont requises pour leur beauté & la varieté des couleurs.

Il y en a de transparentes, comme le crystal, le diamant, le carboncule, l'ametiste, le saphir, le hyacinte, l'Esmeraude, le Crisolite, & le topaze.

Il y en a de variées, comme l'opale, & l'agate; il y en a enfin d'opaques, comme le marbre, le jaspe & le porphyre & autres: la varieté de leurs couleurs vient de la couleur de la terre qui les porte, du voisinage des Minieres, & des diuers aspects du Soleil. La pluspart naist ou sur la pointe des rochers, ou au riuage de la mer, ou dans les veines mineralles. Chacune a sa vertu occulte & admirable & sont d'autant plus precieuses qu'elles sont engendrées d'vne terre plus pure & plus subtile.

Et pour en discourir en general, il faut sçauoir, Engiston, que la nature a produit toutes choses d'vne substance aqueuse & terrestre, & y a conjont les qualitez des Elemens selon les especes des choses dont le diuers mélange fait la difference des couleurs & des autres proprietez.

Les pierres brutes tiennent plus de la terre que d'aucun des autres Elemens. Les blanches tiennent plus de l'air & de l'eau , car toute blancheur est vne substance d'air & d'eau congelée , propre à receuoir la lumiere (comme nous auons dit au Traité des couleurs) & dautant plus que la matiere terrestre est subtile & en petite quantité dans vn sujet , dautant plus la chose en est elle dure & luisante.

C'est ce qui fait que le Crystal , le Beril , l'Alabastre , & la Calcedoine sont pierres sans couleur , luisantes & transparentes , mais non pas si dures que le Diamant , dautant qu'elles sont plus aqueuses qu'aëriennes , au contraire du Diamant.

Quelques-vns ont crû que le Crystal estoit vne substance d'eau congelée , où vne espece de glace , dautant , premierement , qu'il s'engendre dans les lieux froids ; secondement , qu'il nage , dit-on , sur les eaux comme la glace ; troisiémement , qu'il esteint la soif à ceux qui le tiennent dans la bouche. Mais il y a bien plus d'apparence que c'est vne pierre naturelle , formée d'vne substance aqueuse & terrestre , bien subtile , meslée de beaucoup d'air & peu de feu , c'est pourquoy il est froid de sa nature & sans couleur.

Le Diamant est la pierre la plus transparante , la plus luisante & la plus dure de toutes. Pour le rendre encore plus éclatant il le faut nettoyer , polir , & tailler auec sa poudre mesme à force de frotter & le passer sur des meulles d'acier , d'airain , & de plomb , puis appliquer dessous vne piece de noir luisant.

Rien ne le peut briser ny amollir que le sang d'vn Chevreau. On le tire de l'Inde , de l'Arabie , & de l'Egypte où il s'engendre dans les miniers d'or. On dit qu'on en trouue aussi dans le sable des Fleuues de l'Ethiopie. Il s'en rencontre encore dans l'Isle de Cypre & dans la Macedoine , mais ils sont de fort bas alloy , n'estant de beaucoup si luysans. Sa grosseur n'excede iamais celle de la moitié d'vne noix , encore n'en sçait-on que deux de cette taille , l'vne est à Rome qui sert d'ornement à l'agraphe de la Chappe du Pape , & l'autre est à Constantinople.

Pour ce qui est des vertus occultes que les Naturalistes attribuent aux pierres precieuses , i'en diray icy quelque

Q q ij

chose, sans neantmoins la donner pour certaine & infaillible.

Vertus du Diamant.

Ils disent donc du Diamant, qu'il est de nature terrestre froid & sec; qu'il rend celuy qui le porte agreable aux hommes, luy procure des richesses, & le preserue de toute infortune, qu'il facilite l'accouchement à vne femme qui le porte attaché au bras droit; qu'il empesche la vertu de l'Aimant par sa presence, & qu'à son arriuée il luy fait quitter la prise du fer.

Ruby & ses vertus.

Le Ruby tient le second rang parmy les pierreries; il est transparant comme le Diamant, mais non pas si dur; il est teint en couleur de feu, ce qui fait dire aux Naturalistes qu'il en tient la nature. Ses vertus sont de réjoüir le cœur de celuy qui le porte, le preseruant de tout venin, mesme de celuy

Grenade.

de l'air empesté. Le frere du Ruby est le Grenade, rouge comme luy, mais de bien moindre éclat & valeur. Ils naissent tous deux sur la mesme pierre qui est aussi rougeastre, dans la Lybie & dans l'Inde, d'où il est tiré en forme de tablettes, qui se polit sur la meulle de plomb.

L'Esmerau-de & ses vertus.

L'Esmeraude est vne pierre aussi luysante, dure, & transparente, de couleur verde la plus agreable de toutes les espéces de verd qui soient dans la nature; c'est pourquoy elle recrée la veuë, & est souueraine contre les venins, en preñant en poussiere la pesanteur de huict grains d'orge, c'est vn antidote sans prix. Elle garde du mal caduc celuy qui la porte sur soy; elle fait la memoire heureuse & entretient l'homme ioyeux. Elle est tellement ennemie de toute luxure qu'elle se brise d'elle mesme pendant que celuy qui la porte s'occupe à quelque action d'incontinence.

Quelques-vns disent qu'on la trouue dans les nids de Gryfon; les autres la font naistre en Scithie & chez les Bactres, ou sur les collines d'Egypte & d'Arabie, non loin des Miniers de Cuiure, d'où elle contracte la verdeur. Elle est de temperament froid & sec, selon leur opinion.

Saphir.

Le Saphir azuré est de couleur celeste, luisant & transparent comme le Ciel serein; ceux d'Orient sont les meilleurs. On leur augmente la couleur lors qu'on les tient dans l'or fondu & dans le feu pendant vingt-quatre heures.

Il y a beaucoup d'autres pierreries qui ont chacune leur vertu, si nous en croyons aux Naturalistes. Celle qui se nomme *Quiritia*, reuelle les secrets; l'*Amandine* confere à celuy qui la porte le don de Prophetie, & l'interpretation des songes & des Enigmes. La *Silenite* au premier quartier de la Lune fait aussi deuiner les choses auenir; lesquelles vertus & proprietez se peuuent voir bien au long dans Pline & Albert le grand liu. 2, des Mineraux; mais la pluspart sont fabuleuses & sans aucune experience, sinon de la pierre d'Aimant, dont la vertu est dautant plus merueilleuse que sa cause en est encore inconnuë aux hommes.

Pline & Albert le Grand l. 2. des Miner.

***

CHAPITRE VI.

Des Demy-Mineraux, de leur nature & generation, & particulierement du Souffre, du Mercure, de l'Antimoine, & de la Margasite.

ENTRE ces corps demy metallisez, auortons de nature, se trouuent le Souffre, le Mercure, l'Antimoine, l'Arsenic, l'Orpiment, le Vitriol, la Coupperose, l'Alum commun, & l'Alum de roche, les diuerses especes de Sel, la poudre à canon, l'Azur d'Allemagne & l'Outre mer, l'Occre, le Bolus, l'Esmerillon, la Borrace, la Giallamine, le Saffre, la Manganese, le Sublimé, la Litarge, & la Cadmie, tous lesquels corps sont engendrez de la substance mineralle, & tiennent en partie de la pierre, & en partie des metaux, differans neantmoins des pierres en ce qu'ils ne sont pas si terrestres, & des metaux pour auoir moins d'humidité. Car il faut remarquer, Engilson, que les metaux tiennent plus de l'humide & de l'eau que du sec & de la terre, venant à se liquifier par la chaleur, au contraire des pierres qui s'endurcissent ou se puluerisent dans le feu. Les demy Mineraux tiennent iustement le milieu entre ces differentes qualitez. Disons de chacun quelque chose,

Des demy Mineraux en general.

Le Soufre.   *Le Soufre* est engendré d'vne terre onctueuse & tres-chau-
de, tenant beaucoup du feu, à la reception duquel le Soufre est totalement disposé, estant & tres-sec & tres-chaud de
sa nature. *C'est*, selon les Naturalistes, *la semence masculine
& le premier agent de la nature dans la formation des metaux.*
Comme ils disent pareillement que *le Mercure y tient lieu
de semence feminine.*

Il faut remarquer, Engiston, qu'encore que le Souffre soit
de temperament chaud & sec, il ne laisse pas d'auoir de l'humide par lequel il est contenu, comme il paroist par sa li-
quification.

La terre qui le porte est toute aride & presque sterile, il y
en a des montagnes entieres en Sicile & en Italie; on en
trouue de blanc, de gris, de jaune, de couleur de citron, &
de noirastre.

Pour separer le Soufre, il faut mettre la matiere dans vn
vaisseau de terre, couuert, & fait en forme d'Alambic au
milieu d'vn fourneau ardent, d'où vous verrez couler le Soufre comme de la cire, ne restant que la cendre dans le fond
du vaissean.

Le Mercu-   *Le Mercure ou l'if-argent* est engendré d'vne substance
re.   terrestre, visqueuse & subtile, tenant beaucoup du froid &
de l'humide; c'est pourquoy on le nomme la semence feminine dans la generation des metaux.

Il naist dans les montagnes dont la terre est baignée, rem-
plie d'herbes & de plantes verdoyantes, mais qui ne fleutis-
sent que rarement, & n'apportent iamais leur fruict à matu-
rité.

On connoist le lieu où il est à certaines vapeurs grossieres
qui s'eleuent à rez de terre dans les mois d'Auril & de May
auant le Soleil leué. Il est beaucoup preiudiciable à ceux
qui le manient & le tirent de sa quarriere, les rendans per-
clus & paralitiques, dautant qu'il attaque les nerfs.

Il se trouue ordinairement sur des pierres spongieuses &
blanches, lesquelles on pile bien menu, puis on les met dans
vn vaisseau de terre au milieu d'vn fourneau découuert auec
des branches verdoyantes par dessus; car si tost que le Mer-

cure sent le feu son ennemy, il se separe de la substance de
la pierre, monte en haut, & rencontrant la fraischeur de ces
branches, il s'y attache, d'où par aprés on le recueille aisé-
ment.

*L'Antimoine, est vne matiere destinée par la nature pour
former le Metail, si elle n'estoit point tirée de la carriere auant
le temps de sa perfection. Ou bien c'est vn surcrois de matiere
mineralle qui reste aprés la composition du Metail, ny ayant
pû entrer à cause de son indisposition;* sa couleur claire, son
odeur de Souffre, sa chaleur & sa secheresse, sa pesanteur &
le metail qui en sort à la fonte, le témoignent assez.

Les Alchimistes en font de l'huile dont ils se seruent pour
dorer l'argent. Il se reduit aussi en pains que les Fondeurs
meslent auec le metail des Cloches, afin d'en rendre le son
plus net; les Emailleurs, les Verriers & les Potiers s'en seruent fort pour peindre leurs ouurages.

Il sert pareillement aux Medecins d'vne ceruse pour la
cure des apostumes & vlceres, d'où il oste la corruption, sé-
parant les mauuaises chairs, & faisant renaistre les bonnes.

Ses mines sont en Allemagne, en Italie, & autres lieux
assez abondamment. La Margasite luy ressemble, & est
presque la mesme chose en sa nature & pour ses effets.

L'Antimoi-
ne.

Margasite.

CHAPITRE VII

*Du Vitriol & Coupperose, de l'Arsenic & Orpiment, de l'Alum
commun, & de l'Alum de Roche.*

L E Vitriol est proprement l'indigestion de la substance aqueuse des metaux, comme il se voit par
la prompte resolution qui s'en fait estant mis dans
l'eau. Il participe à la proprieté du Soufre, à l'a-
ction de l'Alum, à la corrosion du sel Nitre, & aux qualitez
de l'Airain; & auec tout cela il ne produit aucune de ces
choses.

Vitriol.

Ses Mines se rencontrent en Allemagne, en Italie & ailleurs, mais le Vitriol de Rome & de Cypre est le meilleur
de tous. On trouue sa Mine à la puanteur qui surpasse celle
du Souffre ; c'est pourquoy on le tire à découuert.

C'est ordinairement dans les vallons où il s'engendre, &
dans les terres mediocrement desertes. On en rencontre
quelquefois de tout fait par la nature sur la superficie de la
Mine, & celuy-là est le plus excellent ; c'est proprement la
Coupperose. Voicy comment l'artifice y trauaille.

Couppero-
se.

On prend de sa matiere mineralle, soit pierre ou terre, laquelle il faut piler & remuer, l'exposer à l'air & au temps
cinq ou six mois, la remuant de temps en temps, puis la lais-
fer reposer à couuert autant de temps : en suite de quoy on la
jette dans l'eau bouïllante, laquelle par aprés on laisse reposer, afin que la terre restant au fond, l'eau se puisse tirer à
clair. On remet de nouueau cette eau dans la chaudiere &
la fait-on bouïllir y jettant des pieces de fer dedans ; puis enfin on la verse dans certains vaisseaux de bois où elle se con-
gelle & deuient Vitriol.

La couleur de celuy de Rome & de Cypre est de la couleur d'vn verd guay ; mais celuy d'Allemagne est tirant sur
le jaune & n'est pas si estimé : on dit qu'il y en a aussi de
blanc ; quoy qu'il en soit, le Vitriol est astringent, dese-
chant, mordicant, & aspre au goust.

L'Arsenic
& l'Orpi-
ment.

L'Arsenic & l'Orpiment sont presque le mesme, ils sont
freres, purs & sans aucun mélange d'autre espece de Mineraux, & ont pour mere vne terre aduste, subtile & épurée,
de sorte qu'ils sont chauds & secs de leur nature au quatriéme degré ; voilà pourquoy ils sont extremement corrosifs,
& font vn poison tres-present.

Les Alchimistes s'en seruent continuellement pour la
transmutation des metaux, à quoy ils sont tres-propres, il
s'en trouue de blanc & de grisastre : on les employe aussi
pour blanchir en façon d'argent l'Airain, le Laton & le
Plomb, mais il les faut mesler auec quelque metail, car autrement ils s'euaporent.

Leurs mines sont en Capadoce & vers l'Hellespont dans
des caues

des canes profondes. Ceux qui les tirent s'estoupént la bouche & les narines, & se garnissent d'esponges trempées dans le vinaigre, afin d'éuiter l'effet du poison. Ils trouuent ces petits corps en forme d'escailles attachez les vns sur les autres, lesquelles se détachent & se rompent facilement. Estant pilez & sublimez ensemble on en compose vn certain corps dit des Italiens *Risgalla*, que quelques-vns disent   *Risgalle.* estre vn tres-bon remede contre la peste & pour les Asmatiques, en tenant sur son estomac dans vn sachet, mais ie ne croy pas qu'on en doiue vser de crainte qu'il n'arriuast pis.

Enfin l'Arsenic & l'Orpiment ont tant de conuenance auec l'Or & l'Argent tant par la grauité, que par la vene & la couleur qu'on croit que la nature les destine pour faire les Metaux.

L'Alum est vne pierre mineralle qui se trouue sur les   *L'Alum* montagnes dans l'Helespont proche la ville nommée Mete-   *simple.* line, en Espagne proche celle de Cartagene, & en Italie. Pour en faire l'Alum qu'on appelle de Roche, on pile cette   *Alum de* pierre, on la met au fourneau pour la calciner enuiron l'es-   *Roche.* pace de dix heures, puis estant tirée on la puluerise; cette poudre est jettée dans l'eau boüillante, laquelle estant par aprés versée dans des vaisseaux de bois, elle se congele & se reduit en vn corps blanc, luisant & transparant, dont la nature est chaude & seche, aspre & salée au goust, & d'vne proprieté astringente & corrosiue.

Les Alchimistes en composent l'eau aigre propre à diuiser les metaux. Les Teinturiers en drap ne se sçautoient passer d'Alum, non plus que ceux qui habillent les cuirs. La Pharmacie en vse aussi auec moderation.

Toute lexiue en general, de quelque cendre que ce soit,   *Le Sel &* & toute vrine d'animal, estant recuite sur le feu, produit le   *ses especes.* Sel. On en tire aussi de la terre qui est blanc & luisant, tout preparé par la nature, mesme dans le fond de la mer. Il y a de plus le Sel qu'on nomme Salpestro ou Sel nitre. Mais le meilleur & le plus sain de tous est celuy qui s'engendre de l'eau de la mer, & de quelques lacs & fontaines qui en sont proches. Voicy la façon de le faire.

R r

On fait diuerses fosses separées sur le riuage, en forme de
parterres dans la saison caniculaire; dans lesquelles on fait
entrer l'eau de ces lacs maritimes, premierement dans la premiere fosse où elle se dispose quelque temps, puis on la fait
passer par des canaux dans la seconde, & puis dans la troisieme, iusques à ce qu'elle vienne à se congeler par la chaleur
des rayons du Soleil.

La nature du Sel est chaude & seche, desicatiue, mordi-
cante & corrosiue, & neantmoins le Sel commun n'a point
de sympatie auec le feu, mais il le fuit comme son ennemy,
& quand il en est attaqué il en témoigne son auersion par le
petillement & les sauts qu'il fait pour s'en dégager. La mesme dispatie se rencontre entre le sel Gemme, le sel Alchali
& le sel Armeniaque, dautant qu'ils sont tous de mesme nature que le sel commun. Le seul sel Nitre est au contraire,
symbolisant auec le feu, & ayant l'eau pour ennemie.

Le sel Achali cy dessus se nomme aussi sel de Verre, dautant qu'il entre en la composition de ce demy metail fragile,
d'où ie prens occasion d'en discourir. Voicy donc comment
l'art & la nature font le Verre.

Le Verre. Ce sel estant tiré de la sexiue que fait l'eau boüillante
jettée sur la cendre de l'herbe nommée Chali, qui naist
dans la Syrie, & en vn certain lieu de France sur le Rosne,
vers Maglonne, ayant choisi certaines pierres claires &
luisantes comme verre, qui se trouuent dans les riuieres; ou
du Salpestre blanc qui se trouue dans les caues. Il faut prendre d'vne certaine terre nommée par les Italiens *Manganese*,
& faire fondre le tout dans vn fourneau ardent, dont il se
fait vn corps & vne masse, laquelle estant tirée & mise en
pieces, & posée derechef dans la fournaise dans certains
vaisseaux de terre de Valence, elle se liquifie, & le Verrier
la puise là dedans par les trous du fourneau, par le moyen
d'vne longue canne de fer cauée, & soufflant par vn bout, en
forme telle ouurage qu'il luy plaist & de telle forme & figure qu'il desire, y adioustant & diminuant des pieces, des or-
nemens, & des couleurs pendant que la matiere est chaude,
puis il couppe & rongne auec les ciseaux, & la met refroidir

peu à peu sur le mesme fourneau.

Le Sel Nitre prouient de la lexiue qui se fait de la terre Le Sel Nitre.
pourrie que l'on tire de dessous les fumiers, & du fond des
latrines, ou bien du Salpestre. On fait vn lit de cette terre,
vn lit de chaux, & vn lit de cendre de bois de chesne, puis
on verse l'eau par dessus, laquelle ayant imbeu & trauersé
toute cette matiere, est receuë dans vn autre vaisseau dans
lequel elle distille par dessous le cuueau. On la fait par aprés
boüillir & reboüillir, puis on la tire & la fait-on reposer dans
des tines où elle se congele.

Mais afin de raffiner le sel Nitre, on pile derechef cette
matiere, on la remet sur le feu où elle fond, puis on y jette
de la poudre de Soufre qui en fait exhaler ce qui reste de
gros & de terrestre. Et estant tarie iusques au tiers, enfin on
la retire, & estant congelée pour la seconde fois, elle paroist
blanche, nette, dure & luisante comme vn marbre, & voilà
le sel Nitre raffiné.

Ce Sel estant puluerisé entre dans la composition de la La poudre à canon.
poudre à canon, auec du soufre & du charbon, le tout moulu
ensemble. Pour faire la grosse poudre d'Artillerie, il faut
mettre les trois parts de sel Nitre, deux de charbon fait de
bois doux, comme de coudre, d'oliuier, de laurier & de sar-
ment, & vne partie de soufre. Pour la poudre moyenne &
plus menuë, il faut mettre plus grande quantité de sel Nitre
à proportion, c'est ce qui rend la poudre plus subtile & plus
menuë, laquelle doit estre gardée d'humidité.

L'Ocre jaune & la rouge qui est le Bolus, sont deux natu- L'Ocre & le Bolus.
res de terre, l'vne causée par la fumée ou l'exhalaison de la
miniere de plomb, & l'autre par celle du fer; l'vne teint en
jaune, l'autre en rouge.

Le Bolus deseche & astreint, & est vn bon remede contre le
venin; on en fait des cataplasmes sur les maux des cheuaux,
& sert aux Peintres pour attacher les feüilles d'or sur les
quadres & autres ouurages de bois.

L'Emerillon est vne autre pierre tres-dure de couleur noi- L'Emerillon.
re, laquelle estant broyée, sert merueilleusement aux Lapi-
daires pour tailler & polir leurs pierreries, dautant que la

poudre en eſt dure & corroſiue.

La Borace.   *La Borrace* eſt encore vne autre ſorte de pierre claire & fuſile, ſemblable au ſucre de Candie ; elle facilite la fonte des metaux, & de plus eſtant puluerifée, les Orfevres s'en feruent pour ſouder l'Or & l'Argent.

L'Azur.   *L'Azur* eſt de deux ſortes, le fin qui eſt l'Outre-mer, & le commun, qu'on nomme d'Allemagne, qui n'eſt qu'vne fumée ou vne exhalaiſon de la Miniere d'Argent. Mais le fin eſt la pierre Azure qui n'eſt autre que la propre Miniere de l'Or, broyée, lauée & nettoyée, puis réünie en ſon premier corps, par le moyen d'vne certaine gomme, de ſorte qu'eſtant ſeche & raffinée elle produit le riche & ineſtimable Azur ; le bon ſe connoiſt en ce qu'il reſiſte au feu & à l'eau, ce qui ne conuient à aucune autre couleur.

Le Vert de gris.   *Le Vert de gry* ſe fait par artifice. Il faut mettre tremper des lames de cuiure dans le vinaigre fort, ou dans quelque autre liqueur acre comme l'vrine, &c. pendant vn certain temps ; & la roüille qui ſort de metail, eſt-ce qu'on nomme Vert de gry.

❁❁❁❁❁❁❁❁❁❁❁❁❁❁❁❁❁❁❁

CHAPITRE VIII.

Des Sucs endurcis auec la concluſion de ce Traité, & de la premiere Partie de cet Ouurage.

CE que nous appelons Sucs endurcis, Engiſton, eſt vn corps ferme & arreſté, compoſé de quelque liqueur endurcie naturellement ou bien par artifice.

Pline l. 37. c. 3.   *L'Ambre jaune*, n'eſt pas le ſuc de l'arbre Pin, comme ont eſtimé les Anciens, encore qu'il ſe nomme en Latin *Succinum*, c'eſt l'humeur d'vn certain bitume jaune qui couſle

L'Ambre & ſa vertu attractiue. des pierres & qui s'endurcit par aprés. On voit quelquefois des formis & mouſcherons enchaſſez dans des pieces d'Ambre, leſquels s'eſtans rencontrez à la chutte de cette humeur viſqueuſe, ont eſté enſerrez viuans dans vn tombeau ſi precieux.

Sa vertu attractiue est merueilleuse ; la Cire d'Espagne bien fine en approche de prés, principalement lors qu'elle est disposée par friction ; il faut qu'il y ait de certains esprits enfermez dans ces corps, qui venant à sortir par l'ouuerture des pores, attirent les festus, & les brins de paille bien seche & disposée pour cet effet.

L'Ambre gris est vn autre suc endurcy fort odoriferant, lequel entre auec grand effet dans les compositions de Pharmatie. On le trouue au riuage de la mer, d'vne couleur gri-sastre, mais on ne sçait pas encore au vray son origine. Quelques-vns croyent que c'est la décharge spermatique de la Balaine, laquelle venant au dessus des flots se condense & s'endurcit de la sorte par les rayons du Soleil, puis est poussée sur le riuage.

La Gomme est vn nom general pour toutes sortes de sucs qui découlent des arbres naturellement, ou par artifice. Neantmoins l'Espine d'Egypte est celle qui porte la veritable Gomme. *Columella l. 12. c. 10.*

L'Encent, le Benzoin, & le Storax, sont les larmes de certains arbrisseaux que porte la seule Arabie.

Le Baulme croist seulement dans la Iudée, il couule d'vn petit arbrisseau plus semblable à la Vigne qu'à aucune autre plante, & rend l'odeur la plus suaue de toutes ; c'est aussi la liqueur la plus precieuse de tous les Aromates. On connoist sa bonté lors qu'estant infus dans le laict, il le caille à l'instant, & lors qu'estant jetté sur les habits, il n'y imprime aucune tache. Ses vertus & proprietez sont merueilleuses pour la réünion des chairs & la guerison des blessures.

Le Galbanum est la sueur d'vne certaine plante qui naist sur le mont Amanus dans la Syrie. *Dioscoride l. 3.*

La Resine est le suc d'vn certain arbre de la mesme Syrie qui couule de soy-mesme. La Poix que les Egyptiens appelent *Cedrium*, & dont ils oignent les corps morts ou Mommies, pour les garder de pourriture, est le reste du suc de ce mesme arbre, tiré par la chaleur du feu qu'ils allument à l'entour. *Pline l. 16. c. 11.*

Le Sucre est la moëlle & le suc de certaines Cannes ou

R r iij

Roseaux broyez sous vne pierre de moulin, liquifiez dans la chaudiere sur le feu, puis jettez dans des moufles de terre cuite où il s'endurcit & reduit en pains comme il nous paroist. Il en vient quantité du Bresil, de l'Isle de Palme, & autres lieux.

Le Sel, dont nous auons parlé, pourroit bien auoir lieu parmy ces sucs. Le Miel & la Cire sont la production des Abeilles, l'vn est liquide & l'autre endurcy naturellement. Voyez leurs vertus & leur production dans le Poëte Virgile.

Le Beurre & le Formage se font de laict battu, coagulé & endurcy par artifice & auec certaine mixtion.

L'Eau mesme tombant goutte à goutte dans certaines cauernes froides, s'endurcit tellement qu'elle se petrifie; on en rencontre proche les Villes de Tours en Touraine, & Beziers en Languedoc, &c. Car pour ce qui est de la glace, nous en auons parlé cy dessus dans les Meteores.

Voylà, Engiston, vne partie de ma promesse accomplie; voylà nostre cause efficiente. Ie vous ay donné le moyen de la connoistre au Traité de la Foy. Vous auez veu ce qui en est, autant qu'elle se peut connoistre au dedans de soy, dans les Traitez de Dieu & de la Trinité. Nous sommes sortis de l'Eternité pour entrer dans le temps. Ie vous ay promené par le monde Angelique, vous y auez veu les Intelligences & leurs Hierarchies. (Ces Esprits, selon quelques-vns, sont les causes instrumentelles de l'ouurage de Dieu.) Nous sommes en suite descendus dans le monde materiel, où ie vous ay fait voir premierement le Ciel & sa nature, d'où nous dépendons en partie; son mouuement qui est le principe de la chaleur; sa symmetrie dans la Sphere artificielle; la vertu de ses influences dans l'Astrologie naturelle; la proportion & harmonie de ses parties dans le Traité de la Musique; sa perspicuité & son opacité dans les discours de la Lumiere & des Couleurs. Nous sommes, enfin, descendus iusques aux Elemens desquels nous sommes enuironnez, & desquels nous auons en nous les qualitez; nous auons admiré leur ordre, leur temperature & leurs generations & productions dans les Traitez des Meteores & des Mineraux. C'est tout, en mon aduis, ce qui se peut dire de naturel & de surnaturel hors de l'homme.

Il est vray que nostre sujet sembloit nous engager à parler icy de deux autres matieres, sçauoir de la nature des Plantes, & des Animaux, mais i'en differe les Traitez aprés celuy de l'Homme, lequel est la plus belle plante qui soit dans la nature, encore qu'elle semble estre renuersée, & l'animal le plus parfait de tous les animaux, contenant en soy toutes leurs perfections eminemment; c'est pour luy que toutes ces choses ont esté faites, Dieu ayãt mis sous ses pieds les Bœufs, les Brebis, & toutes les bestes de la campagne, les oyseaux qui volent dans l'air, & les poissons qui nagent dans la mer; en quoy son nom est admirable par toute la terre.

Terminons donc cette premiere partie, Engiston, & aprés auoir bien couru le pais estranger, rendons nous dans le nostre: faisons reflection sur nous-mesmes, aprés auoir veu tout ce qui est hors de nous, de crainte que nous ne tombions dans le blasme que donna autrefois vne Vieille à Thales Milesien (ce Philosophe estoit tombé dans vne fosse en regardant le Ciel) *Tu cherches*, luy dit-elle, *ce qui est au des-sus, & tu ignores ce qui est au dessous, & au dedans de toy.* En effet c'est vne espece de folie, si nous en croyons le sage Socrate.

Fin de la premiere Partie du Petit Tout.

H

I

N

Tt

FIN.